실무에서 바로 써먹는 협동조합 업무지식

[일러두기] 본문에서 '협동조합기본법 법령'은 '협기법법'으로 줄여서 표기했습니다.

성공하는 협동조합을 위한 회계·세무 매뉴얼

실무에서 바로 써먹는 협동조합 업무지식

김정호 지음

협동조합의 설립부터 운영까지
한눈에 보기 쉽게 풀어쓴
친절한 지침서!

일에일북

협동조합을 위한
친절한 회계·세무 안내서

　　장기간 지속되는 세계 경제 불황의 늪에서 많은 기업들이 도산하는 어려운 상황에서도, 든든한 버팀목으로 성장하는 기업이 우리 주변에 있다. 바로 협동조합이다. 협동조합은 조합원들이 단합하고 협동해 이익을 공유하며 경쟁이 아닌 상생으로 이루어가는 기업으로 최근 주목받고 있다. 2012년 말 협동조합기본법의 개정으로 설립절차 등이 완화된 덕분에 협동조합은 협력과 상생, 그리고 나눔을 위해 경쟁적으로 생겨나고 있다.

　　이러한 협동조합도 그 목적이 일반 주식회사 등과 다를 뿐, 회계장부 등의 회계처리와 세무신고 등이 필요하다. 이런 이유로 협동조합의 설립은 쉬워진 반면 대부분의 조합원들은 어려운 회계처리와 세무신고 등에 어려움을 호소하고 있다. 이에 협동조합을 설립해 운영하고 관리하면서 발생할 수 있는 다양한 장부 등의 회계처리와 법인세, 부가가치세, 원천세 등의 세금신고 등을 익힘으로써 올바르게 성장할 수 있는 협동조합이 될 수 있도록 돕기 위해 이 책을 집필하게 되었다.

협동조합은 법인으로 상법상 정관을 통해 설립되기 때문에, 법인이 한 해 동안 얻은 소득에 대해 수익에서 비용을 차감한 이익이 있다면 법인세를 신고·납부해야 한다. 물건을 팔고 얻은 수익에서 각종 경비 등의 비용을 차감한 이익이 있다면 일정 부분만큼 법인세를 신고·납부하는 것이다. 하지만 공익적 목적이 강한 사회적 협동조합인 경우에는 법인세 신고·납부 의무가 없다. 즉 고유목적사업준비금이라는 명목으로 비용으로 인정하기 때문에 5년 이내에 고유한 목적으로 지출하면 법인세 없이 협동조합을 운영할 수 있다. 이 외에도 재화와 용역을 제공하는 경우 부가가치세 신고의무와, 직원 등의 원천세 신고 등 다양한 세무신고에 대해 알아야 한다.

우리 사회에서 더불어 살아가기 위해 상생과 협동이라는 좋은 취지로 설립되는 협동조합이 올바른 회계절차와 세무신고의 미비로 인해 각종 제재와 불이익을 받는다면 더불어 살아가는 사람들이 많은 어려움에 봉착할 수도 있다.

이 책이 협동조합을 설립하고 운영하는 조합원들에게 작게나마 힘이 되었으면 한다. 회계적·세무적 마인드가 없다면 처음에는 어려울 수 있으나, 차근차근 읽어나간다면 큰 도움이 될 것이라 판단한다.

부족한 필력에도 불구하고 많은 도움을 주신 고마운 분들께 감사드리며, 더 나은 미래를 위해 오늘도 열심히 자기계발에 힘쓰는 학생들에게 도움이 되기를 기대한다.

│ 백양산 기슭에서 **김정호** │

차례

3장 / 협동조합의 회계처리와 경리실무를 익히자

4장 / 협동조합의 재무제표, 정확하게 파악하자

1장

협동조합,
차근차근
기초부터
이해하자

협동심을 통한 상생이라는 화두 아래 더불어 살아가는 조합원들의 공동체인 협동조합은 주식회사 등에 비해 많은 이점이 있습니다. 협동조합의 정의에서부터 어떠한 특징이 있는지, 어떠한 장점으로 인해 최대 화두가 되었는지 협동조합의 기초를 전반적으로 알아보도록 합시다.

협동조합이란 무엇인가요?

Q. 요즘 협동조합에 대해 많이들 이야기하는데, 협동조합이란 무엇을 일컫나요?

A 협동조합은 공동으로 소유하고 민주적으로 운영되는 기업으로, 조합원의 권익을 향상하기 위한 자발적이고 자율적인 사업조직을 말합니다.

> **협기법법 제2조의 1(정의)**
> "협동조합"이란 재화 또는 용역의 구매·생산·판매·제공 등을 협동으로 영위함으로써 조합원의 권익을 향상하고 지역 사회에 공헌하고자 하는 사업조직을 말한다.

협동조합은 조합원들이 공동으로 회사를 소유하고 민주적으로 운영하는 기업을 말합니다. 협동조합을 한마디로 정의하는 것은 상당히

어렵지만, 국제협동조합연맹은 협동조합을 '공동으로 소유하고 민주적으로 운영하는 사업조직을 통해 공동의 경제·사회·문화적 수요와 요구를 충족시키기 위해 자발적으로 결성한 자율적인 단체'라고 정의했습니다. 협동조합은 주식회사와 같이 경제활동을 하는 사업조직이지만 협동조합만의 특성이 있습니다.

협동조합의 운영 원칙은 크게 소유자·경영자·사용자로 나누어집니다. 일반적으로 협동조합을 운영하기 위해서는 회사의 투자자·경영자·소비자가 유기적으로 필요합니다. 투자자는 회사 운영과 재무 활동에 필요한 자금 등을 제공해주고, 경영자는 회사의 영업 관리와 운영을 책임지고, 소비자는 회사가 생산한 재화인 물건을 소비하게 되는 것입니다.

● 협동조합의 조합원은 소유자 · 경영자 · 사용자

> **협기법법 제20조(조합원의 자격)**
> 조합원은 협동조합의 설립 목적에 동의하고 조합원으로서의 의무를 다하고자 하는 자로 한다.

다음의 사례를 통해 살펴보도록 하겠습니다.

A라는 중견기업의 직원들은 전체 500여 명가량으로, 식사 이후 안락하고 편안하게 커피를 마실 수 있고, 관련 업체 담당자가 방문 시 대

화할 수 있는 장소나 상담 공간이 필요했습니다. 그러자 한 직원이 일정한 금액을 모으고 부족한 부분은 회사의 지원을 받아서 '직원 커피 협동조합'을 만들자고 제안했습니다. 커피숍의 장소와 각종 장비 및 비품은 회사에서 지원을 받아 제공하고, 커피숍에서 필요한 인력은 직원들이 직접 나서거나 사람을 채용해 운영하자는 것입니다.

이러한 형태로 운영되는 사업조직이 바로 협동조합입니다. 바리스타는 외부에서 고용하지만 이 커피숍의 투자자는 회사의 직원들이고, 커피숍 관련 경영에 회사의 직원들도 참여하며, 커피숍을 이용하는 고객들 또한 주로 회사 직원이 될 것입니다.

이와 같이 협동조합은 조합원들이 공동으로 출자하고 참여해 소유하고 운영하는 사업조직을 말합니다. 그렇기 때문에 협동조합은 자본도 필요하지만 그보다 인적 자원인 휴먼 네트워크가 중요시됩니다. 미국의 농업부는 협동조합을 가리켜 "사용자가 소유하고, 사용자가 통제하며, 사용 규모를 기준으로 이익을 배분하는 사업체"라고 정의하기도 합니다.

● 협력적인 경쟁을 추구하는 협동조합

협력과 경쟁은 서로 상반되고 모순되는 것처럼 보이지만 협동조합의 양면적 특징을 가장 잘 반영하는 단어입니다. 일반 기업인 주식회사는 시장에서 운영되고 시장경쟁의 원리에 따라 운영됩니다. 반면에 협동조합은 지역사회에 기여하고 조합원들 모두에게 골고루 봉사하는 공익적인 의무도 갖추고 있습니다.

협동조합에는 이러한 양면적인 측면이 있습니다. 이는 협동조합이 다른 주체들과 경쟁하기도 하지만 때로는 협력하는 특징도 함께 가지고 있기 때문입니다.

협동조합의 탄생 배경과 주목적은 무엇인가요?

Q. 협동조합은 어디에서 탄생했고 설립된 주목적은 무엇인가요?

A. 최초의 협동조합은 영국의 산업혁명 당시 로치데일 공정선구자 협동조합(로치데일 협동조합)이라는 이름으로 탄생했습니다. 협동조합의 주목적은 자주적·자립적·자치적인 협동조합 활동을 촉진하고, 사회통합과 국민경제의 균형 있는 발전에 기여하는 것입니다.

○ 협동조합의 탄생

협동조합은 산업혁명이 시작된 영국에서 생겨났습니다. 150년간 진행되었던 영국의 산업혁명 기간은 공장주와 광산주들에게는 번영과 풍요, 그리고 기회의 시기였지만, 반대로 대다수의 노동자들에게는 힘든 시기였습니다. 농사를 짓던 대부분의 농부들이 도시로 나와 공장이나 광산에서 일하게 되었고, 농산물보다 옷감 재료인 양털이나 면화의 가치가 높아지면서 그들의 경작지가 없어져 버렸기 때문입니다.

최초의 협동조합은 바로 로치데일 협동조합입니다. 산업혁명으로 영국 노동자들의 삶은 개선되었지만, 각종 밀가루, 양초, 버터 등의 생필품을 구매해야 했습니다. 즉, 생필품의 공급보다 수요가 많아지다 보니 물품의 가격이 불안정했고 소비자들을 속여서 파는 경우가 허다했습니다. 밀가루에 흙을 섞어 파는 경우도 있었다고 합니다.

이에 지역 노동자들과 주부들 28명이 모여 대책을 수립하게 됩니다. 생필품이 필요한 노동자들이 모여서 돈(출자금)을 모으고 작은 가게를 차린 후 공장에서 기초 생필품을 사 와서 일정 마진을 붙여 판매하는 식이었습니다. 그리고 1년 동안 가게 운영을 통해 운영비를 제외한 잉여금을 물건을 많이 사 간 조합원들에게 적절히 나누어주며(배당), 가게 운영을 위해 모여서(총회) 동등한 투표권을 가졌습니다(1인 1표제). 로치데일 협동조합의 성공적인 운영은 협동조합의 바람직한 모델이 되어 유럽 전역으로 확산되는 계기가 되었습니다.

● 협동조합의 주목적

협동조합은 영국의 로치데일 협동조합처럼 필요에 의해 탄생했습니다. 즉, 협동조합의 기본법이 생겨난 이유는 바로 협동조합의 설립·운영 등에 관한 기본적인 사항을 규정함으로써 자주적·자립적·자치적인 협동조합 활동을 촉진하고, 사회통합과 국민경제의 균형 있는 발전에 기여하기 위해서입니다. 필요에 따라 소비자협동조합, 공급자협동조합, 수산업협동조합, 주택협동조합 등 자유자재로 협동조합을 설립하고 운영할 수 있기 때문에 다양한 협동조합을 설립할 수 있습니다.

협기법법 제1조(목적)
이 법은 협동조합의 설립·운영 등에 관한 기본적인 사항을 규정함으로써 자주적·자립적·자치적인 협동조합 활동을 촉진하고, 사회통합과 국민경제의 균형 있는 발전에 기여함을 목적으로 한다.

일반 협동조합과 사회적 협동조합의 차이점은 무엇인가요?

Q 일반 협동조합과 사회적 협동조합은 무엇이 다른가요?

A 일반 협동조합은 영리를 목적으로 하지만, 사회적 협동조합은 영리보다 공익적 목적으로 지역사회에 공헌하는 비영리 기업입니다. 일반 협동조합과 사회적 협동조합 모두 세금에서 자유로울 수 없기 때문에 회계장부를 작성하고 각종 세금을 신고·납부해야 합니다.

협동조합기본법 제2조에서 정의한 내용을 살펴보면 일반 협동조합과 사회적 협동조합의 차이점이 명확하진 않지만, 두 협동조합의 상호관계를 살펴보면 차이점을 알 수 있습니다.

일반 협동조합은 '재화 또는 용역의 구매·생산·판매·제공 등을 협력해 영위함으로써 조합원의 권익을 향상시키고, 지역사회에 공헌하고자 하는 사업조직'이라는 요건을 충족해야 합니다. 즉 사업의 범위, 사업의 목적, 사업의 조직이 모두 충족될 때 일반 협동조합이라고 합니다.

반면에 사회적 협동조합은 협동조합 중에서도 특히 공익적인 기능을 수행하고 영리를 목적으로 하지 않는 비영리법인인 협동조합을 의미합니다. 여기서 '공익적'이란 표현은 취약계층에 대한 일자리 제공과 사회서비스 제공 등을 의미하며, '영리를 목적으로 하지 않는다'는 의미는 일반 기업의 영리 추구와 달리 공공의 이익을 중심으로 한다는 것입니다. 예를 들어 병원의 경우 일반 병원은 의사의 영리 활동으로 의료행위를 하지만, 사회적 협동조합 병원은 의사들의 영리보다는

[도표 1-1] 일반 협동조합과 사회적 협동조합

구분	일반 협동조합	사회적 협동조합
법인격	영리법인	비영리법인
설립	시·도지사 신고	기획재정부(관계부처) 인가
사업	업종 및 분야 제한 없음 • 기본법 제45조 1항 사업 반드시 포함 • 금융 및 보험업 제한	공익사업 40% 이상 수행 • 지역사회 재생, 주민 권익 증진 등 • 취약계층 사회서비스, 일자리 제공 • 국가 지자체 위탁사업 • 그 밖의 공익증진사업 • 법 제45조 1항 사업 포함
법정적립금	잉여금의 10/100 이상 자기자본의 3배가 될 때까지	잉여급의 30/100 이상 자기자본의 3배가 될 때까지
배당	배당 가능(이용실적에 따른 배당)	배당 금지
청산	정관에 따라 잔여재산 처리	비영리법인 국고 등 귀속
감독	관련 내용 없음(상법 등에서 준용)	필요 시 기획재정부장관(관계부처) 업무 상황, 장부, 서류 등 검사(인가 요건 위반 시 인가 취소)
목적	재화와 용역의 구매·생산·판매·제공	지역주민·취약계층 등을 위한 비영리사업 수행

소외된 취약계층의 질병 치료 등을 목적으로 의료 행위를 하는 공익적 목적의 병원을 말합니다.

● 일반 협동조합과 사회적 협동조합, 세무 역시 다르다

협기법법 제4조(법인격과 주소)
❶ 협동조합등은 법인으로 한다.
❷ 사회적 협동조합등은 비영리법인으로 한다.
❸ 협동조합등 및 사회적 협동조합등의 주소는 그 주된 사무소의 소재지로 하고, 정관으로 정하는 바에 따라 필요한 곳에 지사무소를 둘 수 있다.

일반 협동조합과 사회적 협동조합은 회사 설립 시의 차이뿐만 아니라 세무신고상에 있어서도 큰 차이점이 있습니다. 일반적으로 협동조합이나 사회적 협동조합은 모두 재화의 판매나 용역의 제공으로 인한 부가가치세(VAT)와 법인의 소득에 대한 법인세, 그리고 조합원 또는 직원에게 급여 등을 지급할 때 발생하는 원천세 관련 세무 의무가 발생합니다. 또한 협동조합을 운영함에 있어 벌어들이는 수익과 발생하는 비용 등을 회계장부에 작성해 비치·보관해야 하고, 협동조합기본법에 따라 조합원 간의 협력 의무를 총회 등을 통해 다해야 합니다.

영리를 목적으로 하는 협동조합은 법인이 얻은 소득에 대해 법인세를 신고·납부할 의무가 있습니다. 그러나 사회적 협동조합은 영리 목

[도표 1-2] 일반 협동조합과 사회적 협동조합의 납세의무

구분	일반 협동조합(영리법인)	사회적 협동조합(비영리법인)
법인세 납세의무	있음	원칙적으로는 없지만, 수익사업을 할 경우 그에 대한 법인세 납세의무가 있음
부가가치세 납세의무	있음	있음
원천세 납세의무	있음	있음

적보다는 주로 공익을 목적으로 하는 비영리법인이므로 법인세를 신고·납부할 의무가 없습니다. 즉 이익(수익, 비용)이 발생해도 공익적 목적인 '고유목적사업준비금'으로 회계 처리하므로 법인세가 발생하지 않습니다. 다만, 사회적 협동조합이라 하더라도 수익사업 부분에 대해서는 법인세를 신고·납부해야 합니다.

협동조합이나 사회적 협동조합이 과세를 목적으로 재화의 판매나 서비스를 제공한다면 부가가치세를 신고·납부할 의무가 있지만, 만약 면세를 목적으로 재화의 판매나 서비스를 제공한다면 부가가치세를 신고·납부할 의무가 없습니다. 따라서 협동조합이 과세사업인지 면세사업인지 여부에 따라 부가가치세 신고·납부 의무가 달라집니다.

마지막으로 조합원들 또는 직원들에게 급여 지급 시 근로소득세(갑종근로소득세)와 같은 원천세와 4대 보험(국민연금·건강보험·고용보험·산재보험)에 따를 의무가 발생합니다. 이처럼 협동조합인지 사회적 협동조합인지에 따라 세무상의 신고·납부 의무가 일부 달라진다는 사실을 알 수 있습니다.

협동조합이 사회적으로
주목받고 있는 이유는 무엇인가요?

Q 협동조합이 사회적으로 큰 이슈가 된 이유가 무엇인가요?

A 경기 불황에도 불구하고 많은 협동조합이 상생과 협동, 그리고 지역사회에의 공헌을 기반으로 지속 가능한 발전을 할 수 있는 원동력이 있었기 때문입니다.

협동조합이 사회적으로 주목받는 이유는, 이윤을 추구하면서도 공동이 투자해 이익도 공동이 나눠 갖는 상생을 추구하기 때문입니다. 예를 들어 우리에게 매우 익숙한 기업인 서울우유 역시 협동조합의 형태로 운영되고 있습니다. 충남·강원 일부 지역에서 5마리 이상의 젖소를 키우는 축산 농가를 조합원으로 해 2,400여 개의 농가들이 공동으로 신선한 우유를 생산하며, 낙농공제·출하·물류 등의 관리까지 조합이 스스로 합니다.

협동조합은 특정인만이 경영에 참가하고 소유하는 것이 아니라 공동으로 출자하고 경영에 참여하기 때문에 주인의식을 가지고 신선한 우유를 공급할 수 있다는 장점이 있습니다. 조합원의 실익까지 함께 공유하기 때문에 책임감과 주인의식을 바탕으로 한 상생의 이윤을 확

[도표 1-3] 일반 협동조합과 타 법인의 차이점

구분	협동조합	주식회사	사단법인
최우선 가치	조합원 삶의 증진	이윤 극대화	공익
운영방식	1인 1표	1주 1표	사원 소유
소유방식	조합원 소유 (독점 소유 불가)	투자자 소유 (독점 소유 가능)	사원 소유
설립인가	신고제	신고제	신고제
특징	공동 출자, 공동 소유, 이익 공유, 다수 참여, 영리사업 가능	높은 이윤을 기대할 수 없는 사업에 대해서는 투자 의욕이 낮음	구성원 이익을 위한 영리사업 진행 불가

협기법법 제23조(의결권 및 선거권)

❶ 조합원은 출자좌수에 관계없이 각각 1개의 의결권과 선거권을 가진다.

❷ 조합원은 대리인으로 하여금 의결권 또는 선거권을 행사하게 할 수 있다. 이 경우 그 조합원은 출석한 것으로 본다.

❸ 제2항에 따른 대리인은 다른 조합원 또는 본인과 동거하는 가족(조합원의 배우자, 조합원 또는 그 배우자의 직계 존속·비속과 형제자매, 조합원의 직계 존속·비속 및 형제자매의 배우자를 말한다. 이하 같다)이어야 하며, 대리인이 대리할 수 있는 조합원의 수는 1인에 한한다.

❹ 제2항에 따른 대리인은 정관으로 정하는 바에 따라 대리권을 증명하는 서면을 협동조합에 제출하여야 한다.

대할 수 있기도 합니다. 우리 주변에서 쉽게 볼 수 있는 기업 형태인 주식회사와 사단법인, 협동조합을 비교하면 [도표 1-3] 과 같습니다.

최근 협동조합은 영리를 추구하는 주식회사와 달리 소외된 사회 계층을 융합하고, 상생을 통한 포용적인 경제사회의 대안 모델로 주목받고 있습니다. 특히 2008년 미국을 중심으로 한 금융위기인 서브프라임 모기지론의 충격으로 많은 글로벌 기업들이 위기에 처했을 때도 협동조합 형태의 기업들은 구조조정 없이 신속히 위기를 극복한 사례를 보여주었습니다. 이에 전 세계적으로 협동조합에 주목하고 있으며, 특히 우리나라는 협동조합기본법을 일부 수정·통합해 2012년 협동조합에 대한 기본법을 제정했습니다.

이와 같이 협동조합이 우리사회에 중요한 이슈로 떠오른 이유는 사회계층 간의 양극화 심화 문제, 일자리 창출이 없는 사회의 청년실업 문제, 고용 없는 성장 문제, 전 세계적인 경기 침체 문제, 그리고 베이비부머들의 조기 은퇴 문제 등으로 인한 우리 사회의 다각적인 사회 문제를 완화할 수 있는 상생경제의 대안 모델로써 협동조합기본법이 제정되었기 때문입니다.

이전에도 협동조합기본법이 있었으나, 별개의 협동조합법률에 의해 8가지로 구분되어 있어 통합할 수 있는 구심점이 없었습니다. 하지만 2012년 UN의 권고와 협동조합기본법제정연대회의 노력으로 협동조합기본법이 새로이 제정될 수 있는 계기가 마련되었습니다.

◉ 왜 협동조합이 대세인가?

　영리를 추구하는 일반 주식회사와는 달리 협동조합은 상대적으로 취약하고 소외된 자리에 있는 조합원들이 협심해 서로 상생할 수 있는 기반을 마련하고자 만들어진 기업입니다. 자본주의 사회에서 파생되는 부유층과 빈곤층 간의 양극화 문제, 청년층의 실업률 증가와 3D업종 기피 현상, 이로 인한 외국인 근로자의 유입과 다문화가정의 출현, 새로운 인구 구성의 변화 등으로 풀어야 할 많은 문제들이 새롭게 발생했습니다.

　이러한 사회에서 취약계층과 소외계층이 서로 협심해 창의적이고 효율적인 사업을 영위할 수 있는 새로운 조직의 필요성이 대두되었습니다. 경영자가 아닌 조합원들이 주축이 되어 상생이라는 협력관계를 기반으로 취약계층에게 일자리를 창출하고 사회서비스를 제공하는 등 협동조합은 새로운 가능성을 보여주고 있습니다. 즉 협동조합은 소외된 취약계층을 단합으로 이끌어 새로운 일자리를 창출하고 영리를 꾀할 뿐만 아니라, 상생과 협동을 화두로 인간(조합원) 중심의 기업을 추구합니다.

협동조합의 특징과
운영 원칙은 무엇인가요?

Q. 협동조합이 일반 주식회사와 다른 특징은 무엇인가요?

A 협동조합은 특정 경영자에 의해 운영되지 않고 조합원들에 의해
운영·통제되는 자발적인 상생 기업이라는 특징이 있습니다.

협기법법 5조(설립 목적)
협동조합등 및 사회적 협동조합등은 구성원(협동조합의 경우 조합원을, 연합
회의 경우 회원을 말한다. 이하 "조합원등"이라 한다)의 복리 증진과 상부상조를
목적으로 하며, 조합원등의 경제적·사회적·문화적 수요에 부응하여야 한다.

협동조합의 조합원은 협동조합의 실소유자고, 협동조합을 이용하
는 이용자이며, 관리·운영하는 통제자입니다. 협동조합 소유자로서 조
합원은 조합의 운영진(임원이나 경영진)이 수탁받은 자산(출자금 등)을 원활

히 운영·관리하고 경영을 수행하고 있는지에 대해 관심을 갖게 됩니다. 협동조합의 가장 큰 특징이 바로 수탁 대리의 성격입니다.

초기에 협동조합의 출자금은 사업 운영의 기초 자본으로 운영되었습니다. 자금 조달의 어려움을 협동조합의 출자금인 예치금으로 관리·운영해, 조합원의 탈퇴 시 일정한 성과에 따른 이자까지 지불할 수 있는 원동력이 되었습니다.

● 협동조합의 특징

협동조합은 주식회사와 같이 조합원의 가입과 탈퇴가 자유롭다는 특징이 있습니다. 따라서 조합원의 탈퇴 시에는 출자금의 반환이 이루어질 수 있으므로 협동조합은 일정 규모의 유동성을 확보하고 있어야 합니다. 조합원들은 협동조합이 조합원들 또는 직원들에 대한 교육과 지역사회에 대한 기여도가 어느 정도인지, 협동조합 간의 연대의식이 어느 정도인지에 따라 출자자로서 협동조합에 가입할 것인지에 관심을 가지게 됩니다.

협동조합의 이용자로서 조합원은 자신이 협동조합의 가입 목적에 맞는 형식의 재화와 서비스, 그리고 일자리 등을 제공하고 있는지에 관심을 가집니다.

마지막으로 협동조합의 통제자로서 조합원은 협동조합이 '1인 1표' 민주주의 형식으로 운영되고 있는지 관심을 갖고, 조합원의 책임 있는 참여를 요구합니다. 또한 조합원은 협동조합이 자체의 운영 원리와 법, 정관과 규약 및 규정, 내면화된 사회 규범에 맞도록 잘 운영되고 관리되는지에 관심을 가집니다.

> **협기법법 제6조(기본원칙)**
> ❶ 협동조합등 및 사회적협동조합등은 그 업무 수행 시 조합원 등을 위하여 최대한 봉사하여야 한다.
> ❷ 협동조합등 및 사회적협동조합등은 자발적으로 결성하여 공동으로 소유하고 민주적으로 운영되어야 한다.
> ❸ 협동조합등 및 사회적협동조합등은 투기를 목적으로 하는 행위와 일부 조합원 등의 이익만을 목적으로 하는 업무와 사업을 하여서는 아니 된다.

◉ 협동조합의 7대 원칙

협동조합은 공동으로 소유하고 민주적으로 운영되는 조직을 통해서 공동의 경제·사회·문화적 필요와 욕구를 충족하기 위해 자발적으로 모인 사람들의 자율적 단체를 말합니다. 협동조합의 특징은 크게 7가지로 구분할 수 있습니다.

1. 자발적이고 개방적인 기업

협동조합은 자발적인 조직이자 기업으로서 조합의 서비스를 이용할 수 있고 조합원의 책임을 다할 의지가 있는 모든 사람에게 성·사회·인종·정치·종교의 차별 없이 열려 있습니다.

2. 조합원에 의한 민주적 통제

주주의 투표권이 보유지분에 따라 정해지는 자본주의 회사와 달리, 협동조합은 어떤 단계에서든 1인 1표를 원칙으로 합니다.

3. 조합원의 경제적 참여

조합원은 똑같은 규모가 아니어도 공평하게 협동조합의 자본에 참여하며, 그 자본을 민주적으로 통제합니다.

4. 자율과 독립

협동조합은 조합원에 의해 통제되는 자율적이고 자조적인 조직입니다.

5. 교육, 훈련 및 홍보

협동조합은 조합원, 선출된 대표자, 경영관리자, 조합 직원에게 적절한 교육과 훈련을 제공합니다.

6. 협동조합 간의 협력

협동조합 활동은 조직 내부에 국한되지 않습니다. 협동조합은 지방, 국가 및 지역, 세계 차원에서 서로 협력함으로써 조합원에게 가장 효과적으로 봉사하고 협동조합 운동의 힘을 강화합니다.

7. 지역사회에 기여

이는 1995년 열린 맨체스터 총회에서 추가된 새로운 원칙입니다. 협동조합은 조합원의 동의를 얻어 조합이 속한 지역사회의 지속 가능한 발전을 위해 노력합니다.

협동조합의
장점과 단점은 무엇인가요?

Q. 협동조합의 장점과 단점은 무엇인가요?

A 협동조합은 조합원들 공동의 편익과 상생을 도모한다는 장점이
있으나, 사업에 필요한 자금 조달에 한계가 있습니다. 이러한 한계
를 잉여금의 적립과 조합원 간의 협력과 협동으로 장점화할 수 있
는 휴먼(human) 공동체입니다.

일반적으로 가장 잘 알려진 주식회사와 협동조합을 비교해보면 협
동조합의 개념과 특징을 좀 더 명확하게 이해할 수 있습니다. 협동조
합을 주식회사와 비교해 알아보도록 하겠습니다.

주식회사의 최대 목표는 이윤 극대화입니다. 최근 들어 기업의 사회
적 책임이 강조되고 있지만 기업의 최우선 목표는 기업의 이윤 극대화
에 있으며 주주들에게 더 많은 이익이 돌아가게 하는 것입니다. 반면
에 협동조합은 조합원들이 공동으로 소유하고 이용합니다. 그러므로

[도표 1-4] 협동조합과 주식회사의 차이

구분	협동조합	주식회사
정의	조합원의 권익을 증진하고 지역사회에 공헌하고자 하는 사업조직	상행위나 그 밖에 영리 목적으로 설립된 법인
설립목적	조합원의 경제적 이익 및 상호부조 자발적 결성, 공동 소유, 민주적 운영	영리와 이윤의 극대화
의결권	1인 1표(출자수에 관계없음)	1주 1표 (유한회사 일부는 1인 1표)
정보공개	제한적 공개(사회적 협동조합 등 한정)	경영 공개(주식회사)
법정적립	잉여금 일부 법정적립	규정 없음
배당	잉여금 배당 원칙(제한적 범위)	출자금 배당 원칙
근거법령	협동조합기본법	상법

출처: 2011년 국회 기획재정위원회 심사자료

그 혜택이 조합원들에게 골고루 돌아가도록 하는 것이 협동조합의 최우선 과제입니다.

주식회사는 '1주 1표'로 의결권이 부여됩니다. 하지만 협동조합의 조합원은 주식수와 출자금에 상관없이 모든 균등한 '1인 1표제'의 의결권을 배정받아 협동조합을 운영하게 됩니다.

협동조합은 조합원들이 공동으로 소유하고 민주적으로 운영하는 기업입니다. 공동으로 소유하고 민주적으로 운영하는 사업조직을 통해서 공동의 경제·사회·문화적 수요와 요구를 충족시키기 위해 자발적으로 결성한 자율적인 단체라고 정의할 수 있습니다.

● 협동조합의 장점

협동조합의 장점은 다음과 같습니다. 첫째, 협동조합의 목적은 주식회사의 목적과 다릅니다. 협동조합은 조합원인 주 이용자가 소유하는 기업이고, 조합원 간에 공동의 이익과 편익을 충족하는 것이 주목적입니다. 반면에 주식회사는 투자자가 소유하는 기업이고, 자본을 투자한 주주의 이익을 극대화하는 것이 주목적이므로 그 목적에 차이가 있습니다. 즉 협동조합도 영리를 목적으로 하지만 조합원 간의 상호 공동의 이익과 편익을 가장 우선시하는 상생의 개념이 더 강합니다.

둘째, 협동조합은 자본이 아니라 사람에 의해 통제되는 조직입니다. 주식회사가 '1주 1표'인 것과는 달리 협동조합은 주식을 얼마나 가지고 있는지와 상관없이 '1인 1표제'로 운영됩니다. 즉 주식회사는 지분율에 따른 의사결정을 하지만 협동조합은 '1인 1표제'이므로 소수 대주주의 독선적 행위를 방지할 수 있으며 조합원들의 요구에 부응하는 안전장치를 가지고 있습니다. 즉 조합원 간의 협동과 상생의 색깔이 강하고, 소수 조합원이라고 하더라도 동등한 권리를 제공받을 수 있다는 장점이 있습니다.

마지막으로 협동조합은 사업이익의 배당에 있어서 주식회사와 큰 차이가 있습니다. 주식회사의 경우 지분(주식 수)이 많은 주주가 더 많은 배당을 받아가는 구조로 운영되지만, 협동조합은 조합원들이 사업을 이용한 실적에 비례해서 잉여금을 배당하게 됩니다. 즉 더 많이 이

[도표 1-5] 협동조합의 장점과 단점

장점	단점
• 고부가가치 시장에의 접근 가능성 혼자가 아닌 여러 명의 조합원이 공동으로 운영해 효율적으로 업무분장을 할 수 있음	• 협동작업의 필요성 성공적으로 협동조합을 운영하기 위해서는 지속적인 참여와 헌신이 필요함
• 구매력의 증가 조합원이 많을수록 더 많은 구매력을 확보할 수 있으므로 다양한 정보 교류의 장이 될 수 있음	• 초기 협동조합의 단결성 조합원들에 의해 운영되다 보니 협동조합 설립 시 정관작성과 이사회의 기본 원칙 및 규정의 이해가 필요함
• 책임 민주적으로 1인 1표로 운용되어 조합원들 간의 유대감과 책임의식을 증가시킬 수 있음	• 시장 확보 새로운 시장에 진출 시 안정적인 시장 확보가 필요함
• 지역사회의 자립 지역사회에 단위농업, 소상공인으로 성공할 수 있는 단위조합으로 운영됨	• 초기 설립 비용 협동조합의 자금조달이 어려운 만큼 조합원들의 출자를 통한 회사 설립부터 안정적인 운영비용이 필요함
• 안정성과 위험 조합원이 소유하는 협동조합은 재무적 위험을 줄이기 위해 잉여금의 적립과 효율적인 경영을 할 수 있음	• 전문 경영의 필요성 주먹구구식이 아닌 전문적인 회사 운영에 따라 전문 경영인이 필요함
• 지속 가능성 개개인으로 하는 것보다 협력과 상생으로 서로 힘을 합쳐 운영함으로써 장기간의 지속 가능성이 증가함	
• 지역사회 강화와 지역의 경제적 발전 지역에 기반을 둔 협동조합은 지역경제 활성화에도 기여함	
• 유연성 협력과 상생으로 운영되는 협동조합은 유기적인 조합원의 의사결정에 따라 유연성 있게 협동조합을 운영함	

용하고 열심히 운영한 조합원이라면 더 많은 배당을 받아가는 구조여야 협동조합의 정의에 부합합니다.

● 협동조합의 단점

협동조합은 자본 조달상의 문제라는 치명적인 단점이 있습니다. 일반적으로 협동조합은 이익 극대화보다는 조합원 간 상생하며 원가 경영을 추구하게 되는데, 여기에는 자본 조달 측면에서 많은 난점이 있을 수밖에 없습니다. 일반적으로 원가 경영은 회계연도에 따른 이익성과 지표인 손익계산서에서 이익이 적게 발생할 수밖에 없고, 이는 은행에서의 대출심사 시 여러 가지 난점으로 작용해 원활한 자본 조달이 어려울 수 있다는 한계가 있습니다.

이러한 협동조합의 단점을 극복할 수 있는 대안으로는 사업에서 발생한 잉여금을 최대한 배당하지 않고 적립해두는 것입니다. 공동 자본금으로 최대한 적립한 후 배당가능잉여금을 배당해, 위기에 대처할 수 있는 자금을 확보하기 위함입니다. 즉 잉여금을 적립해둠으로써 협동조합의 단점을 극복할 수 있으므로, 취약계층 간의 협동과 단결을 통한 상생으로 운영된다는 점이 협동조합의 강점이라 할 수 있습니다.

협동조합의 종류에는
무엇이 있나요?

Q 어떤 유형의 협동조합이 있나요?

A 목적에 따라 일반 협동조합과 사회적 협동조합이 있고, 조합원의 역할에 따라 생산자 협동조합, 소비자 협동조합 등 다양한 유형이 있습니다.

협동조합은 우리가 상상하는 어떤 업종에서도 설립이 가능합니다. 경제·사회·문화 영역의 그 어떤 협동조합도 설립이 가능하다는 것이 협동조합의 가장 큰 특징입니다.

초창기 우리나라의 협동조합은 소비자·생산자·신용 분야에서 주로 설립이 이루어졌습니다. 이후 다양한 영역으로 확산되어 설립되고 있는데 이는 다양한 분야에서 창의적인 형태의 협동조합이 얼마든지 설립 가능하기 때문입니다.

[도표 1-6] 생산자 협동조합과 소비자 협동조합의 구분

구분	생산자 협동조합		소비자 협동조합	
조합원 역할 (조합원 구성)	일반 협동조합 (조합원≠직원)	직원(근로자) (조합원=직원)	다중이해관계 협동조합 (조합원=다양)	사업자 협동조합 (조합원=사업자)
설립 목적	일반 협동조합		사회적 협동조합	

◉ 다양한 유형의 협동조합

2012년 12월 협동조합기본법이 시행됨에 따라 협동조합의 설립 절차가 간소화되었기 때문에 과거에 비해 손쉽게 협동조합을 설립할 수 있게 되었습니다. 따라서 다양한 형태의 협동조합 설립이 가능하게 되었습니다. 예를 들어 특정 사업 영역인 유아교육 협동조합, 다문화 협동조합, 대리운전기사 협동조합 등이 설립 가능합니다.

먼저 협동조합은 협동조합에 참여하는 조합원의 역할에 따라 크게 생산자 협동조합과 소비자 협동조합으로 구분할 수 있습니다. 생산자 협동조합은 물건을 만드는 생산자들이 모여 공동으로 판매하고, 자재를 구매하며 브랜드를 개발하는 조합으로, 서울우유의 낙농업 등이 협동조합의 성공 사례입니다. 반면에 소비자 협동조합은 물건을 구매하는 소비자들이 공동의 매장을 운영해 필요한 물건을 구매하는 조합으로 스위스의 협동조합 미그로(Migros) 등이 있습니다.

또한 협동조합은 다음과 같이 구분할 수도 있습니다. 일반 협동조

[도표 1-7] 협동조합의 원리

주식회사

투자자 이윤

사회적 협동조합

취약계층 고용, 소외계층
서비스 제공, 지역 개발 등
공익사업 수행

소비자 협동조합

판매가격 인하

생산자 협동조합

(농산물) 구매 가격 인상

직원 협동조합

임금 인상, 근로조건 개선

금융 협동조합

대출금리 인하, 예금금리 인상

다중이해관계 협동조합

다양한 이해자(생산자·소비자)
간의 안정적 관계 유지

100원
판매가격
(매출) - 75원
생산비용 = 25원

합에서 조합원들은 사업 운영을 위해 직원을 고용하고 업무를 맡기게
됩니다. 반면에 직원 협동조합은 직원들이 조합원으로 참여해 조합을
설립·운영합니다. 이때 조합원이 곧 직원(조합원=직원)이 되는 독특한
지배구조가 생기게 됩니다. 이러한 협동조합은 직원 소유 협동조합이
라 할 수 있습니다.

협동조합의 발전을 위해 투명한 회계정보는 필수입니다

Q 앞으로 협동조합이 어떻게 발전해야 할까요?

A 협동조합의 가치 실현과 공동의 이익을 위해 투명성 있는 회계 정보가 필요합니다.

다수의 조합원이 함께 운영하며 상생을 위해 공동의 이익을 실현하려면 투명한 회계정보와 관련된 세금신고가 반드시 필요합니다. 조합원들 간의 상호 이익의 극대화와 상생과 협력의 가치 증진이라 하더라도 투명한 회계처리와 올바른 세금신고는 반드시 필요합니다. 협동조합의 매출과 관련된 수익, 수익과 관련된 관리, 운영상의 경비 등 각종 비용이 발생하며 이와 관련된 증빙서류 등의 회계처리를 해야 합니다. 또한 수익과 지출에 따라 얻은 소득이 있다면 관련 세법규정에 따라 일정 부분을 세금으로 신고해야 합니다.

협동조합이 주식회사와 존재 목적이 다르다는 것은 이미 살펴보았습니다. 협동조합이 단순히 조합원 상호 간의 경제적 이익 극대화가 주목적이 된다면 협동조합 또한 탈세와 분식회계의 유혹에 빠질 수 있습니다. 하지만 협동조합의 목적은 협동조합원 간의 상생과 협력의 가치 증진이라는 대원칙 아래에 있으므로, 조합원 모두가 공유할 수 있고 지향해야 할 가치를 유지해야 합니다.

● 협동조합의 회계정보 공개

협동조합은 소통과 신뢰를 바탕으로 상생을 추구하는 단체로, 결산을 통해 협동조합의 경영상태와 경영성과에 대한 자료를 조합원들에게 공개·비치해야 합니다. 협동의 전제 조건은 소통과 신뢰입니다. 따라서 협동조합은 운영과 관련된 사실을 정확하게 기록하고 반영해야 합니다.

그러므로 회계적 정보를 기록하는 회계장부를 작성하고 비치하는 일은 협동조합 운영에 있어 중요합니다. 또한 총회 등 회의 때마다 회의록을 작성하고, 기록하고, 정리해 보관 및 공개해야 합니다. 회계로 기록되어야 할 사건들은 모두 식별 가능해야 하고, 용도별로 분류되어야 하며, 화폐의 금액으로 측정해 이해하기 쉬운 언어로 표시한 다음, 장부로 작성해 모두 공개해야 합니다.

협동조합도 일반 주식회사와 같이 조합원 총회를 소집하고 이사회,

감사인 등 협동조합의 제반구조를 이룹니다. 조합원과 협동조합(또는 임원진)과의 관계를 중재하고 소통하는 것이 바로 감사인의 역할입니다. 협동조합에서 감사는 조합원과 협동조합, 조합원과 조합원 간에 발생 가능한 갈등을 미리 예방하고 사전에 조정해 중재하는 자리이기도 합니다.

● 협동조합의 주목적은 가치실현

협동조합은 소통과 신뢰를 기반으로 하지만 그보다 더 중요한 것은 협동조합의 가치입니다. 이러한 협동조합의 가치는 협동조합과 조합원이 공유하는 조합의 존재 목적이자 지향점이며 가치 판단의 기준이 됩니다.

협동조합은 사업적 성공뿐만 아니라 조합원과 함께 상생하면서 추구해야 할 가치 실현이 주목적이 되어야 합니다. 협동조합의 가치가 조합원과 직원들에게 내면화되어야 사업의 수행 과정에 발생 가능한 많은 부정과 불법의 유혹에서 벗어날 수 있기에 협동조합은 이러한 가치를 유지하고 발전시켜 나아가야 합니다.

협기법법 제12조(협동조합의 날)

❶ 국가는 협동조합에 대한 이해를 증진시키고 협동조합의 활동을 장려하기 위하여 매년 7월 첫째 토요일을 협동조합의 날로 지정하며, 협동조합의 날 이전 1주간을 협동조합 주간으로 지정한다.

❷ 국가와 지방자치단체는 협동조합의 날의 취지에 적합한 행사 등 사업을 실시하도록 노력하여야 한다.

판매 협동조합 썬키스트

썬키스트(Sunkist)는 미국 캘리포니아와 애리조나에서 오렌지를 재배하는 6천여 명의 농민과 8개의 협동조합이 불합리한 유통체계를 바로잡고자 설립한 판매 협동조합입니다. 설립 초기에는 조합원 간의 갈등으로 많은 어려움을 겪었으나 이를 해결하고자 독립된 의사결정기구를 만들어 조직을 정비했습니다. 또한 정기적으로 조합원들에게 사업 내용을 보고하고 수정하는 운영 방식을 채택했습니다. 이후 직접 유통을 하게 되면서 썬키스트는 조합원의 이익을 대변하는 이익집단으로 성장해갔습니다. 뿐만 아니라 다른 상품과 달리 상하기 쉬운 과일은 광고하지 않았던 종래의 관행에서 벗어나 업계에서 처음으로 과일을 광고하는 등 혁신적인 마케팅을 통해 판매량이 50% 이상 상승했습니다.

이러한 상승세를 몰아 1908년부터는 전문 광고회사를 통해 오렌지에 '썬키스트'라는 자신만의 상표를 붙여 세계 최초로 브랜드명이 붙은 과일을 판매했습니다. 이처럼 전 세계를 놀라게 하는 결정을 할 수 있었던 것은 독립된 의사결정기구의 역할이 컸다는 평가를 받고 있습니다. 이후에도 썬키스트는 사람들에게 사랑받는 브랜드로 성장하기 위해 브랜드 개선 및 품질관리를 위해 노력했습니다. 내부 기준에 따라 고품질의 오렌지에만 썬키스트라는 상표를 붙임으로써 '썬키스트 오렌지' 하면 '맛있는 오렌지'라는 명성을 얻게 되었습니다.

이후 감귤류를 이용한 제품을 생산하기에 이르렀고 1916년에는 '오렌지를 마시자(drink an orange)'라고 광고하며 오렌지 주스의 시대를 열었습니다. 또한 비타민C 섭취를 권장하는 캠페인을 실시하고, 1977년 '썬키스트 오렌지 소다'를 출시한 이후로 탄산음료, 농축음료, 과일사탕, 비타민 등 여러 종류의 제품을 선보이며 전 세계적으로 이름을 알려왔습니다. 뿐만 아니라 다양한 마케팅 및 개발을 통해 맛있고 품질 좋은 감귤류로 세계 시장을 사로잡았습니다.

2장

협동조합, 어떻게 설립 하나요?

협동조합을 설립하기 위해서는 상법에서 규정하는 일정한 절차를 통한 정관상 필요한 서류의 제출 등이 필요합니다. 협동조합을 설립하기 위해서는 5인 이상의 발기인을 모집하고 정관을 작성해 창립총회와 출자금 모집, 그리고 협동조합의 설립등기 등 다양한 법적 절차가 필요합니다. 공익 목적으로 설립하는 사회적 협동조합은 일반 협동조합보다는 좀 더 까다로운 상법상의 절차를 충족하고 관리·운영해야 설립할 수 있습니다.

협동조합의 설립 절차는
어떻게 되나요?

Q 협동조합은 어떤 절차를 통해 설립할 수 있나요?

A 협동조합은 개인이 아닌 5인 이상의 조합원으로 구성된 법인으로 설립해야 하며, 상법상 일정한 절차를 통해 설립할 수 있습니다.

협동조합의 설립은 일반 주식회사와 마찬가지로 상법상의 법적 절차를 충족해야 합니다. 협동조합을 세우기 위해 5인 이상의 발기인을 모집하는 것부터 시작해 정관을 작성하고 창립총회와 출자금, 그리고 설립등기에 이르기까지 일련의 상법과 관련된 절차를 충족해야 협동조합을 설립할 수 있습니다.

◉ 협동조합 설립을 위한 발기인 모집

협동조합기본법에 따라 협동조합을 설립하고자 하는 경우에는, 5인 이상의 '발기인'을 모집해야 합니다. 발기인이란 협동조합에 뜻을 같이하고 설립을 주도하는 사람으로, 설립하고자 하는 협동조합의 조합원 자격을 가진 자에 한해 참여할 수 있습니다.

발기인, 즉 조합원이 될 수 있는 사람은 개인뿐만 아니라 모든 형태의 법인도 가능하며, 외국인등록번호가 있는 외국인도 가능합니다. 그리고 외국법인 역시 외국인 출자규제 관련 법률(예: 외국인투자촉진법, 외국환거래법)에 적합한 경우에 한해 외국인 평등주의에 따라 가능합니다. 다만 지방자치단체는 지방재정법 제18조에 따라 출자가 제한되기 때문에 발기인 및 조합원으로 참여할 수 없습니다.

◉ 협동조합 설립 시 반드시 필요한 정관 작성

'정관'이란 협동조합의 조직 형태, 운영 방법 및 사업 활동 등에 관한 기본적인 사항을 규정한 최고의 자치법규를 말합니다. 모든 법인(협동조합 포함)의 설립 행위에는 반드시 정관 작성이 포함되어야 합니다. 정관은 단체의 기본 규범에 해당하는 것으로써 단체 활동의 근거가 되므로 반드시 구비해야 합니다. 따라서 법인격을 취득하기 위해 모든 단체는 반드시 서면으로 작성한 정관을 가지고 등기를 통해 공시하는

[도표 2-1] 정관, 규약, 규정의 비교

구분	정관	규약	규정
의결	총회의 승인, 시·도지사의 신고	총회의 승인	이사회의 승인
내용	목적, 명칭, 조직, 운영, 사업, 조합원 등 14개 필수사항	정관 이외의 조직사업에 필요한 사항	정관·규약 이외의 경미한 사항
예시	표준정관	총회운영, 선거운영, 배당, 소위원회, 현물 출자 등	이사회 운영, 감사, 직제, 직원보수, 복무, 회계 등

절차를 거쳐야 하는 것입니다.

앞서 모집된 5인 이상의 발기인은 회사의 근본 규칙이 될 정관을 함께 작성하고 이를 서면에 기재한 후 각자 정관에 기명날인 또는 서명을 해야 합니다. 형편에 따라서 설립 동의자 모집 이후에 발기인 및 설립 동의자가 모두 참여해 정관을 작성할 수도 있으나, 이때도 발기인만이 기명날인 또는 서명을 할 수 있습니다.

정관 작성 시 표준정관을 참고하면 쉽게 작성할 수 있는데, 각 항목 작성 시 협동조합기본법에 위배되지 않는 범위에서 작성해야 하며 구체적인 규정들은 규약으로 정할 수 있습니다. 정관은 협동조합의 가치뿐만 아니라 조합의 특성을 나타내는 조합원들에게 구속력을 가지는 중요한 약속입니다. 이러한 정관과 규정은 조합원들 간의 이해관계가 상충하거나 갈등이 발생했을 때 1차적인 판단 기준이 되기 때문에 내부적으로 발생할 수 있는 갈등 상황을 사전에 예측하고 가능한 구체적이고 명료하게 규정하는 것이 좋습니다.

● 정관의 주요 내용

정관은 반드시 기재해야 하는 '필수적 기재사항'과 그렇지 않은 '임의적 기재사항'으로 구분됩니다. 필수적 기재사항 중 한 가지라도 누락되면 정관 전체가 무효가 됩니다. 임의적 기재사항은 기재하지 않아도 정관 자체의 효력에는 영향이 없지만, 기재하지 않으면 그 사항에 대해서 법률상 효력이 발생하지 않으니 주의해서 작성해야 합니다.

협동조합기본법에는 협동조합의 정관에 반드시 포함되어야 할 14가지 항목(필수적 기재사항)을 규정하고 있습니다. 각 항목을 작성할 때는 협동조합기본법의 관련 조항에 위배되지 않아야 합니다.

협기법법 제16조(정관)
❶ 협동조합의 정관에는 다음 각 호의 사항이 포함되어야 한다.
  1. 목적
  2. 명칭 및 주된 사무소의 소재지
  3. 조합원 및 대리인의 자격
  4. 조합원의 가입, 탈퇴 및 제명에 관한 사항
  5. 출자 1좌의 금액과 납입 방법 및 시기, 조합원의 출자좌수 한도

6. 조합원의 권리와 의무에 관한 사항

7. 잉여금과 손실금의 처리에 관한 사항

8. 적립금의 적립방법 및 사용에 관한 사항

9. 사업의 범위 및 회계에 관한 사항

10. 기관 및 임원에 관한 사항

11. 공고의 방법에 관한 사항

12. 해산에 관한 사항

13. 출자금의 양도에 관한 사항

14. 그 밖에 총회·이사회의 운영 등에 필요한 사항

❷ 제1항 제5호에 따른 출자 1좌의 금액은 균일하게 정하여야 한다.
〈신설 2014.1.21.〉

❸ 협동조합의 정관의 변경은 설립신고를 한 시·도지사에게 신고를 하여야
그 효력이 발생한다. 〈개정 2014.1.21.〉

[도표 2-2] 협동조합의 설립 절차(신규 설립 시)

일반 협동조합
❶ 발기인 모집(조합원 자격을 갖춘 5인 이상)
❷ 정관 작성(표준정관례 참조)
❸ 설립 동의자 모집(조합원 자격을 갖춘 5인 이상)
❹ 발기인 모집(설립 동의자 과반수 출석, 출석 2/3 이상 찬성)
❺ 설립 신고(발기인 → 시·도지사)
❻ 사무 인수인계(발기인 → 이사장)
❼ 출자금 납입(조합원 → 이사장)
❽ 설립 등기(관할 등기소)
❾ 협동조합(법인격 부여)

※ 사정에 따라 설립 동의자 모집 후 정관을 작성할 수도 있지만, 이 경우에도 창립총회 개최 이전에는 정관을 작성
해야 함

1. 목적
2. 명칭 및 주된 사무소의 소재지
3. 조합원 및 대리인의 자격
4. 조합원의 가입·탈퇴·제명에 관한 사항
5. 출자 1좌의 금액과 납입 방법 및 시기, 조합원의 출자좌수 한도
   • 협동조합기본법에서는 조합 설립의 출자금 최저한도나 1좌의 금액을 따로 정하고 있지 않습니다.
   • 조합원은 1좌 이상 출자해야 하며, 조합원 1인의 최대 출자좌수는 총 출자좌수의 30%를 넘을 수 없습니다.
6. 조합원의 권리와 의무에 관한 사항
7. 잉여금과 손실금의 처리에 관한 사항
   • 손실금은 미처분이월금, 임의적립금, 법정적립금 순으로 보전하고, 보전 후에도 부족 시 다음 회계연도로 이월합니다.
   • 손실금을 보전하고 법정적립금 및 임의적립금 등을 적립한 이후 조합원에게 잉여금을 배당할 수 있습니다.
   • 잉여금 배당의 경우 이용 실적에 대해서는 전체 배당액의 50/100 이상 배당되어야 하고, 납입출자액에 대한 배당은 납입출자금의 10/100을 초과해서는 안 됩니다.
8. 적립금의 적립 방법 및 사용에 관한 사항
9. 사업의 범위 및 회계에 관한 사항
   • 설립 목적을 달성하기 위해 필요한 사업을 자율적으로 규정할 수 있으나, 한국표준산업분류에 의한 금융 및 보험업은 제외됩니다.
   • 협동조합은 '① 조합원과 직원에 대한 상담·교육·훈련 및 정보 제공사업 ② 협동조합 간 협력을 위한 사업 ③ 협동조합의 홍보 및 지역사회를 위한 사업'은 반드시 포함해야 합니다.
   • 협동조합의 사업은 관계 법령에서 정하는 목적·요건·절차·방법 등에 따라 적법하고 타당하게 시행되어야 합니다. 설립 목적을 달성하기 위해 필요한 사업을 자율적으로 규정할 수 있으나, 한국표준산업분류에 의한 금융 및 보험업은 제외됩니다.
10. 기관 및 임원에 관한 사항
11. 공고 방법에 관한 사항
12. 해산에 관한 사항
13. 자금의 양도에 관한 사항
14. 그 밖에 총회·이사회의 운영 등에 필요한 사항

예를 들어 전통시장 입주상인들이 공동의 목적으로 협동조합을 설립하고자 하는 경우, 앞에서 살펴본 작성 시 유의사항에 따라 정관을 만들 수 있습니다. 그 외 정관에는 선량한 풍속 및 기타 사회질서에 위배되지 않는 한 어떠한 사항이라도 기재할 수 있으나, 기재사항을 변경할 때는 정관 변경 절차가 요구되니 주의해야 합니다. 따라서 법에

서 정한 절대적 기재사항과 협동조합의 운영과 관련해서 향후 법률적인 효력이 발생되어야 할 부분 이외에 필요 이상의 내용을 정관에 기재할 필요는 없습니다.

● 표준정관례

정부는 협동조합기본법의 목적과 취지를 살리고 협동조합의 자유로운 설립을 활성화하기 위해 4가지 협동조합 유형(협동조합, 협동조합연합회, 사회적 협동조합, 사회적 협동조합연합회)에 따른 정관 기재사항을 각각의 표준정관례로 정리해 고시하고 있습니다. 따라서 일반 협동조합을 설립하고자 할 경우, 협동조합 표준정관례를 참고해 정관을 쉽게 작성할 수 있습니다. 물론 협동조합의 목적 및 유형에 따라 표준정관례에서 규정한 내용 이외의 사항을 자율적으로 규정할 수도 있습니다.

● 사업계획의 작성

발기인들은 정관을 작성할 때 사업계획 및 예산안도 함께 작성해야 합니다. 이때 사업계획은 수치화된 목표에서 역할 분담, 자금 조달, 평가 방법까지 가능한 한 구체적으로 작성해야 합니다.

● 협동조합의 창립총회 절차

설립 동의자 모집

발기인은 정관 및 사업계획안을 작성하고, 협동조합의 설립에 동의하는 사람을 모집해 이들을 구성원으로 한 창립총회를 개최해야 합니다. 설립 동의자는 '조합원의 자격을 갖춘 자'로서 창립총회 개최 전까지 발기인에게 설립 동의서를 제출한 사람을 말합니다. 발기인은 곧 설립 동의자로서 추가적인 설립 동의자 모집 없이도 창립총회를 개최할 수 있습니다.

협기법법 제21조(가입)

❶ 협동조합은 정당한 사유 없이 조합원의 자격을 갖추고 있는 자에 대하여 가입을 거절하거나 가입에 있어 다른 조합원보다 불리한 조건을 붙일 수 없다.

❷ 협동조합은 제1항에도 불구하고 정관으로 정하는 바에 따라 협동조합의 설립 목적 및 특성에 부합되는 자로 조합원의 자격을 제한할 수 있다.

창립총회 개최 공고

창립총회는 일정 기간 이상 공고를 해야 하며, 조합원 자격이 있는 사람이 쉽게 구독할 수 있는 일간지에 게재하는 방법으로 합니다. 다만 일간지 게재는 특정 장소에 공고를 붙이거나 등기우편 발송, 전자우편 발송 등 설립 동의자가 충분히 알 수 있는 방법으로 대신할 수 있습니다. 공고에는 '① 총회의 일시 및 장소(when, where) ② 조합원의 자격 요건(who) ③ 창립총회에서 의결해야 할 사항(what)의 내용' 등이 포함되어야 합니다.

협기법법 제28조(총회)

❶ 협동조합에 총회를 둔다.

❷ 총회는 이사장과 조합원으로 구성한다.

❸ 이사장은 총회를 소집하며, 총회의 의장이 된다.

❹ 정기총회는 매년 1회 정관으로 정하는 시기에 소집하고, 임시총회는 정관으로 정하는 바에 따라 필요하다고 인정될 때 소집할 수 있다.

❺ 이사장은 총회 개최 7일 전까지 회의목적·안건·일시 및 장소를 정하여 정관으로 정한 방법에 따라 총회소집을 통지하여야 한다.

총회 개최 전 점검사항

창립총회 개최 전에 발기인은 '① 설립 동의자 수 ② 총회 부의안건 검토 ③ 총회 개최 공고 ④ 총회 자료집 인쇄 ⑤ 창립총회의 구체적인 과정 ⑥ 각종 총회 비품' 등의 사항을 미리 점검해야 합니다. 특히 정관, 사업계획서 및 수입·지출예산서의 사업 기술 내용이 일관성 있게 기록되었는지 점검해야 합니다. 예를 들어 정관에는 커피숍 협동조합으로 명시했음에도 사업계획서에는 유기농 농산물 출하 사업을 하겠다는 경우나, 정관에는 50여 가지 사업을 망라하고서 사업계획서에는 그중 2~3가지만 적고 나머지는 추후에 하겠다고 하는 경우 등과 같은 잘못을 범하지 않도록 주의해야 합니다.

총회의 진행

창립총회는 발기인 대표가 의장으로서 사회를 보면 됩니다. 다만 의장은 발기인이 아닌 설립 동의자 중 1인을 선출할 수도 있으나, 협동조합의 목적과 철학을 가장 잘 알고 있는 사람이 발기인이므로, 불가피한 경우를 제외하고는 발기인이 임시 의장을 하는 것이 바람직합니다. 의장은 미리 준비한 설립 동의자 명부에 근거해 창립총회에 참석한 설립 동의자 수를 확인하고, 의사록 서명날인인을 3명 이상 선출합니다. 선출된 사람은 즉석에서 승낙 여부를 밝혀 서명날인인을 확정해야 합니다.

의장은 미리 정한 의안의 심의 순서를 참석한 설립 동의자의 의견을 물어 의사일정을 확정한 후에 순서대로 의안을 심의합니다. 의안 심의 과정은 다음과 같습니다. 의장이 먼저 의안을 설명하고 의결 주문 사항을 제시합니다. 그리고 의장의 의결 주문 사항에 대해 참석한 설립 동의자 중에 동의와 재청이 있으면 의장은 다른 의견이 있는지를 묻고, 의견이 없으면 동의된 의견으로 확정합니다. 만일 의장의 의결 주문 사항에 대한 수정을 요구하는 동의(의견)가 있고 이에 대한 재청이 있으며 다른 의견이 없다면, 그것을 유일한 의견으로 확정합니다. 그러나 여러 개의 동의(의견)와 재청이 있는 의견이 있다면 의장은 표결에 의해 의견을 결정합니다.

창립총회의 원만한 진행을 위해 미리 진행 시나리오를 작성해두는 것이 좋습니다. 특히 의회식 회의 방식에 익숙하지 않을 때, 진행 시나리오가 없으면 꼭 필요한 사항을 누락하고 총회를 종료하는 경우도 종종 있기 때문입니다.

창립총회 의결

창립총회에서는 '① 정관 ② 사업계획 ③ 임원의 선출 ④ 수입·지출 예산서 ⑤ 설립 경비' 등 설립에 필요한 사항을 의결해야 합니다. 창립 총회의 의사는 설립 동의자의 과반수 출석, 출석자의 2/3 이상 찬성으로 의결합니다.

협기법법 제29조(총회의 의결사항 등)

❶ 다음 각 호의 사항은 총회의 의결을 받아야 한다. 〈개정 2014.1.21.〉

　1. 정관의 변경

　2. 규약의 제정·변경 또는 폐지

　3. 임원의 선출과 해임

　4. 사업계획 및 예산의 승인

　5. 결산보고서의 승인

　6. 감사보고서의 승인

　7. 협동조합의 합병·분할·해산 또는 휴업

　8. 조합원의 제명

　8의2. 탈퇴 조합원(제명된 조합원을 포함한다)에 대한 출자금 환급

　9. 총회의 의결을 받도록 정관으로 정하는 사항

　10. 그 밖에 이사장 또는 이사회가 필요하다고 인정하는 사항

❷ 제1항제1호, 제7호, 제8호, 제8호의2의 사항은 총조합원 과반수의 출석과 출석자 3분의 2 이상의 찬성으로 의결하며, 그 밖의 사항은 총조합원 과반수의 출석과 출석자 과반수의 찬성으로 의결한다.

〈개정 2014.1.21.〉

◉ 협동조합의 설립 신고 방법

시·도지사에게 설립 신고

창립총회를 거쳐 협동조합을 설립하려는 자(발기인)는 설립 신고서와 함께 관련 서류를 첨부해 주 사무소 소재지를 관할하는 시·도지사에게 제출해야 합니다. 다만 시·도에 따라 협동조합 신고 업무를 다른 시·군·구로 위임할 수 있습니다. 시·군·구로 협동조합 신고 업무가 위임된 경우에는 위임된 해당 시·군·구로 신고해야 합니다. 설립 신고 시 설립신고서에 첨부해야 하는 서류는 다음과 같습니다.

1. 정관(사본) 1부

2. 창립총회의사록(사본) 1부

창립총회의사록에는 총회명, 소집 날짜, 개최 날짜, 재적 설립 동의자, 참석 설립 동의자를 반드시 기재해야 합니다. 특히 의사록 서명날인과 선출된 임원의 성명이 각각 기명되어야 하며, 지명 또는 선출된 서명날인인과 임원은 즉석에서 수락했음을 명기해야 합니다.

3. 사업계획서 1부

4. 임원명부 1부, 임원의 이력서 및 사진(가로 3cm×세로 4cm)

임원명부 및 임원의 이력서를 통해 이사장의 다른 협동조합 이사장 겸직 여부, 이사장을 포함한 이사와 직원의 감사 겸직 여부, 임직원 겸직 여부 등을 확인할 수 있어야 합니다. 다만 이력서에 사진을 붙인 경우에는 사진의 별도 제출은 불필요합니다.

5. 설립 동의자 명부 1부

6. 수입·지출예산서

7. 출자 1좌(座)당 금액과 조합원별로 인수하려는 출자좌수를 적은 서류

8. 창립총회 개최공고문

9. 합병 또는 분할을 의결한 총회의사록(합병 및 분할에 의한 설립의 경우만 해당함)

자료 보완 요청

제출서류가 미비할 경우, 시·도지사는 신청인에게 행정절차법에 따라 자료 보완 요청을 할 수 있습니다.

설립신고필증

설립신고서를 접수받은 시·도지사는 특별한 사유가 없는 한 접수일로부터 30일 이내에 교부발기인에게 설립신고필증을 교부합니다.

● 협동조합의 설립등기 방법

사무 인수인계

시·도지사로부터 설립신고증을 받은 발기인(대표)은 그 사무를 즉시 이사장에게 인계해야 합니다. 그 밖에 인계해야 할 서류는 다음과 같습니다.

1. 협동조합의 정관
2. 사업계획서
3. 조합원별로 인수하려는 출자좌수를 적은 서류
4 설립 동의자 명부
5. 조합 설립 관련 각종 서류 등

협기법법 제18조(설립사무의 인계와 출자납입 등)

❶ 발기인은 제15조의2에 따라 신고확인증을 발급받으면 지체 없이 그 사무를 이사장에게 인계하여야 한다. 〈개정 2014.1.21.〉

❷ 제1항에 따라 이사장이 그 사무를 인수하면 기일을 정하여 조합원이 되려는 자에게 출자금을 납입하게 하여야 한다.

❸ 현물출자자는 제2항에 따른 납입기일 안에 출자 목적인 재산을 인도하고 등기·등록, 그 밖의 권리의 이전에 필요한 서류를 구비하여 협동조합에 제출하여야 한다.

❹ 협동조합의 자본금은 조합원이 납입한 출자금의 총액으로 한다.

〈신설 2014.1.21.〉[제목개정 2014.1.21.]

출자금 납입

이사장은 발기인에게 사무를 인수한 날로부터 기일을 정해 조합원이 되려는 자에게 출자금을 납입하게 해야 합니다. 필요한 경우 정관에 따라 현물출자도 가능합니다. 조합원은 정관이 정하는 바에 따라 1좌 이상, 총 출자좌수의 30/100 이내 범위에서 출자해야 합니다. 출자금은 이사장 계좌로 납입하며, 등기 전이라도 납입된 출자금 중 일부를 협동조합 설립을 위해 사용할 수 있습니다. 다만 이 경우 증빙서류를 보관해야 합니다.

조합의 이사장은 조합원이 최초 출자금을 납입할 때, 또는 조합원이 요구하는 경우 출자를 확인하는 증서(증표) 등을 발급해야 합니다.

창립총회의사록 공증

설립신고 시에는 의사록 공증을 필수적으로 요구하지는 않습니다. 그러나 출자금 납입이 끝난 날로부터 14일 이내에 설립등기를 해야 하므로, 창립총회 개최 준비 단계부터 의사록 공증을 염두에 두고 관련 절차를 진행하는 것이 바람직합니다.

설립등기

협동조합은 출자금 납입이 끝난 날로부터 14일 이내에 주 사무소 소재지(등기소)에서 설립등기를 해야 하고, 등기가 완료되면 비로소 협동조합으로서의 법인격이 부여됩니다. 참고로 협동조합기본법에 따라 설립되는 법인은 법인등록번호를 구성하는 분류 번호를 51번으로 부여받게 됩니다. 설립등기를 하려면 이사장이 신청인이 되어 설립등기 신청서에 다음과 같은 구비 서류를 첨부해야 합니다.

협기법법 제61조(설립등기)

❶ 협동조합은 출자금의 납입이 끝난 날부터 14일 이내에 주된 사무소의 소재지에서 설립등기를 하여야 한다.

❷ 설립등기신청서에는 다음 각 호의 사항을 적어야 한다. 〈개정 2014.1.21., 2016.3.2.〉

　1. 제16조 제1항 제1호와 제2호의 사항

　2. 출자 총좌수와 납입한 출자금의 총액

　3. 설립신고 연월일

　4. 임원의 성명·주민등록번호 및 주소(임원이 법인인 경우에는 법인의 명칭, 법인등록번호 및 주소). 다만, 이사장이 아닌 임원의 주소는 제외한다.

❸ 설립등기를 할 때에는 이사장이 신청인이 된다.

❹ 제2항의 설립등기신청서에는 설립신고서, 창립총회의사록 및 정관의 사본을 첨부하여야 한다.

❺ 합병이나 분할로 인한 협동조합의 설립등기신청서에는 다음 각 호의 서류를 모두 첨부하여야 한다. 〈개정 2014.1.21.〉

　1. 제4항에 따른 서류

　2. 제53조에 따라 공고하거나 최고한 사실을 증명하는 서류

　3. 제54조에 따라 이의를 신청한 채권자에게 변제나 담보를 제공한 사실을 증명하는 서류

1. 정관

사본을 제출하되, 원본도 제시해야 합니다.

2 창립총회의사록

반드시 공증을 받아야 하며 사본을 제출하되, 원본도 제시해야 합니다.

3. 임원의 취임승낙서와 인감증명서, 주민등록 등·초본

모든 임원이 제출해야 합니다.

4. 출자금 총액의 납입이 있음을 증명하는 서면

반드시 금융기관이 작성한 증명서여야 하는 것은 아니고, 대표자인 이사장 또는 회장의 출자금영수증 등도 이에 해당합니다. 현물출자가 있는 경우에는 그 부분에 대한 현물출자재산인계서 또는 출자재산영수증을 첨부해야 합니다.

5. 대표자의 인감신고서

6. 설립신고필증

7. 등록면허세 영수필 확인서

8. 위임장(대리인이 신청할 경우)

설립등기신청서에 기재되는 '① 목적 ② 주 사무소 ③ 이사(3인 이상)와 감사(1인 이상)의 성명과 주민등록번호 ④ 이사장의 성명과 주민 등록번호 및 주소 ⑤ 출자 총좌수와 납입한 출자금의 총액 ⑥ 설립 신고 날짜' 등은 등기부에 등기되는 항목입니다.

사업자등록

　설립등기를 마친 협동조합이 사업을 하려면 사업 개시일부터 20일 이내에 사업을 하고자 하는 장소(사업장)의 관할세무서장에게 사업자 등록을 해야 합니다.

사회적 협동조합은
어떻게 만드나요?

Q 사회적 협동조합은 어떤 절차를 통해 설립할 수 있나요?

A 일반 협동조합과 달리 공익을 목적으로 하는 사회적 협동조합을 설립하기 위해서는 좀 더 까다로운 절차를 거쳐야 합니다. 사회적 협동조합은 관련된 중앙행정기관 장의 인가를 통한 상법상의 일정 절차를 거침으로써 설립할 수 있습니다.

협동조합기본법에 따른 사회적 협동조합을 설립하고자 할 때도 발기인 모집부터 정관 작성, 창립총회 등 설립하기까지의 과정은 일반 협동조합 설립 과정과 유사합니다. 그러므로 유사한 부분은 앞서 살펴본 일반 협동조합의 설립 부분을 참고하도록 하고, 여기에서는 일반 협동조합의 설립 절차와 차이가 있는 부분을 중심으로 살펴보겠습니다.

[도표 2-3] 일반 협동조합과 사회적 협동조합의 설립 과정 차이

	일반 협동조합	사회적 협동조합
설립 동의자의 자격	조합원	조합원 이해관계자 참여
사업	업종 및 분야 제한 없음 금융 및 보험업 제외	주 사업 소액대출 및 상호부조 사업
설립	시·도지사 신고	관계 중앙행정기관장의 인가
처리 기간	30일 이내	60일 이내
설립 동기 신청	출자금의 납입이 끝난 날부터 14일 이내	설립인가를 받은 날부터 21일 이내

● 사회적 협동조합의 정관 작성

사회적 협동조합 정관의 필수 기재 사항은 일반 협동조합 정관의 필수 기재 사항과 동일합니다. 다만 사업·적립금·배당·청산 등의 항목은 협동조합기본법상 사회적 협동조합 관련 규정에 적합하게 작성해야 합니다.

그리고 설립 동의자의 출자금 납입총액이 정관에 정해져 있어야 합니다. 일반 협동조합과 사회적 협동조합의 정관 내용의 차이는 [도표 2-4]와 같으며, 더 자세한 내용은 '사회적 협동조합 표준정관례'를 참고하길 바랍니다.

협기법법 제22조(출자 및 책임)

❶ 조합원은 정관으로 정하는 바에 따라 1좌 이상을 출자하여야 한다.
다만, 필요한 경우 정관으로 정하는 바에 따라 현물을 출자할 수 있다.

❷ 조합원 1인의 출자좌수는 총 출자좌수의 30/100을 넘어서는 아니 된다.

❸ 조합원이 납입한 출자금은 질권의 목적이 될 수 없다.

❹ 협동조합에 납입할 출자금은 협동조합에 대한 채권과 상계하지 못한다.

❺ 조합원의 책임은 납입한 출자액을 한도로 한다.

[도표 2-4] 정관의 주요 내용 비교

	일반 협동조합	사회적 협동조합
사업	금융 및 보험업을 제외하고는 업종 및 분야 제한 없음	주 사업과 부수 사업의 구분 소액대출 및 상호부조 사업 가능
출자금 납입총액	관련 규정 없음	설립 동의자의 출자금 납입총액 이 정관에 명시되어야 함
법정적립금	잉여금의 10/100 이상	잉여금의 30/100 이상
배당	배당 가능	배당 금지
청산	정관에 따라 잔여 재산 처리	비영리법인·국고 등에 귀속

◉ 사회적 협동조합의 설립 동의자

일반 협동조합에서는 설립 동의자에게 조합원 자격 이외에 별도의
요건을 부여하지 않았으나, 사회적 협동조합은 설립 및 운영 목적의
공공성과 사회성을 고려해 다양한 이해관계자(생산자, 소비자, 직원, 자원

봉사자 및 후원자 등)가 참여하는 구조적 특성이 있습니다. 이러한 특성은 우리나라보다 먼저 협동조합이 등장하고 발달했던 이탈리아나 프랑스 등의 국가에서 사회적 협동조합의 공공성을 담보하기 위한 요건으로 다양한 이해관계자의 참여 구조를 규정하고 있다는 점에서도 확인할 수 있습니다.

만약 사회적 협동조합의 발기인에 다양한 이해관계자가 포함되어 있다면, 추가적인 설립 동의자의 모집 없이도 창립총회를 개최할 수 있으나, 반대의 경우에는 다른 이해관계자의 범주에 속하는 설립 동의 자의 추가적인 모집이 필요합니다. 한편 의료기관을 개설하고자 하는 사회적 협동조합은 다른 사업을 영위할 경우와 달리, 보다 강화된 요 건인 500인 이상의 설립 동의자를 확보하도록 하고 있습니다.

● 사회적 협동조합의 설립 인가

설립 인가 신청

사회적 협동조합의 설립 인가 권한은 소관 업무 관계 중앙행정기관 의 장에게 위탁되어 있습니다. 그래서 사회적 협동조합을 설립하려면 소관 업무를 담당하는 관계 중앙행정기관의 장에게 설립 인가를 신청 해야 합니다. 이때 사회적 협동조합의 사업이 다수의 중앙행정기관에 관련된 경우라면, 주 사업의 소관 중앙행정기관의 장에게 설립 인가 를 신청해야 합니다.

한편 중앙행정기관의 소관 업무는 정부조직법, 직제 및 관계 법령 등에 따르되, 관계 중앙행정기관이 명확하지 않은 경우에는 기획재정부장관이 관계 중앙행정기관을 지정할 수 있습니다. 설립 인가를 신청할 때 필요한 설립 인가 신청서에 첨부해야 하는 서류는 다음과 같습니다.

[도표 2-5] 협동조합 설립(신규 설립 시)

발기인 모집(5인 이상)
▼
정관 작성(목적, 명칭, 구역 등 포함)
▼
설립 동의자 모집(5인 이상, 서로 다른 이해관계자 2인 이상 포함, 의료사회적 협동조합은 500인 이상)
▼
창립총회(설립 동의자 과반수 출석, 2/3 이상 찬성)
▼
설립 인가(관계 중앙행정기관의 장)
▼
사무 인수인계(발기인 → 이사장)
▼
출자금 납입(조합원 → 이사장)
▼
설립등기(관할 등기소)
▼
협동조합(법인격 부여)

※ 사정에 따라 설립 동의자 모집 후 정관을 작성할 수도 있음

1. 정관(사본) 1부

2. 창립총회의사록(사본) 1부

창립총회의사록은 총회명, 소집 날짜, 개최 날짜, 재적 설립 동의자, 참석 설립 동의자를 반드시 기재해야 합니다. 특히 의사록 서명날인인과 선출된 임원의 성명이 각각 기명되어야 하며, 지명 또는 선출된 서명날인인과 임원은 즉석에서 수락했음을 명기해야 합니다.

3. 사업계획서 1부(추정재무제표 포함)

추정재무제표는 대차대조표(또는 재무상태표)와 손익계산서를 포함하며, 해당 연도(서류 접수일 기준)와 그다음 연도의 추정재무제표를 작성해서 제출해야 합니다.

4. 임원명부 1부, 임원의 이력서 및 사진(가로 3cm×세로 4cm)

임원명부 및 임원의 이력서를 통해 이사장의 다른 협동조합 이사장 겸직 여부, 이사장을 포함한 이사와 직원의 감사 겸직 여부, 임직원 겸직 여부 등을 확인할 수 있어야 합니다. 다만 이력서에 사진을 붙인 경우에는 사진을 별도로 제출할 필요는 없습니다.

5. 설립 동의자 명부 1부

6. 수입·지출 예산서

7. 출자 1좌(座)당 금액과 조합원이 인수하려는 출자좌수를 적은 서류

8. 창립총회 개최공고문

9. 주 사업의 내용이 설립 인가 기준을 충족함을 증명하는 서류

사업계획서 등으로 주 사업 등 설립 인가 기준 충족 여부를 충분히

표출하기 어려운 경우나 설립 인가 담당공무원이 제출을 요구할 경우에 제출해야 합니다.

10. 합병 또는 분할을 의결한 총회의사록(합병 또는 분할에 의한 설립의 경우만 해당함)

사회적 협동조합의 설립 인가를 신청하면, 특별한 사유가 없는 한 신청일로부터 60일 이내에(부득이한 경우 60일 이내에서 1회 연장 가능) 관계 중앙행정기관의 장으로부터 설립 인가증을 교부받게 됩니다. 다만 다음 3가지와 같은 경우에는 사회적 협동조합의 설립 인가를 받을 수 없습니다.

1. 설립 인가 구비 서류가 미비한 경우
2. 설립의 절차 정관 및 사업계획서의 내용이 법령을 위반한 경우
3. 그 밖에 설립 인가 기준에 미치지 못하는 경우

인가 여부 검토 절차

사회적 협동조합의 설립 인가 여부를 검토하기 위해서는 서면을 통한 형식적 요건 이외에도 현장 방문, 발기인(대표) 인터뷰 등을 통해 구체적이고도 실질적인 심사가 진행되어야 합니다. 사회적 협동조합의 설립 인가 신청을 접수한 관계 중앙행정기관은 '사회적 기업의 인증 지원 업무'를 담당하고 있는 고용노동부 산하 '한국 사회적 기업진흥원'을 통해 인가와 관련된 지원을 받을 수 있습니다.

한편 설립 인가 여부의 검토 단계에서 기본적인 요건 및 행정 절차와 서류 이외에 사회적 협동조합이 추구하는 목적 사업은 '주 사업 수행 여부'에 대한 판단이 가장 큰 쟁점이 됩니다. '주 사업'과 관련된 내용은 이어지는 내용을 통해 별도로 논의하겠습니다.

◉ 사회적 협동조합의 주 사업 정의 및 판단 기준

주 사업의 정의

협동조합은 설립 목적을 달성하기 위해 금융 및 보험업을 제외한 모든 사업을 자율적으로 운영할 수 있습니다. 그러나 사회적 협동조합은 지역주민의 권익·복리 증진과 관련된 사업을 수행하거나 취약계층에 대한 사회서비스 또는 일자리를 제공하는 등 비영리 목적 사업을 수행하는 특수한 조직으로, 다음의 목적 사업 중 하나 이상을 주 사업으로 영위해야 합니다(주 사업이란 목적 사업이 협동조합 전체 사업량의 40/100 이상인 경우를 말합니다).

주 사업의 유형

주 사업은 아래 목적 사업 중 한 사업을 전체 사업량의 40% 이상 영위할 수도 있고, 둘 이상 또는 전부(혼합형)를 수행할 수도 있습니다.

(1) 지역사업형

지역사업형은 지역경제 활성화, 지역주민의 복리 증진 사업 등을 주사업으로 하는 경우로 의료기관 운영 사업도 포함합니다. 다만 의료기관이 하는 사업이라도 지역사회에 공헌하는 의료 사업이 아니면 제외됩니다. 여기서 말하는 지역사회란 사업소 소재 특별시·광역시·도 또는 특별자치시·도의 관할구역입니다. 다만 실제 생활권이 2개 이상의 특별시·광역시·도 또는 특별자치도에 걸쳐 있는 경우에는 그 생활권 전체를 의미합니다.

(2) 취약계층배려형

취약계층배려형은 취약계층에게 일자리나 사회서비스를 제공하는 사업 유형을 말합니다. 이때 취약계층이란 자신에게 필요한 재화 또는 용역을 통상적인 시장가격으로 구매하는 데 어려움이 있거나, 노동시장의 통상적인 조건에서 특히 취업이 곤란한 계층을 말합니다.

(3) 위탁사업형

위탁사업형은 국가, 지방자치단체의 법률에 규정된 행정기관의 사무 중 일부를 사회적 협동조합에 맡겨, 해당 협동조합의 명의와 책임 아래 운영하는 사업 유형을 말합니다.

(4) 기타 공익증진형

기타 공익증진형은 지역사업형·취약계층배려형·위탁사업형 이외의 공익 증진에 이바지하는 사업 유형을 말합니다.

(5) 혼합형

혼합형은 지역사업형·취약계층배려형·위탁사업형·기타 공익증진형
의 주 사업 유형에 해당하는 사업을 일부 또는 전부 수행하는 경우(예:
지역사업과 취약계층일자리를 함께 제공하는 경우 또는 위탁사업과 취약계층 사회서
비스를 함께 제공하는 경우)를 말합니다.

취약계층 판단기준

제1호. 저소득자

제2호. 고령자

제3조. 장애인

제4조. 성매매피해자

제5조. 청년, 경력단절여성 중 고용촉진지원금 지급대상자

제6조. 북한이탈주민

제7조. 가정폭력피해자

제8조. 한부모가족 지원법상 보호대상자

제9조. 결혼이민자

제10조. 갱생보호대상자

제11조. 범죄구조피해자

제12조. 그 밖에 기획재정부장관이 취약계층으로 인정하는 경우

주 사업 판단 기준

주 사업은 각 유형의 사업 비중이 전체 사업량의 40/100 이상이어야 하며, 이때의 비중은 연평균을 의미합니다. 다만 보건의료 사회적 협동조합의 의료 사업은 100% 공익적 성격으로 보지만, 보건의료 사회적 협동조합이 하는 사업이라도 의료 사업이 아니면 제외됩니다. 한편 사회적 협동조합의 인가 요건 특성상 주 사업에 대한 판단은 선(先) 인가 후(後) 인가 요건 준수 여부를 지속적으로 확인해야 하는 구조가 될 것입니다.

주 사업 유형은 매우 다양해서 판단 기준을 일률적으로 정하기 어려우므로 협동조합 스스로가 자체적인 판단 기준을 선택하되, 인가

[도표 2-6] 4대 사회보험 가입 및 제외 대상(근로자의 경우)

구분		국민연금	건강보험	고용보험	산재보험
가입대상	연령	18세 이상 60세 미만	제한 없음	근로기준법에 의한 모든 근로자	
	제외	타 공적연금 가입자 및 수급자, 국민기초 생활수급자	유공자 등 의료 보호 대상자, 의료급여수급자	65세 이상 가입 의무 미부과, 실업급여 제외	타 연금 가입자
		1개월 미만 일용 근로자, 월 60시간 미만 단시간 근로자	1개월 미만 일용 근로자, 월 60시간 미만 단시간 근로자	1개월 60시간 (주 15시간) 미만 타 연금가입자, 외국인	

• 기타 자세한 사항은 4대 사회보험 정보연계센터(www.4insure.or.kr)로 문의
• 최저임금 적용을 제외하는 경우(최저임금법 제7조 및 같은 법 시행령 제6조): 정신장애나 신체장애로 근로능력이 현저히 낮거나 그 밖에 최저임금을 적용하는 것이 정당하지 않다고 인정되는 사람으로 고용노동부장관의 인가를 받아야 함

요건을 확인할 수 있는 정량적인 기준을 적시해야 합니다. 이에 협동조합기본법 시행 규칙에서는 주 사업의 판단 기준 및 방법을 지역사업형·취약계층배려형·위탁사업형·기타 공익증진형·혼합형별로 구체적으로 정리하고 있습니다. 따라서 사회적 협동조합은 주 사업의 목적 및 판단 기준을 실현하기 위해 수행할 활동 방식에 대한 상세한 내용을 정관 또는 사업계획서에 반드시 기재해야 합니다.

(1) 지역사업형

인가 요건 확인을 위한 사업량은 [도표 2–7]과 같이 사회적 협동조합의 사업 예산이나 서비스 대상, 시간 또는 횟수로 판단 기준을 선택할 수 있도록 하고 있습니다.

(2) 취약계층배려형

취약계층배려형의 주 사업 판단 기준은 주 사업의 목적이 취약계층에게 일자리를 제공하는 경우와 사회서비스를 제공하는 경우를 구분해서 정하고 있습니다. 일자리를 제공받는 취약계층은 정규직 근로자뿐만 아니라 기간제 근로자, 시간제 근로자 등 사업을 수행하기 위해 고용된 인원은 고용 형태와 상관없습니다.

취약계층 피고용자가 신청 기관의 소속인지 여부는 근로계약서 및 고용보험 전산망 조회를 통해 판단 가능합니다. 취약계층 피고용자는 적용 제외 대상이 아닌 한 4대 보험에 가입되어야 하고, 최저임금법에서 정한 임금 이상의 급여를 지급받아야 합니다.

취약계층 피고용자 수는 월 단위를 기준으로 산정하고 연 평균으로 충족해야 하며, 특정 월만 충족하는 경우에는 인정되지 않습니다. 유급 근로자 명부, 근로계약서, 4대 보험 가입확인서(적용 제외는 불필요), 임금대장 등을 통해 확인할 수 있습니다.

[도표 2-7] 주 사업의 주요 내용 요약

유형	용어 정의	주 사업 40% 판단 기준
① 지역 사업형	• (지역사회 공헌) 지역 자원 활동, 농·수·축산물의 생산 및 유통 사업, 전통시장 활성화 사업 등 • (지역 사회서비스 제공) 지역주민의 생활환경 개선 사업, 사회서비스 제공 사업 등	• 사업비 비중 또는 서비스 대상 인원, 시간, 횟수(%)
② 취약계층 배려형	• (취약계층) 전국 가구 월평균 소득의 60% 이하, 고령자, 장애인, 결혼이민자, 경력 단절 여성, 경쟁보호 대상자 등 • (사회서비스) 교육, 보건, 의료, 보육, 예술, 관광, 간병, 문화재 보전, 청소 서비스 등	• 취약계층 제공 사회서비스 대상 인원, 시간, 횟수(%) • 전체 인건비 중 취약계층 인건비 또는 고용 비중(%)
③ 위탁 사업형	• 국가 지자체의 법률에 규정된 행정기관의 사후 중 일부를 사회적 협동조합의 명의로 수행	• 전체 사업비 중 위탁사업비 비중(%)
④ 기타 공익증진형	• 기타 공익 증진 사업	• 사업비 비중 또는 서비스 대상 인원, 시간, 횟수(%)
⑤ 혼합형	• 유형 ①, ②, ③, ④의 혼합	• ① + ② + ③ + ④

(3) 위탁사업형

위탁사업형의 경우 인가 요건 확인을 위한 사업량은 [도표 2–7]과 같이 국가나 지방자치단체로부터 위탁받은 예산으로 판단합니다.

(4) 기타 공익증진형

기타 공익증진형의 주 사업 판단은 지역사업형과 동일합니다.

(5) 혼합형

혼합형의 경우 목적 사업이 지역사업형·취약계층배려형·위탁사업형·기타 공익증진형 사업에 해당하는 비율의 합이 40/100 이상인 것으로 사업량을 판단합니다.

사회서비스의 유형

1. 교육, 보건·의료, 사회복지, 환경 및 문화 분야의 관련 사업
2. 보육, 간병 및 가사 지원서비스를 제공하는 사업
3. 직업안정법 제2조의 2제 9항에 따른 고용서비스를 제공하는 사업
4. 예술·관광 및 운동 분야의 사업
5. 산림보전 및 관리서비스를 제공하는 사업
6. 문화재 보존 및 관리 서비스를 제공하는 사업
7. 청소 등 사업시설 관리 사업
8. 범죄 예방 및 상담치료 관련 사업
9. 그 밖에 기획부장관이 정해 고시하는 경우

● 사회적 협동조합의 설립 등기 방법

설립 등기

사회적 협동조합은 설립 인가를 받은 날로부터 21일 이내에 설립 등기를 마치고 등기가 완료되면 비로소 사회적 협동조합의 법인격이 부여됩니다. 다만 일반 협동조합은 설립 등기 신청 기한의 기준을 출자금 납입이 끝난 후로 정하고 있는 반면, 사회적 협동조합은 설립 인가를 받은 날로 정하고 있으므로 이를 고려해서 이사장은 사무 인수 및 출자금 납입 절차를 진행해야 합니다.

총회의사록 공증

설립 등기를 하려면 반드시 창립총회의사록을 공증받아야 합니다. 설립 인가 신청 당시에는 의사록 공증을 필수적으로 요구하고 있지는 않으나, 설립 인가를 받은 날로부터 21일 이내에 설립 등기를 해야 합니다. 따라서 창립총회 개최 준비 단계부터 의사록 공증을 염두에 두고 관련 절차를 진행하는 것이 바람직합니다. 다만 사회적 협동조합설립 이후에는 관계 중앙행정기관의 추천을 받아 법무부의 공증 제외 대상으로 승인을 받으면, 총회의사록을 공증받지 않아도 됩니다.

사업자 등록

설립 등기를 마친 사회적 협동조합이 사업을 하려면 사업 개시일부터 20일 이내에 사업을 하고자 하는 장소(사업장)의 관할세무서장에게 사업자 등록을 해야 합니다.

〈참고〉 사회적 협동조합이 의료기관을 개설하려는 경우

1. 지역주민이 주인이 되는 의료기관은 왜 필요할까요?
우리나라 전체 의료에서 공공의료가 차지하는 비중은 매우 적습니다(2010년도 자료 7.3% 수준). 또한 병원은 점차 대형화되고 수익성 사업 중심으로 재편되고 있어 의사와 지역주민 모두의 공공성이 위협받고 있습니다. 따라서 나눔과 협동의 관계를 통해 조합원과 지역주민의 건강상 필요와 욕구를 해결하고자 의료 사업을 주 사업으로 수행하는 사회적 협동조합의 필요성이 대두됩니다.

2. 의료기관 개설에 필요한 자금 확보
협동조합기본법(시행령)에 따르면, 사회적 협동조합이 의료기관을 개설할 경우 500인 이상의 조합원, 1억 원의 초기 출자금(1인 최소 출자금 5만 원)이 필요합니다. 그러나 실제 의료기관 개설에는 이보다 더 많은 자금이 필요한 것이 현실이므로, 개설 이후에도 좀 더 많은 조합원 확보를 위해 노력해야 합니다. 부족한 자금에 대해 시민 자본이나 금융권에서 차입하기도 하지만 기본적으로 조합원이 만들어나간다는 원칙에서 벗어나면 경영난에 허덕이는 등의 문제가 생길 수 있습니다.
초기 자금이 충분히 확보되지 않을 경우에는 조합 사업이 안정되기 전까지 지속적인 어려움에 처할 수 있으므로 적극적으로 조합원을 확보하고 다양한 경로를 통해 초기 자금을 확보하는 것이 중요합니다. 그리고 시간이 걸리더라도 가급적 부채보다는 자기자본의 비율을 높이는 것이 이후 사업 운영의 부담을 줄이는 길이 될 것입니다.
그러나 잊지 말아야 할 것은 조합원은 결코 돈벌이의 대상이 아니라는 것입니다. 나눔과 협동을 통한 건강한 마을 만들기의 구심점으로 의료기관의 이용이 활발해져야 하는 것이고, 이를 발판으로 각종 보건 예방 활동 및 조합 활동이 꽃필 수 있기 때문입니다.

3. 의료기관 개설 절차
협동조합기본법에 의한 사회적 협동조합 설립 인가 및 등기를 완료한 후 의료기관을 개설할 수 있습니다. 만약 개인 의료기관을 법인으로 전환할 때는 포괄양도양수계약서를 작성한 후 의료기관 개설변경신고 절차(대표자 변경)를 밟으면 됩니다(법인에 관련된 서류와 절차에 있어서 신규 개설과 전환 개설은 큰 차이가 없습니다).

① 의료기관 개설 신고 → ② 사업자 등록 신청 → ③ 건강보험심사평가원 현황 통보

① 의료기관 개설 신고(관할 보건소에 7일 이내 신고)

- 개설 신고서 1부(별도 양식, 보건소 예방의학과 비치)
- 법인설립허가증(인가증) 사본, 법인등기부등본, 정관 및 사업계획서(원본대조필)
- 건물 내부 평면도 및 구조 설명서 1부(인테리어 시 평면도를 작성한 후 각 실의 용도와 수치를 기록해서 제출함)
- 진료 과목 시설 및 정원 등의 개요 설명서 1부(별도 양식, 예방의학과 비치)
- 개설 의료인 면허증 사본 1부(법인의 경우 관리의사 면허증 사본)
- 개설 의료인 이력서 1부(지역에 따라 요청하지 않는 곳도 있음)
- 건축물 대장 1부(각 시·구청 건축과에서 발급 가능. 지역에 따라 보건소에서 자체적으로 확인하므로 첨부하지 않아도 되는 곳도 있음. 건축물대장상의 용도가 의료기관 개설에 맞지 않을 경우 개설신고 처리가 안 되므로 인테리어 전에 확인하거나 용도 변경해야 함)
- 수수료 3만 원(보통 시·구 민원실 수입인지 코너에서 구입)
- 의료기관 위치도 1부
- 지역개발공채 매입필증(지역에 따라 다름. 각 시·구 금융기관에서 지역개발 공채매입)
- 각 시·구청 세무과에서 면허세 고지서 발급·수납
- ※ 방사선발생장치(엑스레이)를 설치할 경우 사전에 방사선발생장치 신고 및 검사성적서 등을 구비해야 합니다. 늦어질 경우 의료기관 개설과는 무관하지만 엑스레이를 사용하지 못합니다.

② 사업자 등록 신청(관할 세무서에 7일 이내 신청, 당일 처리 가능)

- 사업자등록신청서(별도 양식 각 세무서 비치)
- 주민등록등본 2통(법인의 경우 법인등기부등본)
- 임대계약서 사본
- 도장 및 주민등록증
- 의료기관 개설신고필증 앞뒷면 사본
- 필요에 따라 위임장(세무서 비치)

③ 요양 기관 현황통보서 제출(관할 심사평가원)

- 통보서(건강보험심사평가원 비치. 의료인 및 의료기기에 대한 명세서 포함. 의료기기에 따라 구입을 증명하기 위한 계약서나 세금계산서 사본이 필요할 수 있음)
- 의료기관 개설신고필증 사본 1부
- 사업자등록증 사본 1부

〈참고〉 사업자등록증 신청 시 제출 서류

1. 법인설립신고 및 사업자등록신청서 1부
2. 법인등기부등본 1부
   - 담당 공무원의 확인에 동의하지 않는 경우 신청인이 직접 제출해야 하는 서류
3. 법인명의의 임대차계약서 사본(사업장을 임차한 경우에 한함)
4. 사업 허가·등록·신고필증 사본(해당 법인에 한함)
   - 허가(등록·신고) 전에 등록하는 경우는 허가(등록)신청서 등의 사본 또는 사업계획서
5. 주무관청의 설립허가증 사본 1부

소비자 협동조합 미그로

　미그로(Migros)는 약 860만 명인 스위스 인구 가운데 200만 명 이상이 조합원이고, 직원만 8만여 명이 넘는 스위스 최대 소매기업이자 소비자 협동조합입니다. 미그로는 소비자들이 의사결정권을 가지는 민주적인 방식으로 운영되고, 본부 1개와 지역 협동조합 10개로 구성되어 있습니다. 지역협동조합은 독자적 결정권을 가진 자립 사업체입니다. 본부는 구매와 생산을 관리하고, 지역협동조합의 의견을 모아서 사업을 추진하는 역할을 맡고 있습니다.

　미그로는 좋은 제품을 저렴한 가격에 제공하는 것에 목적을 두고 유통 마진을 줄여 경쟁 기업보다 40% 저렴한 가격으로 판매하고 있습니다. 또한 미그로는 지역사회에 기여해야 한다는 원칙에 따라 '미그로 클럽스쿨'이라는 교육기관을 설립하는 등

해마다 1억 스위스프랑(약 1,200억 원) 이상을 교육과 문화에 투자하고 있습니다. 미그로는 특별한 글로벌 전략 없이 스스로를 '스위스인을 위해 존재하는 협동조합'으로 규정하고 있습니다.

스위스인의 건강을 위해 매장에서 술과 담배, 성인잡지를 판매하지 않습니다. 또한 스위스의 환경보호를 위해 이산화탄소 라벨을 붙인 제품을 소비자가 구입하도록 유도할 뿐만 아니라 매장의 위치 선정에서부터 소비자가 걷거나 자전거를 이용해서 오기 편한 장소로 결정합니다. 또한 스위스 안에서 조합원의 생활을 풍요롭게 할 수 있는 사업을 그 지역에 거주하는 조합원과 지역사회에 철저히 뿌리내리자는 전략으로 사업 규모를 확대해 나가고 있습니다.

광우병 파동 이후에는 생산 농민들에게 환경 기준을 엄격하게 요구하고, 지역 라벨을 붙이는 등 믿고 먹을 수 있는 식품으로 신뢰받기 위해 노력했습니다. 뿐만 아니라 농가와 일대일로 논의하고 결정하는 미그로의 소통정책으로 조합원에게는 안전하고 품질 좋은 농산물을, 농가에는 소득 안정이라는 결과를 가져왔습니다.

3장

협동조합의 회계처리와 경리실무를 익히자

협동조합의 관리와 운영에 있어 회계처리는 복식부기를 통해 회계 장부를 작성해야 합니다. 복식부기에 따른 회계장부를 작성하지 않았을 경우 각종 불이익이 있으며 혜택을 받지 못합니다. 따라서 회계처리인 경리실무를 익히기 위해 거래의 인식과 차변·대변과 같은 분개를 통해 협동조합과 관련된 자산·부채·자본·수익·비용 등의 회계장부를 알아보도록 합시다.

협동조합의 회계처리는 어떻게 하나요?

Q 협동조합의 회계란 무엇인가요?

A 상생과 협동을 강조하는 협동조합의 회계란 다양한 이해관계자와 조합원에 의해 협동조합의 의사결정에 유용한 정보를 제공해주는 것입니다. 이러한 회계는 협동조합의 경영성과인 수익과 비용, 재무 상태인 자산과 부채 및 자본을 알 수 있도록 장부를 작성하기 위해서 필요합니다.

> **협기법법 제47조(회계연도 등)**
> ① 협동조합의 회계연도는 정관으로 정한다.
> ② 협동조합의 회계는 일반회계와 특별회계로 구분하되, 각 회계별 사업부문은 정관으로 정한다.

회계란 회계 정보 이용자들에게 합리적인 판단이나 의사결정을 할 수 있도록 기업 실체에 관한 유용한 정보를 경제적으로 식별하고 측정해 전달하는 과정을 말합니다. 즉 회계를 한마디로 표현하자면 협동조합의 가계부라고 할 수 있습니다. 예를 들어 가정주부라면 가계상황을 꼼꼼히 정리해 가계부를 작성하고, 동창회 등의 모임에서 총무를 맡게 된다면 회비의 수입과 지출 내역을 상세히 기재해서 동창회에 보고해야 합니다. 마찬가지로 협동조합의 재무정보인 자산, 부채, 자본, 수익, 그리고 비용을 기록·작성·보관하는 것을 회계라고 합니다.

협동조합에 있어 투명한 회계장부의 관리는 중요한 의무 중의 하나입니다. 조합원들이 공동으로 출자해 설립한 기업이 협동조합이기 때문에 협동조합의 회계처리는 더욱더 투명하고 공정하게 이루어져야 하며, 이것을 잘 관리·감독해야 합니다. 이를 위해 협동조합의 사업장에서 일상적으로 발생하는 모든 거래의 상세 내역을 기록해 조합원·직원·지역사회 등 다양한 이해 당사자에게 재무제표 등의 재무정보를 제공하는 행위가 바로 회계입니다. 협동조합기본법에서는 매 회계연도를 정해서 회계를 관리하고, 필요한 경우 일반회계와 특별회계로 구분해 재정상황을 정확하게 관리하도록 규정하고 있습니다.

● 회계장부의 필요성

협동조합도 사업의 조직체이기 때문에 회계장부를 작성해야 합니다. 이러한 이유는 크게 세법상의 의무와 협동조합기본법상의 의무로

구분	일반 협동조합	사회적 협동조합
공개 대상	조합원 200인 이상 또는 자기자본 30억 원 이상	모든 사회적 협동조합
공개 방법	광역시·도 또는 연합회 홈페이지 게재	관계 중앙행정기관 홈페이지 게재
공개 내용	• 정관 - 사업계획서, 결산, 결산보고서 - 총회, 이사회 의사록 - 회계장부, 조합원 명부 등	• 정관 - 사업계획서, 결산, 결산보고서 - 총회, 이사회 의사록 - 회계장부, 조합원 명부 등 - 수지예산서(수입·지출) - 소액대출, 상호부조사업 현황 (해당 협동조합에 한함)

구분할 수 있습니다. 먼저 세법상의 일반 협동조합은 주식회사와 같은 법인으로서 매 회계 기간마다 얻은 소득인 일정 수입 금액에 따라 과세표준액의 10~25%까지 법인세를 과세 기간 종료일로부터 3개월 이내에 신고·납부해야 하는 의무가 있습니다.

반면에 사회적 협동조합은 공익을 목적으로 하는 비영리법인이므로 법인세를 신고·납부할 의무는 없습니다. 또한 협동조합에서 과세 사업일 경우 재화의 판매나 용역의 제공에 대해 10% 부가가치세(value added tax)가 발생하므로 부가가치세에 따른 납부 세액 또는 환급세액을 신고·납부(환급)해야 합니다. 그리고 재료비의 원재료를 제외한 비용 중에서 가장 큰 부분을 차지하는 것이 바로 직원 또는 조합원의 급여 부분입니다. 급여 지급 시 4대 보험과 원천세를 차감해서 지급하며, 협동조합은 다음 달 10일까지 원천세를 관할 세무서에 신고·납부해야 합니다.

이와 같이 세법상의 의무를 수행하기 위해서는 첫째, 모든 거래 내역을 확인할 수 있도록 복식부기에 의해 회계장부를 비치하고 기장하며 관리해야 합니다. 둘째, 소득금액을 확인할 수 있는 법적 증빙서류(세금계산서·계산서·신용카드매출전표 등의 카드단말기전표 등)를 비치·보관해야 합니다. 일반적으로 이러한 회계장부는 5년간 회사에 비치·보관할 의무가 있습니다.

협동조합기본법의 회계상 의무는 다음과 같습니다. 먼저 협동조합은 매 회계 기간마다 회계결산 결과를 협동조합총회에 보고해야 하고, 관련된 결과 보고 등 관련 정보는 적극적으로 공개해야 합니다. 또한 조합원이나 채권자가 자료를 요청할 경우에는 관련 회계자료를 지체 없이 제공해야 하는 의무가 있습니다. 특히 조합원 수가 200인이 넘거나 자기자본이 30억 원 이상인 협동조합은 설립신고서를 발급받은 당해 광역시·도 또는 연합회에 주요 경영자료를 공개해야 합니다.

모든 협동조합은 잉여금(이익)이 발생할 경우에 우선적으로 10%(사회적 협동조합은 30%)의 금액을 법정적립금인 이익준비금으로 반드시 배정해서 적립해야 합니다. 법정적립금 제도는 협동조합만의 독특한 특징으로 이익 중 일부를 배당금으로 배당하지 못하도록, 다시 말해 협동조합의 목적에 맞게 이익을 사용하기 위해 회사에 적립해야 하는 법적인 의무이기도 합니다. 따라서 이를 위반할 경우 처벌 대상이 될 수 있으므로 주의해야 합니다.

협동조합의 회계장부 작성은 어떻게 하나요?

Q. 협동조합도 회계장부를 작성해야 하나요?

A. 네. 그렇습니다. 협동조합도 복식부기에 따른 회계장부를 작성해야 하며, 회계장부를 작성하지 않았을 경우 각종 가산세와 세액의 감면, 공제를 받지 못하는 등의 불이익이 발생합니다.

현행 세법상 모든 사업자는 일정 기간 벌어들인 소득[법인이 얻은 소득은 법인세, 개인(자연인)이 얻은 소득은 소득세]에 대해 세금을 신고·납부해야 합니다. 그에 대한 증빙자료를 만들어놓은 것이 바로 회계장부입니다. 협동조합의 경우에도 사업의 규모에 상관없이 반드시 복식부기의 원리에 의한 증빙자료에 따라 회계장부를 작성해야 합니다. 이와 같이 회계장부를 작성해야 하는 대상자를 세법상 '복식장부 대상자'라고 하는데, 협동조합 또한 복식장부 대상자입니다.

모든 법인은 복식장부 대상자이므로, 협동조합도 복식장부를 작성해서 법인세를 계산하고 신고·납부해야 합니다. 따라서 복식부기장부 대상자가 복식장부를 작성하지 않고 법인세를 신고했을 경우에는 여러 가지 불이익이 발생합니다.

◉ 복식부기란 무엇인가?

회사의 사업과 관련된 자료를 인식·측정·기록하는 일련의 회계상의 시스템을 '장부 작성' 또는 '부기(簿記, book keeping)'라고 합니다. 부기는 단식부기와 복식부기로 구분됩니다. 하나의 거래가 발생할 때 이를 한 번 인식하는 것을 단식부기라고 하고, 하나의 거래가 발생할 때 두 번 인식하는 것을 복식부기라고 합니다.

복식부기는 모든 거래에 있어 차변과 대변으로 동시에 나누어 기록됩니다. 거래대금은 차변금액과 대변금액이 항상 일치하게 되는데, 이를 '대차평균의 원리'라고 부릅니다. 복식부기는 단식부기에 비해서 대차평균의 원리에 따른 투명성이 확보됩니다. 또한 정확한 재무 정보를 제공하고, 다양한 정보 이용자에게 유용한 회계정보를 제공한다는 장점이 있습니다.

● 복식장부를 작성하지 않을 경우 받는 불이익

무기장 가산세 부과

협동조합이 회계처리를 통한 복식장부를 작성하지 않고 세금을 신고하게 되면 무기장·무신고 가산세가 부과됩니다. 일반적인 무기장 가산세는 산출세액의 20%와 수입금액의 0.07% 중 많은 금액으로 결정됩니다. 예를 들어 매출이 10억 원이고 산출세액이 1천만 원인 경우 무기장 가산세로만 200만 원을 납부하게 되는 것입니다. 200만 원의 가산세는 영업이익률이 10%인 협동조합에서는 2천만 원의 매출과 동일한 금액이므로, 올바르게 장부를 작성해서 불이익을 받지 않도록 해야 합니다.

각종 세액공제와 세액감면 혜택의 배제

법인세법뿐만 아니라 조세특례제한법 등은 법인의 규모와 투자 등에 따라 다양한 세액공제와 세액감면의 혜택을 부여합니다. 만약 협동조합이 복식장부를 작성하지 않으면 이러한 각종 세액공제와 세액감면의 혜택을 받을 수 없습니다. 세액공제와 세액감면은 산출한 세액에서 직접 차감해주는 것이므로 그 혜택이 비교적 큰 부분에 해당합니다. 예를 들어 협동조합의 운영과 관련해서 시설투자를 하게 되면 투자금액의 일정 부분(현행 3%)을 세액공제해주므로 1억 원을 투자하면 300만 원의 세금을 덜 낼 수 있습니다. 그러나 협동조합이 장부를 작성하지 않으면 이러한 혜택을 받을 수 없습니다. 영업이익률이 10%인 협동조합에서 300만 원은 매출 3천만 원에 해당하는 큰 금액임을 명심해야 합니다.

결손금 이월공제와 결손금 소급공제의 배제

협동조합을 처음 시작할 때는 사업의 초기 단계이다 보니 수익을 내기보다는 적자인 경우가 대부분입니다. 그래서 적자를 보았기 때문에 납부할 세금이 없을 것이라 생각하고 회계장부 등을 포함해서 대충 간단히 세무신고를 마무리하려는 경향이 생길 수 있습니다. 그러나 이러한 경우에도 복식장부를 작성하면 적자로 발생하는 결손금을 이후 연도에 유익하게 활용할 수 있습니다.

법인세법에서는 복식장부로 기록된 결손금은 향후 10년간 발생하는 과세소득에서 차감해서 법인세를 줄일 수 있습니다. 이를 결손금 이월공제라고 합니다. 예를 들어 A협동조합이 2017년에 결손금이 1천만 원이 발생해서 손실을 입었으므로 회계장부를 작성하지 않았다고 가정해보겠습니다. 그다음 해인 2018년에 과세소득이 2천만 원이 발생했다면, A협동조합은 2018년 과세소득에 대해 200만 원의 법인세(2억 원까지는 10%의 법인세 부과)와 주민세 20만 원(법인세의 10%)을 납부하면 됩니다. 그러나 2017년도에 결손금이 발생했지만 회계장부를 작성해서 신고했다면, 2018년의 과세소득 2천만 원에서 2017년 결손금인 1천만 원을 차감한 1천만 원이 과세소득 금액이 되고, 납부할 세금은 110만 원이 되므로 110만 원만큼 절세할 수 있는 것입니다.

중소기업에 한해서 결손금은 이월공제뿐만 아니라 소급공제도 할 수 있습니다. 일정한 조건의 경우 당기에는 결손이 발생했고 전기에는 법인세를 납부했다면, 당기에 법인세 결손을 신고하면서 일정한 산식에 의해 전기에 납부한 세금의 환급을 청구할 수 있다는 것입니다. 이것을 결손금 소급공제라고 부르며 중소기업에 한해서 수행할 수 있습니다. 이러한 결손금 이월공제와 소급공제는 회계장부 작성의 의무를 다한 경우에만 가능하다는 사실을 잊지 말아야 합니다.

협동조합의 복식부기 회계처리는 이렇게 합니다

Q. 협동조합의 회계처리는 어떻게 작성하나요?

A. 우선 거래의 8요소를 이해한 다음 차변과 대변에 분개를 통해 회계처리를 합니다. 사례를 통해 회계처리 과정을 알아보도록 하겠습니다.

복식부기란 거래의 이중성, 회계등식, 계정이라는 계산 단위 등을 이용해서 거래를 분개해 분개장에 차변과 대변으로 이중 기록하고, 이것을 다시 원장의 관련 계정에 전기해서 계정별로 요약하는 기록방법입니다. 복식부기는 대차평균의 원리에 따른 투명성이 확보되고 정확한 재무정보를 제공해줍니다.

이러한 복식부기 거래는 자산·부채·자본의 변동을 가져오는 거래로 항상 그 거래의 원인에 해당하는 거래요소와, 결과에 해당하는 거래요소를 동시에 가지고 있습니다. 거래의 이러한 속성을 거래의 이중성(二重性)이라고 합니다.

● 회계지식이 무엇보다 중요하다

[도표 3-2] 상품 1만 원을 외상으로 매입 시

예를 들어 1만 원의 상품을 외상으로 매입한 거래를 분석해보면, 상품의 매입이라는 '자산의 증가' 요소(원인)와 매입채무의 발생이라는 '부채의 증가' 요소(결과)가 포함되어 있습니다.

다음으로 1만 원의 상품을 현금 1만 2천 원에 판매한 거래를 분석해보겠습니다. 여기에는 상품의 판매라는 '자산의 감소' 요소와 상품매매이익의 발생이라는 '수익의 발생' 요소(원인), 그리고 현금의 수입

[도표 3-3] 상품 1만 원을 1만 2천 원에 현금으로 판매 시

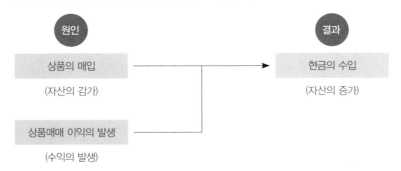

[도표 3-4] 거래의 8요소와 결합관계

차변요소		대변요소
자산의 증가		자산의 감소
부채의 감소		부채의 증가
자본의 감소		자본의 증가
비용의 발생		수익의 발생

• 자주 발생하는 거래 ———— • 가끔 발생하는 거래 ···········

이라는 '자산의 증가' 요소(결과)가 모두 포함되어 있습니다.

거래의 이중성이란 특정 행위 또는 거래가 회계에서 원인 요소와 결과 요소를 동시에 가지게 되는 것을 말하며 이를 복식부기 거래의 8요소라고 부릅니다. 거래의 8요소 간의 결합관계는 [도표 3-4]와 같습니다.

예를 들어 자산의 증가와 관련된 거래요소의 결합관계를 보여주는 사례와 자산의 감소와 관련된 거래요소의 결합관계를 보여주는 사례는 [도표 3-5], [도표 3-6]과 같습니다.

이러한 거래의 이중성을 활용한 기록 방법이 바로 복식부기입니다. 복식부기는 거래가 발생하면 거래의 이중성을 활용해 그것의 원인 요소와 결과 요소를 장부에 동시에, 이중으로, 그리고 동일한 금액으로 기록합니다. 복식부기를 통해 장부 기록의 오류를 손쉽게 찾아낼 수 있습니다.

[도표 3-5] 자산의 증가와 관련된 거래요소의 결합관계

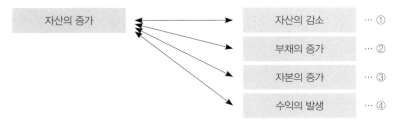

① 상품 1만 원을 현금 매입하다.
　 자산(상품)의 증가 1만 원 ↔ 자산(현금)의 감소 1만 원
② 기계 5만 원을 외상 구입하다.
　 자산(기계)의 증가 5만 원 ↔ 부채(미지급금)의 증가 5만 원
③ 현금 8만 원을 출자해 개업하다.
　 자산(현금)의 증가 8만 원 ↔ 자본(자본금)의 증가 8만 원
④ 대여금 이자 5천 원을 현금으로 수취하다.
　 자산(현금)의 증가 5천 원 ↔ 수익(이자수익)의 발생 5천 원

[도표 3-6] 자산의 감소와 관련된 거래요소의 결합관계

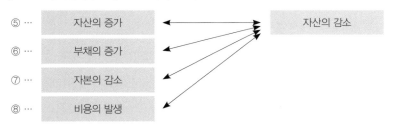

⑤ 비품 3만 원을 현금 매입하다.
　 자산(비품)의 증가 3만 원 ↔ 자산(현금)의 감소 3만 원
⑥ 단기차입금 4만 원을 현금 상환하다.
　 부채(단기차입금)의 감소 4만 원 ↔ 자산(현금)의 감소 4만 원
⑦ 기업주가 자본금 5만 원을 현금 인출하다.
　 자본(자본금)의 감소 5만 원 ↔ 자산(현금)의 감소 5만 원
⑧ 종업원 급여 2만 원을 현금 지급하다.
　 비용(급여)의 발생 2만 원 ↔ 자산(현금)의 감소 2만 원

◉ 실전 사례를 통한 거래의 8요소 따라 하기

거래가 발생하게 되면 기업의 자산·부채·자본에 영향을 미칩니다. 이러한 거래의 효과는 거래의 이중성에 바탕을 둔 회계등식의 틀에 의해 분석되고 기록될 수 있습니다. 회계등식의 틀에 의해 거래의 효과를 분석하고 기록할 수 있는 능력은 복식부기를 이해하는 데 필수적입니다. 회계등식을 이용해서 거래의 효과를 분석하고 기록하는 방법에 대해 다음과 같은 사례를 들어 설명해보도록 하겠습니다.

㈜조이기획은 광고대행업을 목적으로 2013년 10월 1일 설립되었습니다. 설립 후 발생한 거래는 다음과 같습니다.

거래1: 주주의 출자

> 10월 1일, 액면가액 100원인 보통주 1천 주를 액면발행하고 현금 10만 원을 수취했다.

거래의 효과 분석

거래 결과 현금 10만 원이 증가하고 자본금 10만 원이 증가했습니다. 현금이라는 자산이 증가하고, 자본금이라는 자본이 증가합니다. 자본을 증가시킨 원천은 소유주의 투자로써 수익으로 인한 것이 아닙니다. 따라서 본 거래는 당기순이익의 결정 요인이 아니므로 이것이 자본에 미치는 효과를 이익잉여금으로 분류할 수 없습니다.

거래1: 회계등식을 이용한 거래의 기록

자산	=	부채	+	자본
현금				자본금
10만 원				10만 원

거래의 효과를 반영한 후 회계등식의 양쪽은 각각 10만 원으로 등식관계가 유지되고 있습니다.

거래2: 비품의 외상 구입

> 10월 2일, (주)루이스전자로부터 컴퓨터(내용연수: 10년) 1대를 2만 5천 원에 취득했다. 대가로 만기가 6개월, 이자율 연 9%인 약속어음을 지급했다.

거래의 효과 분석

거래 결과 비품(컴퓨터)이 2만 5천 원 증가하고, 미지급금(어음)이 2만 5천 원 증가했습니다. 비품이라는 자산이 증가하고, 미지급금이라는 부채가 증가한 것입니다.

거래2: 회계등식을 이용한 거래의 기록

	자산		=	부채	+	자본
	현금	비품		미지급금		자본금
구잔액	10만 원					10만 원
		2만 5천 원		2만 5천 원		
신잔액	10만 원	2만 5천 원		2만 5천 원		10만 원
	12만 5천 원			12만 5천 원		

거래의 효과를 반영한 후 회계등식의 양쪽은 각각 12만 5천 원으로써 등식관계가 유지되고 있습니다.

거래3: 용역수익의 선수

> 10월 3일, 금년 12월 31일에 제공이 완료될 것으로 예상되는 광고대행용역의 대금으로 (주)존슨상사로부터 현금 6천 원을 수취했다.

거래의 효과 분석

거래 결과 현금 6천 원이 증가하고, 선수수익 6천 원이 증가했으므로 현금이라는 자산이 증가하고, 미실현 수익의 성격을 가진 선수수익이라는 부채가 증가했습니다. 현금수취 시점 현재로는 용역이 아직 제공되지 않았으므로 거래처로부터 받은 현금수취액은 미실현된 수익입니다.

거래3: 회계등식을 이용한 거래의 기록

	자산		=	부채		+	자본
	현금	비품		선수수익	미지급금		자본금
구잔액	10만 원	2만 5천 원			2만 5천 원		10만 원
	6천 원			6천 원			
신잔액	10만 6천 원	2만 5천 원		6천 원	2만 5천 원		10만 원
	13만 1천 원			13만 1천 원			

거래의 효과를 반영한 후 회계등식의 양쪽은 각각 13만 1천 원으로써 등식관계가 유지되고 있습니다.

거래4: 임차료의 지급

> 10월 4일, 10월분 사무실 임차료 4,500원을 현금으로 지급했다.

거래의 효과 분석

거래 결과 현금이 4,500원 감소하고, 이익잉여금이 4,500원 감소했습니다. 현금이라는 자산이 감소하고, 임차료 비용이 발생해 당기 순이익이 감소함으로써 이익잉여금이라는 자본이 감소했습니다. 비용은 자본을 감소시키는 요소입니다.

거래4: 회계등식을 이용한 거래의 기록

	자산		=	부채		+	자본	
	현금	비품		선수수익	미지급금		자본금	이익잉여금
구잔액	10만 6천 원	2만 5천 원		6천 원	2만 5천 원		10만 원	
	−4,500원							−4,500원
신잔액	10만 1,500원	2만 5천 원		6천 원	2만 5천 원		10만 원	−4,500원
	12만 6,500원			12만 6,500원				

거래의 효과를 반영한 후 회계등식의 양쪽은 각각 12만 6,500원으로써 등식관계가 유지되고 있습니다.

거래5: 보험료의 선급

> 10월 5일, (주)앤디화재보험에 가입하고 내년 9월 30일이 만기인 1년짜리 보험증권을 취득한 후 보험료로 3천 원을 현금 지급했다.

거래의 효과 분석

거래 결과 선급보험료가 3천 원 증가하고, 현금이 3천 원 감소했습니다. 선급보험료라는 자산이 증가하고, 현금이라는 자산이 감소했습니다. 자산총액은 불변인 반면 자산의 구성이 변동했습니다. 보험 증권의 유효기간이 다음 해 9월 30일까지로 보험 가입 시점에서는 아직 비용이 발생하지 않았으므로 보험료 지급액은 전액 자산에 속하는 선급보험료로 처리합니다.

거래5: 회계등식을 이용한 거래의 기록

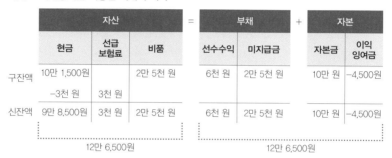

	자산			=	부채		+	자본	
	현금	선급보험료	비품		선수수익	미지급금		자본금	이익잉여금
구잔액	10만 1,500원		2만 5천 원		6천 원	2만 5천 원		10만 원	-4,500원
	-3천 원	3천 원							
신잔액	9만 8,500원	3천 원	2만 5천 원		6천 원	2만 5천 원		10만 원	-4,500원
	12만 6,500원				12만 6,500원				

거래의 효과를 반영한 후 회계등식의 양쪽은 각각 12만 6,500원으로 등식관계가 유지되고 있습니다.

거래6: 소모품의 외상매입

> 10월 6일, (주)제임스화학으로부터 3개월분 광고필름 제작용 소모품 1만 2,500원을 외상으로 매입했다.

거래의 효과 분석

거래 결과 소모품이 1만 2,500원 증가하고, 매입채무가 1만 2,500원 증가했습니다. 소모품이라는 자산이 증가하고, 매입채무라는 부채가 증가했습니다.

거래6: 회계등식을 이용한 거래의 기록

	자산				=	부채			+	자본	
	현금	선급 보험료	소모품	비품		외상 매입금	선수 수익	미지급금		자본금	이익 잉여금
구잔액	9만 8,500원	3천 원		2만 5천 원			6천 원	2만 5천 원		10만 원	-4,500원
	9만 8,500원		1만 2,500원			1만 2,500원					
신잔액	9만 8,500원	3천 원	1만 2,500원	2만 5천 원		1만 2,500원	6천 원	2만 5천 원		10만 원	-4,500원
		13만 9천 원					13만 9천 원				

거래의 효과를 반영한 후 회계등식의 양쪽은 각각 13만 9천 원으로 등식관계가 유지되고 있습니다.

거래7: 직원의 채용

> 10월 10일, 직원 4명을 채용하고 10월 12일부터 근무하기로 했다. 직원 각각은 주 5일 근무에 주당 2,500원(일당 500원)을 급여로 받는다. 급여지급일은 매월 25일로 월 1회 지급한다.

거래의 효과 분석

직원의 채용은 회계상의 거래가 될 수 없습니다. 왜냐하면 9월 15일부터 근무하기로 하는 계약을 기업과 직원 간에 체결했을 뿐이고, 직원이 아직 근무하지 않고 있는 상태이기 때문입니다. 즉 회계상으로 미이행계약 상태이므로 급여비용과 직원에 대한 급여 지급 의무가 발생하지 않고 있는 것입니다

거래8: 업무용 차량의 취득

10월 15일, (주)캠리자동차로부터 업무용 차량(내용연수: 10년) 1대를 8만 원에 취득했다. 취득대가 중 3만 원은 현금으로 지급하고, 나머지 5만 원은 만기 3개월의 약속어음을 발행해 지급했다.

거래의 효과 분석

업무용 차량 1대의 취득 거래 결과 차량운반구(車輛運搬具, delivery equipment or vehicles)가 8만 원 증가했고, 현금이 3만 원 감소했으며, 미

거래8: 회계등식을 이용한 거래의 기록

	자산					=	부채			+	자본	
	현금	선급 보험료	소모품	비품	차량 운반구		외상 매입금	선수 수익	미지 급금		자본금	이익 잉여금
구잔액	9만 8,500원	3천 원	1만 2,500원	2만 5천 원			1만 2,500원	6천 원	2만 5천 원		10만 원	-4,500 원
	-3만 원				8만 원				5만 원			
신잔액	6만 8,500원	3천 원	1만 2,500원	2만 5천 원	8만 원		1만 2,500원	6천 원	7만 5천 원		10만 원	-4,500 원

18만 9천 원   18만 9천 원

지급금이 5만 원 증가했습니다. 다시 말해 이 거래로 인해 차량운반구라는 자산이 증가했으며, 현금이라는 자산은 감소했고, 미지급금이라는 부채는 증가한 것입니다.

거래의 효과를 반영한 후 회계등식의 양쪽은 각각 18만 9천 원으로 등식관계가 유지되고 있습니다.

거래9: 급여의 지급

> 10월 25일, 직원에 대한 10월분 급여 2만 원을 현금 지급했다.

거래의 효과 분석

거래 결과 현금이 2만 원 감소하고, 이익잉여금이 2만 원 감소했습니다. 현금이라는 자산이 감소하고, 급여비용이 발생해 당기순이익이 감소함으로써 이익잉여금이라는 자본이 감소했습니다. 비용은 자본을 감소시키는 요소입니다.

거래9: 회계등식을 이용한 거래의 기록

	자산					=	부채			+	자본	
	현금	선급 보험료	소모품	비품	차량 운반구		외상 매입금	선수 수익	미지 급금		자본금	이익 잉여금
구잔액	6만 8,500원	3천 원	1만 2,500원	2만 5천 원			1만 2,500원	6천 원	7만 5천 원		10만 원	−4,500 원
	−2만 원				8만 원				5천 원			2만 원
신잔액	4만 8,500원	3천 원	1만 2,500원	2만 5천 원	8만 원		1만 2,500원	6천 원	7만 5천 원		10만 원	−2만 4,500원
	16만 9천 원						16만 9천 원					

거래의 효과를 반영한 후 회계등식의 양쪽은 각각 16만 9천 원으로 등식관계가 유지되고 있습니다.

거래10: 용역수익의 발생

> 10월 31일. 10월 중에 제공한 광고대행용역에 대한 대가로 (주)제임스전자로부터 현금 5만 원을 수취했다.

거래의 효과 분석

거래 결과 현금이 5만 원 증가하고, 이익잉여금이 5만 원 증가했습니다. 현금이라는 자산이 증가하고, 용역수익이 발생해 당기순이익이 증가함으로써 이익잉여금이라는 자본이 증가했습니다. 수익은 자본을 증가시키는 요소입니다.

거래10: 회계등식을 이용한 거래의 기록

	자산					=	부채			+	자본	
	현금	선급보험료	소모품	비품	차량운반구		외상매입금	선수수익	미지급금		자본금	이익잉여금
구잔액	4만8,500원	3천 원	1만2,500원	2만5천 원	8만 원		1만2,500원	6천 원	7만5천 원		10만 원	−2만5천 원
	5만 원											+5만 원
신잔액	9만8,500원	3천 원	1만2,500원	2만5천 원	8만 원		1만2,500원	6천 원	7만5천 원		10만 원	2만5,500원
	21만 9천 원						21만 9천 원					

거래의 효과를 반영한 후 회계등식의 양쪽은 각각 21만 9천 원으로 등식관계가 유지되고 있습니다.

[도표 3-7]은 앞서 몇 가지 예를 통해 살펴본 10월 중 발생한 ㈜조이기획의 거래가 자산·부채·자본에 미친 누적적 효과를 요약해서 보여주고 있습니다. 이 표를 통해 거래의 누적적 효과를 분석한 이후에도 여전히 회계등식이 성립되고 있음을 알 수 있습니다. 지금까지 알아본 바와 같이 회계등식을 이용한 거래의 기록은 거래가 자산·부채·자본에 미친 개별적·누적적 효과를 파악하는 데 유용합니다.

협기법법 제49조의2(경영공시)

❶ 대통령령으로 정하는 일정 규모 이상의 협동조합은 제15조에 따라 설립신고를 한 시·도 또는 협동조합연합회의 인터넷 홈페이지에 경영에 관한 다음 각 호의 사항에 대한 공시(이하 이 조에서 "경영공시"라 한다)를 하여야 한다.

1. 정관과 규약 또는 규정
2. 사업결산 보고서
3. 총회, 대의원총회 및 이사회의 활동 상황
4. 제45조 제1항 제1호부터 제3호까지의 사업을 포함한 사업결과 보고서

❷ 제1항에도 불구하고 기획재정부장관은 경영공시를 대신하여 같은 항 각 호의 사항을 별도로 표준화하고 이를 통합하여 공시할 수 있다.

❸ 기획재정부장관은 제2항에 따른 통합 공시를 하기 위하여 필요한 자료를 협동조합에 요구할 수 있다. 이 경우 협동조합은 특별한 사정이 없으면 그 요구에 따라야 한다.

❹ 제1항부터 제3항까지에서 규정한 사항 외에 협동조합의 경영공시 또는 통합 공시의 절차 등에 관하여 필요한 사항은 대통령령으로 정한다.

[본조신설 2014.1.21.]

[도표 3-7] ㈜조이기획의 거래가 자산·부채·자본에 미친 누적적 효과

거래	자산					=	부채			+	자본	
	현금	선급보험료	소모품	비품	차량운반구		외상매입금	선수수익	미지급금		자본금	이익잉여금
1	10만 원										10만 원	
2				2만5천 원					2만5천 원			
				2만5천 원					2만5천 원		10만 원	
3	6천 원							6천 원				
	10만6천 원			2만5천 원				6천 원	2만5천 원		10만 원	
4	-4,500원											-4,500원
	10만1,500원			2만5천 원				6천 원	2만5천 원		10만 원	-4,500원
5	-3천 원	3천 원										-4,500원
	9만8,500원	3천 원		2만5천 원				6천 원	2만5천 원		10만 원	
6			1만2,500원				1만2,500원					
	9만8,500원	3천 원	1만2,500원	2만5천 원			1만2,500원	6천 원	2만5천 원		10만 원	-4,500원
7	9만8,500원	3천 원	1만2,500원	2만5천 원			1만2,500원	6천 원	2만5천 원		10만 원	-4,500원
8	-3만 원				8만 원				5만 원			
	6만8,500원	3천 원	1만2,500원	2만5천 원	8만 원		1만2,500원	6천 원	7만 원		10만 원	-4,500원
9	-2만 원											-2만 원
	4만8,500원	3천 원	1만2,500원	2만5천 원	8만 원		1만2,500원	6천 원	7만 원		10만 원	
10	5만 원											-2만4,500원
												5만 원
	9만8,500원	3천 원	1만2,500원	2만5천 원	8만 원		1만2,500원	6천 원	7만 원		10만 원	2만5천 원

21만 9천 원 (자산)   =   21만 9천 원 (부채 + 자본)

협동조합에도 적립금과 배당금이 있나요?

Q 협동조합에도 적립금과 배당금이 있나요?

A 그렇습니다. 당기의 이익 중 일정 비율은 회사에 필요한 재원으로 회사 내부(사내)에 적립해두고, 일부는 출자자나 조합원들에게 배당금을 배당합니다. 협동조합은 잉여금의 10%를 적립하지만, 사회적 협동조합은 잉여금의 30%를 적립하고 배당도 금지됩니다.

최악의 금융위기로 인해 많은 은행들이 부도로 도산했음에도 협동조합 은행들이 끄떡없이 버틸 수 있었던 이유는, 바로 사내에 적립해두었던 법정적립금제도 덕분이었습니다. 법정적립금제도는 협동조합에만 있는 규정입니다. 매 회계연도에 잉여금(수익에서 비용을 차감한 후의 이익)이 발생하게 되면, 이 잉여금의 10%를 법정적립금으로 반드시 적립하도록 규제했습니다. 이러한 협동조합의 적립금에 대한 의무 기간은 없으며, 자본금의 3배 규모까지 적립할 수 있습니다.

예를 들어 2017년 회계연도 결산 결과 3천만 원의 잉여금이 발생했다고 가정해보겠습니다. 일반 협동조합의 경우 잉여금의 10%인 300만 원을 법정적립금으로 적립해야 합니다. 자기자본금이 200만 원이라면 600만 원까지 법정적립금을 적립할 수 있는 것입니다. 반면에 사회적 협동조합의 경우에는 잉여금의 30%인 900만 원을 법정적립금으로 적립해야 합니다. 자기자본금이 2천만 원이라면 6천만 원까지 법정적립금을 적립할 수 있는 것으로, 공익적 목적으로 운영되는 사회적 협동조합이 일반 협동조합보다 법정준비금이 더 엄격하게 적용되고 있습니다.

협기법법 50조(법정적립금 및 임의적립금)
❶ 협동조합은 매 회계연도 결산의 결과 잉여금이 있는 때에는 해당 회계연도 말 출자금 납입총액의 3배가 될 때까지 잉여금의 100분의 10 이상을 적립(이하 "법정적립금"이라 한다)하여야 한다. 〈개정 2014.1.21.〉
❷ 협동조합은 정관으로 정하는 바에 따라 사업준비금 등을 적립(이하 "임의적립금"이라 한다)할 수 있다.
❸ 협동조합은 손실의 보전에 충당하거나 해산하는 경우 외에는 법정적립금을 사용하여서는 아니 된다.

◎ 위기에 강한 협동조합의 비밀

기업의 고유의 권한일 수 있는 잉여금을 법정적립금으로 정한 이유는 무엇일까요? 바로 협동조합의 원칙과 가치에서 그 해답을 찾을 수 있습니다. 협동조합은 단순히 수익을 많이 내는 구조이기보다는 조합원들 간의 협동과 상생을 바탕으로 장기적이고 지속적으로 협동조합의 경영을 추구하는 기업 형태입니다.

이익에 대해 출자자들에게 배당금을 많이 분배한다면 단기적으로 조합원의 가입 수를 늘릴 수 있고 조합원들의 호응을 얻을 수 있겠지만 손실이 발생하는 상황이라면 조합원들의 협동조합 출자금의 이탈이 발생할 수도 있습니다.

적립된 법정적립금은 협동조합의 핵심 기능인 조합원의 교육과 훈련을 하는 데 사용됩니다. 회사에 위기가 발생해도 직원을 해고하지 않고 재훈련을 통한 새로운 경제활동을 준비하기 위해 비축하는 회사 내의 재원으로 활용할 수가 있는 것이지요. 이와 같은 법정적립금은 미래의 위기를 대비하기 위한 안정장치로, 협동조합 경영의 장기적인 지속 가능성을 뒷받침해주는 든든한 제도입니다.

● 배당금의 법적 순서

주식회사와 마찬가지로 협동조합도 조합원들에게 경영성과에서 얻은 이익을 돌려줍니다. 이러한 협동조합 배당금의 요건과 절차, 그리고 배당 방법에 대해 알아보도록 하겠습니다.

협동조합이 사업을 잘 운영했다면 이익이 발생할 수 있지만 그렇지 않다면 손실이 발생할 수도 있을 것입니다. 회계적 용어로 이익을 잉여금의 발생이라고 하고, 손실을 손실금의 발생이라 부릅니다.

◉ 손실금과 잉여금의 처리 절차

협동조합이 출자자들에게 한 해의 성과에 대한 잉여금 중 일정 부분을 배당하기 위해서는 협동조합의 경영성과에서 잉여금이 발생해야 합니다. 예를 들어 유기농 농산물을 생산하고 판매하는 유기농산물협동조합이 회계 결산 결과 4천만 원의 잉여금(이익)을 얻게 되었다고 가정해봅시다. 이 경우 우선 손실금을 가장 먼저 보전하고, 그다음 사내에 적립할 법정적립금과 임의적립금, 그리고 이후 남은 잔액인 배당 가능한 잉여금 중 배당을 합니다. 배당은 크게 이용실적에 대한 배당과 납입출자액에 대한 배당이 있으며, 배당 이후에 남은 금액은 다음 회계연도로 이월됩니다.

참고로 사회적 협동조합인 경우에는 법정적립금이 잉여금의 30%임을 주의해야 합니다. 사회적 협동조합은 사익보다는 공익을 중요시하므로 수익에서 각종 경비 등을 제하고 남은 이익 중 최소 30% 이상을 법정적립금으로 적립하고, 원칙상 배당을 금지합니다. 하지만 예외적인 협동조합의 경우는 이후 남은 이익 중에서 일부를 출자자나 이용실적에 따른 배당으로 지급할 수 있습니다.

협기법법 제51조(손실금의 보전과 잉여금의 배당)

❶ 협동조합은 매 회계연도의 결산 결과 손실금(당기손실금을 말한다)이 발생하면 미처분이월금, 임의적립금, 법정적립금의 순으로 이를 보전하고, 보전 후에도 부족이 있을 때에는 이를 다음 회계연도에 이월한다.

❷ 협동조합이 제1항에 따른 손실금을 보전하고 제50조에 따른 법정적립금 및 임의적립금 등을 적립한 이후에는 정관으로 정하는 바에 따라 조합원에게 잉여금을 배당할 수 있다.

❸ 제2항에 따른 잉여금 배당의 경우 협동조합사업 이용실적에 대한 배당은 전체 배당액의 100분의 50 이상이어야 하고, 납입출자액에 대한 배당은 납입출자금의 100분의 10을 초과하여서는 아니 된다.

[도표 3-8] 손실금과 잉여금의 처리 절차 비교

경영성과	처리 절차	배당
잉여금의 발생 → 흑자 배당	다음의 우선순위에 따라 처리함 손실금의 보전 → 법정적립금 → 임의적립금 → 배당	○
손실금의 발생 → 적자 보전	다음의 우선순위에 따라 처리함 미처분이월금 → 임의적립금 → 법정적립금 → 다음 연도 이월	×

⊙ 이용실적 배당금과 납입출자 배당금의 차이

협동조합은 사단법인이나 공익법인 등 다른 비영리법인과 달리 배당이 가능하다는 특징이 있습니다. 협동조합은 주식회사와 같이 배당이 가능하지만 이용실적에 따른 배당과 납입출자에 따른 배당으로 구

구분	이용실적에 대한 배당	납입출자에 대한 배당
내용	• 조합원이 이용한 실적에 근거 • 소비자협동조합: 구매금액 • 직원협동조합: 근로일수 • 생산자협동조합: 출하	출자금 납입액에 근거
금액	총 배당가능 금액의 50% 이상	실제 납입 출자금의 10% 미만
배당의 순위	1순위	2순위

분되고 있다는 데 주의해야 합니다. 다만 사회적 협동조합은 원칙상 배당을 할 수 없습니다.

주식회사의 경우 주주는 각자의 여건에 따라 주식을 구매해 투자하면 매년 회사 경영실적에 따라 평가 후 주주총회에서 결정된 금액으로 배당금을 배당받게 됩니다. 즉 주식을 많이 가진 주주에게 더 많은 배당금을 주는 원리입니다(주식 수에 따른 배당금을 주는 원리).

반면에 협동조합은 납입출자 이외에도 이용실적에 따른 배당을 하도록 규정하고 있습니다. 이는 협동조합의 물건이나 서비스를 더 많이 이용한 조합원들에게는 더 많은 배당금을 부여하겠다는 것입니다. 쉽게 말해 마일리지나 포인트 제도라고 생각하면 됩니다. 즉 공동으로 물품을 구매하는 소비자 협동조합의 경우와 구매 실적에 따라 노동력을 제공하는 직원 협동조합의 경우에는 조합원의 근로일수에 따라 배당 규모가 결정되는 것입니다.

한편 협동조합은 납입출자에 대한 배당금보다 이용실적에 대한 배당금을 우선적으로 지급하도록 규정하고 있습니다. 배당금의 규모는 전체 배당가능 금액의 50% 이상이어야 합니다.

협동조합 설립 시 발생하는 비용은 어떻게 회계처리하나요?

Q 협동조합 설립 시에 발생하는 비용은 어떻게 처리해야 하나요?

A 협동조합 설립 시에 발생하는 여러 가지 비용도 적격 증빙서류를 확인한 다음, 회계장부의 작성을 통해 각종 경비를 비용화할 수 있습니다.

협동조합의 설립 등을 준비하면서부터 세무적으로 사업을 시작할 수 있는 사업자등록증을 발급받는 날까지 짧게는 1개월에서 길게는 6개월 이상의 기간이 소요되는 경우가 허다합니다.

협동조합은 일반 주식회사의 설립과는 전혀 다른 형태의 법인 설립이므로 준비하는 데 시간과 비용이 많이 들어갈 수 있습니다. 따라서 협동조합의 설립을 고려 중이라면 협동조합 설립에 발생하는 여러 가지 적격 증빙서류를 챙겨서 관련 경비를 비용화해야 합니다.

● 협동조합 설립 전 지출 관련 증빙

협동조합을 설립하기 전 지출은 크게 협동조합 설립을 위한 제반 비용 지출과 자산의 취득 및 부동산 임대 등으로 구분될 수 있습니다. 협동조합 설립을 위한 지출 비용에는 협동조합을 설립하기 위해 법인 설립 시 발생하는 발기인들의 준비 모임과 관련한 비용, 설립 동의자 들을 규합하기 위해 지출된 비용, 그리고 각종 컨설팅 비용이나 교육 비용 등이 있습니다.

여기에는 창립총회를 개최하는 데 들어가는 비용도 포함되며, 협동 조합법인의 운영을 위한 사무실을 임차하는 경우에는 임차보증금과 공인중개사무소에 지불하는 중개수수료도 비용에 포함됩니다. 또한 법인의 운영을 위한 각종 비품을 구입하기 위한 지출도 있습니다. 회계처리의 관점에서 이러한 지출은 자산의 취득 과정(임차보증금, 유형 자산)이거나 비용 지출의 과정입니다.

모든 자금의 지출에는 반드시 증빙을 챙겨야 합니다. 회계상으로는 관련한 지출을 확인할 수 있는 근거가 있으면 되지만, 세무적으로는 적격지출 증빙서류를 반드시 수취해서 보관해야 합니다. 적격지출 증 빙서류의 종류는 세금계산서, 계산서(부가가치세 면세품목의 구입 시), 신용 카드(직불카드와 현금영수증 포함)와 영수증, 그리고 지출결의서 등입니다.

일반적으로 신용카드 등으로 결제하면 세금계산서를 따로 발급받 을 수 없으므로 실무적으로 큰 금액을 현금으로 지급했다면 증빙용 현금영수증이나 이사장 후보의 주민등록번호로 세금계산서를 발급받으면 됩니다. 그 외에는 발기인 또는 설립 동의자 개인 신용카드를 사용할 수 있습니다.

◉ 협동조합의 자금 지출과 보상에 관한 문제

협동조합의 설립 동의자로부터 받은 출자금은 창립총회 이후에 이사장 개인 명의의 통장으로 수취한 다음, 신고필증 교부 후 법인 설립 등기 때 출자금통장의 잔액증명서를 제출해야 합니다. 법인 설립 등기 전까지는 설립 동의자로부터 받은 출자금을 사용할 수 없습니다.

따라서 법인 설립 전에 자금을 지출할 때는 설립 동의자끼리 누가 어떻게 비용을 지출할 것이며 법인 설립 후에 어떻게 보상할 것인지에 대해 서로 합의를 해야 합니다. 아마도 발기인들 간에 비용을 나누어서 현금이나 개인 신용카드로 지출하게 될 것입니다. 이렇게 지출한 동의자는 반드시 법정지출증빙(세금계산서, 계산서, 카드단말기영수증 등)을 수취해야 합니다.

협동조합 설립 후 각각의 지출자들은 그들이 사용한 지출결의서를 작성하고 지출증빙자료를 첨부한 다음, 협동조합에 설립 준비 비용의 지출상환을 청구하면 됩니다. 이때 협동조합은 비용을 지출한 조합원에게 출자금에서 현금으로 보상해주는 방법을 이용할 것인지, 아니면 협동조합의 자금 사정을 고려해서 일정 기간 후에 상환 처리해 협동조합의 차입금으로 처리하는 방법을 이용할 것인지를 선택해야 합니다.

⬤ 협동조합 설립 비용 관련 부가세 환급 문제

　일반적으로 사업자등록 전에 재화의 구매 등으로 인해 지급한 부가가치세는 환급(매입세액공제)받을 수 없으나 일정한 조건에 해당하는 경우에는 환급이 가능합니다. 협동조합 설립 시의 절차로 인한 협동조합총회 대관료나 회식비용, 법무사 수수료, 컨설팅 수수료, 인쇄비용, 부동산중개 수수료, 비품 구입 등 모든 지출과 관련해서 지출 금액의 10%를 부가가치세로 납부하게 됩니다.

　이렇게 납부한 부가가치세는 적격증빙을 수취한 경우 또는 기간 문제가 충족될 경우에 한해서 부가가치세 환급이 가능합니다. 재화와 용역을 구매한 공급시기가 속하는 과세기간이 끝난 후 20일 이내에 사업자등록을 신청한 경우, 등록 신청일부터 공급시기가 속하는 과세기간 기산일까지 역산한 기간 내의 금액을 환급받을 수 있다는 사실에 주의해야 합니다.

　예를 들어 7월 20일 이전에 사업자등록을 신청한 경우는 1월 1일부터 6월 30일까지 지급한 부가가치세는 환급이 가능하지만, 이전에는 사업자등록신청 20일 이내에 지급한 부가가치세만 환급이 가능했습니다. 만약 10월 30일에 사업자등록을 신청했다면 7월 1일부터 지급한 부가가치세의 환급이 가능하다는 의미입니다. 사업자등록증을 받기 전이라도 세금계산서를 수취할 경우 이사장의 주민등록번호를 기재하면 발급이 가능하고, 신용카드 영수증과 지출증빙용 현금영수증에는 부가가치세가 별도 기재되어 있어야 합니다.

금융 협동조합 라이파이젠 은행

　독일 신용협동조합의 아버지라고 불리는 프리드리히 빌헬름 라이파이젠(Friedrich Wilhelm Raiffeisen)은 농민의 고리채 문제를 해결해주기 위해 처음으로 신용협동조합을 만듭니다. 이렇게 농민들을 중심으로 세워진 신용협동조합은 1862년에 라이파이젠 은행(Raiffeisen bank)으로 성장했습니다. 그러나 이익을 추구하는 기업이 아니기 때문에 증권거래소에 상장되지 않았고, 그로 인해 자금 조달에 어려움을 겪었습니다.

　이러한 경험을 통해 라이파이젠 은행은 1980년부터는 배당을 하지 않고 자금을 쌓아 자본을 확보했는데, 바로 이 덕분에 금융위기에도 견고할 수 있었습니다. 이후 라이파이젠 은행은 상인을 대상으로 한 시민은행과 합병되어 하나의 독일 협동조합은행이 되었습니다. 독일 협동조합은행은 현재 DZ방크(DZ bank; Deutsche Zentral-genossenschaftbank)라는 상위기구에서 수익 개발 및 마케팅 전략 등을 총괄 수립하고 있습니다. 독일 협동조합은 회원사 분담금으로 설립한 보장기금과 보장망으로 예금자보호를 위한 이중 보호제도를 운영하고 있습니다. 보장기금은 회원사에 심각한 위기가 닥쳤을 때, 보증과 대출 제공에서부터 보조금 개선 대책까지 수립해줍니다. 회원사들의 보증에 의해 운영되는 보장망 역시 같은 기능을 합니다.

이러한 보호제도는 연방금융감독청 감독 아래 안정적으로 운영되고, 조합원의 안전을 최대 목표로 예금이 전액 보장되므로 상업은행보다 훨씬 안전합니다. 게다가 1930년대 이후 독일의 협동조합은행이 파산한 사례는 전무합니다. 이러한 자세는 금융위기와 유럽 재정위기를 거치며 소비자의 전폭적인 신뢰를 받고 있습니다. 연간 신규 조합원 가입 수는 2004년 이후 2008년까지 하락세였지만, 금융위기를 거치면서 폭발적으로 증가해 2009년부터는 높은 성장세를 기록하고 있습니다.

4장

협동조합의 재무제표, 정확하게 파악하자

다수의 조합원이 경영자나 관리자가 되어 운영하므로 조합원은 협 동조합의 기본적인 재무제표를 이해해야 합니다. 재무제표는 협동 조합의 자산과 부채, 그리고 순자산인 자본을 나타내는 재무상태 표와 1년간의 경영성과를 나타내는 수익과 비용인 포괄손익계산서, 현금을 기준으로 협동조합에 현금이 유입되는지 유출되는지를 나 타내는 현금흐름표, 주주들의 변동을 나타내는 자본 변동표와 그 외 주석사항으로 이루어져 있습니다.

협동조합의
재무제표란 무엇인가요?

Q 협동조합의 재무제표에는 어떤 것이 있나요?

A 협동조합의 경영 상태를 나타내는 자산·부채·자본 재무상태표,
경영 성과를 나타내는 수익·비용의 포괄손익계산서, 지분의 변동
을 나타내는 자본변동표, 그리고 유동성 위기에 대처하기 위한 현
금주의 방법인 현금흐름표와 주석이 있습니다.

재무제표(FS; Financial Statement)는 기업의 경영활동을 국제회계기준
(IFRS; International Financial Reporting Standards)에 따라 간결하게 요약한
재무보고서를 말합니다. 재무제표는 기업 외부의 다양한 이해관계자
의 경제적 의사결정에 도움이 될 수 있도록 경영자가 기업실체(business
entity)의 경제적 자원과 의무, 경영성과 등에 관한 재무정보를 제공하
고자 하는 데 그 목적이 있습니다. 따라서 다양한 이해관계자가 어떤
유형의 재무정보를 필요로 하느냐에 따라 작성해야 할 재무제표의 종
류도 달라집니다.

[도표 4-1] 재무제표의 체계

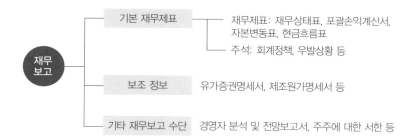

일반적으로 기업의 이해관계자들은 기업의 재무상태 및 경영성과에 관한 정보를 필요로 합니다. 이러한 욕구를 충족시켜주기 위해 작성되는 재무보고서는 재무상태표, 포괄손익계산서, 자본변동표, 현금흐름표 및 주석 등이며 이에 대한 적절한 부속명세서도 재무제표의 구성요소에 포함됩니다.

경영자는 일반적으로 인정된 회계기준에 의거해 회계기준의 허용범위에서 적절한 회계처리 방법을 선택한 다음, 이를 일관성 있게 적용하고 합리적인 판단으로 재무제표를 작성해야 합니다.

○ 재무제표의 상호 관련성

재무제표 구성 요소는 동일한 거래 또는 사건에 대해 다양한 측면에서 정보를 제공하므로 서로 연관되어 있습니다. 재무제표의 재무상태표, 포괄손익계산서, 현금흐름표, 자본변동표 등이 서로 다른 정보를 제공한다 하더라도 어느 하나의 재무정보가 특정 의사결정에 충분한 정보를 제공할 수는 없습니다. 또한 모든 재무제표의 정보를 대신할 수 있는 것도 아니기 때문입니다. 따라서 재무제표인 재무상태표, 포괄손익계산서, 현금흐름표, 자본변동표는 상호 보완적인 관계에 있으며, 이러한 관계는 [도표 4-2]와 같이 유기적으로 연계되어 있습니다.

대차대조표는 일정 시점의 기업의 유동성과 재무건전성을 평가하는 데 유용한 정보를 제공합니다. 재무상태표의 정보가 현금흐름표의 정보와 함께 제공된다면 특정 시점에 대한 기업의 재무상태와 현금유동성의 정보를 얻을 수 있어, 유동성 및 재무건전성을 평가하는 데 효과적입니다. 반면에 포괄손익계산서는 일정 기간의 경영성과를 보여

[도표 4-2] 재무제표의 상호 관련성

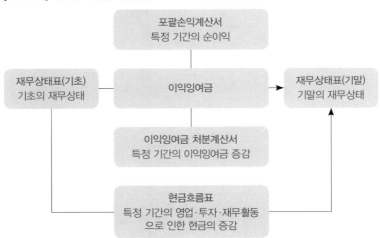

주어 기업의 수익성을 평가하는 데 유용한 정보를 제공합니다. 포괄손익계산서의 정보가 재무상태표의 정보와 함께 제공된다면 수익성의 기간별 비교 또는 기업실체 간의 비교를 통해 자기자본이익률과 같은 유용한 정보를 얻을 수 있습니다.

현금흐름표는 일정 기간의 현금 유입과 현금 유출에 대해 많은 정보를 제공합니다. 하지만 현금흐름표는 현금 유입과 현금 유출을 서로 대응해서 표시하지 않으므로 기업실체의 현금흐름을 전망하는 데 한계가 있는 등 중요한 정보를 제공하지는 않습니다. 따라서 미래의 현금흐름을 예측하기 위해서는 현금흐름표, 손익계산서, 그리고 대차대조표의 정보를 함께 사용하는 것이 좀 더 유용합니다.

또한 자본변동표는 자산·부채·자본 변동의 주요 원천에 대한 정보를 제공합니다. 주주에게 배당을 할 경우에는 손익계산서상의 이익과 비교해 유용한 정보를 제공받을 수 있으며, 대차대조표와 함께 유상증자 및 자기주식의 취득과 배당은 신규 차입 및 기존 채무의 상환에 대한 중요한 정보를 제공해줄 수 있습니다.

이와 같이 재무제표의 재무상태표, 포괄손익계산서, 현금흐름표, 자본변동표 등이 회계정보 이용자의 의사결정에 의미 있고 중요한 자료가 되기 위해서는 각각의 정보뿐만 아니라 서로의 정보를 유기적으로 연계함으로써 유용성을 증대시켜야 합니다.

● 협동조합 역시 재무제표가 중요하다

일반 주식회사뿐만 아니라 협동조합의 경우에도 회계적 기본 지식은 필요합니다. 사업활동에 있어 간결하게 요약한 재무보고서가 있는데 이를 재무제표라고 합니다.

협동조합에서 재무제표란 건물과 각종 기계장치 등의 자산과 빌린 돈 등의 부채, 그리고 자본으로 구성이 되는 재무상태표(BS; Balance Sheet)와 1년 동안 장사를 해서 매출이 얼마이고, 비용이 얼마 들었는지, 순수 이익은 어느 정도인지를 파악할 수 있는 포괄손익계산서(IS; Income Statement) 등을 간략하게 요약한 재무보고서를 말합니다. 즉 기업회계기준에서 인정하는 국제회계원칙에 따라 정보 이용자들에게 유용한 정보를 제공하기 위해 재무상태표, 포괄손익계산서, 자본변동표, 현금흐름표 및 주석 등을 보고하는 것을 말합니다.

경영자(협동조합장)는 국제적으로 인정된 회계기준에 의거해 회계기준의 허용 범위에서 적절한 회계처리 방법을 선택한 다음, 이를 일관성 있게 적용하고 합리적인 판단으로 재무제표를 작성하면 됩니다.

협동조합의 재무상태표란 무엇인가요?

Q. 협동조합의 재무상태표란 무엇인가요?

A 일정 시점(일반적으로 결산일인 12월 31일)에 협동조합의 자산·부채·자본(순자산)의 공정가치로 경영상태를 나타내는 표를 말합니다.

재무상태표는 일정 시점에 기업실체가 보유하고 있는 경제적 자원인 자산과 경제적 의무인 부채, 그리고 자본에 대한 정보를 제공하는 재무보고서입니다. 쉽게 말해서 재무상태표란 일정 시점(12월 31일)에 재산 상태로 보유하고 있는 자산과 부채, 그리고 자본을 나타내는 표를 말합니다. 반면에 포괄손익계산서는 일정 기간(1월 1일~12월 31일) 동안의 실적을 나타내는 표를 말합니다.

재무상태표는 재무상태보고서라고도 부르며 일정 시점에 있어서 기업의 자산, 부채 및 자본의 상태를 나타냅니다. 재무상태표에는 회계

[도표 4-3] 계정식 재무상태표

재무상태표

제×(당)기 20××년 ××월 ××일 현재
제×(전)기 20××년 ××월 ××일 현재

(주)정호상사   (단위: 원)

	당기	전기		당기	전기
자 산	×××	×××	**부 채**	×××	×××
유동자산	×××	×××	유동부채	×××	×××
당좌자산	×××	×××	비유동부채	×××	×××
재고자산	×××	×××	**자 본**	×××	×××
비유동자산	×××	×××	자본금	×××	×××
투자자산	×××	×××	자본잉여금	×××	×××
유형자산	×××	×××	자본조정	×××	×××
무형자산	×××	×××	기타포괄손익누계액	×××	×××
기타비유동자산	×××	×××	이익잉여금	×××	×××
자 산 총 계	×××	×××	**부채와 자본 총계**	×××	×××

등식과 동일한 기본 체계가 있으며, 이는 다음과 같습니다. 이 등식을
'회계등식' 또는 '대차대조표등식'이라고 부릅니다.

회계등식(대차대조표등식)

자산 = 부채 + 자본

[도표 4-4] 보고식 재무상태표

재무상태표		

제×(당)기 20××년 ××월 ××일 현재
제×(전)기 20××년 ××월 ××일 현재

(주)정호상사 (단위: 원)

	당기	전기
자　　　산		
유동자산	×××	×××
당좌자산	×××	×××
재고자산	×××	×××
비유동자산	×××	×××
투자자산	×××	×××
유형자산	×××	×××
무형자산	×××	×××
기타비유동자산	×××	×××
자　산　총　계	×××	×××
부　　　채		
유동부채	×××	×××
비유동부채	×××	×××
부　채　총　계	×××	×××
자　　　본		
자본금	×××	×××
자본잉여금	×××	×××
자본조정	×××	×××
기타포괄손익누계액	×××	×××
이익잉여금	×××	×××
자　본　총　계	×××	×××
부채와 자본 총계	×××	×××

◉ 협동조합의 재산인 자산

자산을 재산으로 생각하면 쉽게 이해할 수 있습니다. 자산이란 기업이 경영활동을 하기 위해서 보유한 유·무형의 재산을 말합니다. 자산은 유동자산과 비유동자산으로 구분할 수 있습니다. 자산은 일정한 유동성 순서에 따라 배열하게 되는데, 이를 일반적으로 유동자산과 비유동자산이라 합니다.

1년 이내의 기간에 현금화할 수 있는 유동자산에는 크게 당좌자산과 재고자산이 있습니다. 당좌자산에는 현금, 매출채권, 단기금융상품, 외상매출금, 받을 어음 등이 있고, 재고자산에는 영업활동에서 판매가 목적인 상품, 제품, 제공품, 원재료 등이 있습니다.

반면에 비유동자산이란 기계장치와 같이 장기간 보유하는 자산으로 크게 투자자산, 유형자산, 무형자산, 기타 비유동자산으로 구분합니다.

[도표 4-5] 자산의 구성

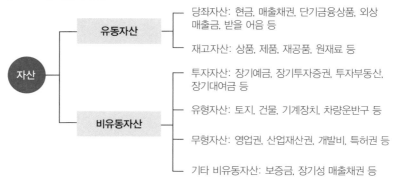

유동자산은 판매를 목적으로 보유하는 것인 데 반해서, 비유동자산은 판매 목적이 아닌 생산을 위해서 보유하거나 투자 목적으로 보유하는 재산이라 볼 수 있습니다. 비유동자산은 1년 이상 장기투자를 목적으로 보유하는 장기예금, 장기투자증권, 투자부동산, 장기대여금 등의 투자자산과 토지, 건물, 기계장치, 차량운반구 등과 같이 단기간에 현금화되지 않고 물리적 형체가 있는 유형자산, 그리고 영업권, 산업재산권, 개발비, 특허권 등 단기간에 현금화되지 않으면서 물리적 형체가 없는 무형자산, 마지막으로 보증금이나 장기성 매출채권 등의 기타 비유동자산 등으로 구분할 수 있습니다.

● 협동조합의 빚인 부채

부채(liabilities)는 자산을 취득하거나 각종 비용을 지출하기 위해 은행이나 다른 사람으로부터 돈을 조달받는 등 미래에 갚아야 하는 상환 의무가 있는 빚을 말합니다. 부채는 1년 이내에 갚아야 하는 유동부채와 1년 이상의 기간 안에 갚아야 하는 비유동부채로 구분합니다. 즉 기업이 제3자에 대해 자산을 사용하거나 용역을 제공하는 등 경제적 자원의 희생이 예상될 경우에는 이를 부채로 본다는 것입니다.

부채는 만기가 도래하는 유동성 순서에 따라서 배열합니다. 대차대조표일로부터 1년 이내의 기간에 상환해야 하는 매입채무, 미지급금,

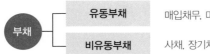

[도표 4-6] 부채의 구성

부채
- 유동부채 — 매입채무, 미지급금, 단기차입금, 미지급비용 등
- 비유동부채 — 사채, 장기차입금, 퇴직급여충당부채 등

단기차입금, 미지급비용 등의 유동부채와 대차대조표일로부터 1년 이후에 상환하기로 예정되어 있는 비유동부채인 사채, 장기차입금, 퇴직급여충당부채 등으로 구성됩니다.

● 협동조합의 자본

자본은 재산인 자산총액에서 빚인 부채총액을 차감한 잔여액 또는 순자산으로 자산에 대한 소유주의 잔여청구권을 말합니다. 이는 기업의 순자산으로 소유주에 귀속되어야 할 몫을 나타내기 때문에 소유주지분 또는 잔여지분이라고 부르기도 합니다.

개인일 경우에는 특정된 금액 없이 일정 금액의 자본금으로 사업을 시작합니다. 하지만 법인의 경우에는 정관에 따라 크게 자본금, 자본잉여금, 자본조정, 기타 포괄손익누계액 및 이익잉여금으로 구성됩니다.

[도표 4-7] 자본의 구성

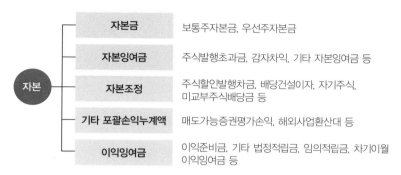

자본금	보통주자본금, 우선주자본금	
자본잉여금	주식발행초과금, 감자차익, 기타 자본잉여금 등	
자본조정	주식할인발행차금, 배당건설이자, 자기주식, 미교부주식배당금 등	
기타 포괄손익누계액	매도가능증권평가손익, 해외사업환산대 등	
이익잉여금	이익준비금, 기타 법정적립금, 임의적립금, 차기이월 이익잉여금 등	

(자본)

협동조합의 포괄손익계산서란 무엇인가요?

Q 협동조합의 포괄손익계산서란 무엇인가요?

A 일정 기간(일반적으로 1월 1일~12월 31일) 동안 협동조합에서 발생한 수익과 비용 등 경영성과를 나타내는 표입니다.

사업을 하게 되면 일상적인 영업활동이나 부수적인 경영활동 등을 통해 수익(매출)과 비용(경비) 등의 손익이 발생합니다. 포괄손익계산서란 일정 기간 동안 사업의 경영성과를 나타내는 표인데, 그 기간에 속하는 모든 수익과 이에 대응하는 모든 비용을 적정하게 표시하고 그 내역에 관한 정보를 제공하는 동태적(動態的) 재무보고서를 의미합니다. 포괄손익계산서에서 경영성과는 다음과 같은 형태로 요약됩니다.

포괄손익계산서는 동태적 재무제표로서, 일정 기간(1월 1일~12월 31일)

포괄손익계산서상 경영성과 계산

수익 – 비용 = 순이익(순손실)

동안의 경영성과를 나타내므로 여기에 표시되는 모든 금액은 당기의 누계액으로 보고됩니다. 반면에 재무상태표는 특정 시점의 재무상태를 나타내므로 모든 계정의 금액이 재무상태표 일(12월 31일) 기준의 잔액으로 표시되는 정태적 재무제표라는 사실에 유의해야 합니다.

● 협동조합의 수익

수익(revenue)이란 사업의 주요 경영활동인 재화의 판매, 용역의 제공 등의 대가로 발생하는 자산의 유입액 또는 부채의 감소액을 의미합니다. 즉 수익은 일정 기간 동안 고객에게 인도한 재화 또는 제공한 용역의 판매가액입니다.

수익은 크게 매출과 영업외수익으로 구분할 수 있습니다. 매출액은 사업의 주된 영업활동에서 발생한 제품·상품·용역 등의 총 매출액에서 매출할인, 매출에누리와 환입을 차감한 금액입니다. 즉 수익은 가장 중심적이면서도 중요한 영업활동과 관련해서 발생하며, 재화를 판매하거나 용역을 제공한 대가로 받는 이익을 말합니다.

한편 영업외수익은 영업활동 이외의 활동 즉, 재무 및 투자활동과 관련해서 발생하는 수익으로 이자수익, 배당금수익, 임대료수익, 단

[도표 4-8] 수익의 구성

매출액	주된 영업활동인 제품, 상품, 용역
영업외수익	이자수익, 배당금수익, 임대료수익, 단기매매처분이익, 매도가능증권처분이익, 유형자산처분이익, 전기오류 수정이익

기매매처분이익, 매도가능증권처분이익, 유형자산처분이익, 전기오류수정이익 등이 여기에 속합니다.

[도표 4-9] 단일 포괄손익계산서

포괄손익계산서		

제×(당기) 20××년 ××월 ××일부터 ××월 ××일까지
제×(전기) 20××년 ××월 ××일부터 ××월 ××일까지

(주) ×× (단위: 원)

	당기	전기
매출액	×××	×××
(−)매출원가	(×××)	(×××)
기초상품(제품)재고액		
+당기매입액(당기제품제조원가)		
(−)기말상품(제품)재고액		
= 매출총이익	×××	×××
(−)판매비와 관리비	(×××)	(×××)
= 영업이익	×××	×××
+영업외수익	×××	×××
(−)영업외비용	(×××)	(×××)
= 법인세용차감전순이익	×××	×××
(−)법인세비용	(×××)	(×××)
= 당기순이익	×××	×××
±기타포괄손익	×××(×××)	×××(×××)
= 총포괄이익	×××	×××

◉ 협동조합의 비용

비용(expenses)이란 재화의 판매나 용역의 제공 등 영업활동을 수행하며 발생하는 자산의 유출이나 사용 또는 부채의 증가액을 말합니다. 비용과 종종 혼용되어 사용하는 용어 중에 원가가 있습니다. 원가(cost)란 재화나 용역을 취득하기 위해 지급한 대가지만, 비용은 수익을 얻기 위해 일정 기간 소비된 재화 및 용역의 원가를 말합니다. 다시 말해 재화와 용역을 취득하면 이를 취득하기 위해 지급한 가액인 원가를 모두 장부상에 자산으로 기록하고, 이러한 재화와 용역이 수익을 얻기 위해 소비되었을 때 비용으로 처리한다는 것입니다.

비용은 크게 매출원가, 판매비와 관리비, 영업외비용 및 법인세비용으로 구분할 수 있습니다. 매출원가는 제품이나 상품 등의 판매로 발생한 매출액에 대응하는 것으로 제품이나 상품 등에 배분된 제조원가 또는 매입원가를 말합니다. 판매비와 관리비는 제품이나 상품에 대한 판매활동과 기업의 관리활동에서 발생하는 비용으로 매출원가에 속하지 않는 모든 영업비용을 포함합니다. 판매원 및 관리 사원의 급여, 감가상각비, 광고선전비, 여비, 교통비 등이 여기에 속합니다. 영업외비용은 영업활동 이외의 활동과 관련해서 발생하는 비용으로 이자비용, 단기매매증권처분손실, 매도가능증권처분손실, 유형자산처분손실, 전기오류수정손실 등이 있습니다. 마지막으로 법인세비용은 법인세비용차감전순이익에서 과세될 세율을 곱한 법인세를 말합니다.

[도표 4-10] 비용의 구성

매출원가	제조원가 또는 매입원가
판매비와 관리비	판매원 및 관리사원의 급여, 감가상각비, 광고선전비, 여비, 교통비 등
영업외비용	이자비용, 단기매매증권처분손실, 매도가능증권처분손실, 유형자산처분손실, 전기오류수정손실 등
법인세비용	법인세

비용

　　이와 같이 기업은 수익과 비용을 발생 원천에 따라 구분한 후, 발생 원천이 비슷한 유형의 수익과 비용을 상호 대응해 단계별로 이익을 산출하게 됩니다. 예를 들면 기업 운영에 있어 가장 중심적인 영업활동과 관련해 발생한 수익, 즉 매출액에 매출원가를 대응해 매출 총이익을 계산하고, 이로부터 다시 매출 및 영업수익을 창출하기 위해 간접적으로 소비된 판매비와 관리비를 차감해 영업이익을 산출합니다. 여기에 다시 영업활동과 관련 없이 발생하는 영업외수익과 영업외비용을 각각 가감해 법인세비용차감전순이익을 산출하며, 여기서 법인세비용을 차감해 당기순이익을 산출합니다.

　　총 수익에서 총 비용을 차감하는 방법에 의해 당기순이익을 계산하는 단일 이익의 개념이 아니라 몇 단계의 이익 개념으로 구분해서 작성하는 손익계산서를 일컬어 '구분식 손익계산서'라 합니다. 구분식 손익계산서는 이익을 여러 유형으로 구분해서 회계정보 이용자들에게 제공함으로써 경제적 의사결정의 목적에 따라 그에 적합한 이익의 개념을 스스로 선택해서 사용할 수 있게 하는 장점이 있습니다.

[도표 4-11] 수익·비용 대응 관계

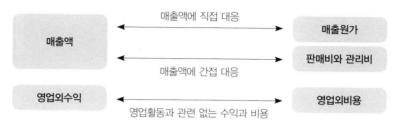

회계가 이해관계자들의 경제적 의사결정의 유용성을 강조하고 있다는 점에 비추어 볼 때 기업회계기준에서 정하고 있는 구분식 포괄손익계산서의 의의가 크다고 할 수 있습니다.

협동조합의 제조원가명세서는
어떻게 파악해야 하나요?

Q. 협동조합의 제조원가명세서란 무엇인가요?

A 협동조합에서 취급하는 제품의 생산과 관련된 원가로 재료비, 노무비, 각종 제조경비를 의미합니다. 제조원가명세서는 제조회사에서 작성하고, 도·소매하는 상품이나 서비스업에서는 작성하지 않습니다.

협동조합이 도·소매인 경우에는 좋은 상품을 저렴하게 판매하는 곳에서 사 와서 적절한 가격으로 팔아 이윤을 남기지만, 대부분의 협동조합은 이미 생산된 상품이 아니라 자체적으로 제품을 만들어 판매합니다. 즉 도·소매가 아닌 제조업 협동조합은 각종 원재료와 노동을 통해 제품을 만들어서 팔기 때문에 제조원가명세서를 추가로 작성해야 합니다. 물건을 만들기 위한 원재료비와 노동력, 그리고 다양한 제조경비를 합한 당기총제조원가는 재공품(제조하는 과정에 있는 물품)으로

[도표 4-12] 제품의 흐름도 ❶

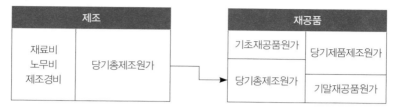

[도표 4-13] 제품의 흐름도 ❷

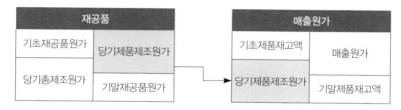

흘러갑니다. 이 재공품이 제품으로 완성되어 팔리면 매출원가로, 기말에 재고자산으로 남아 있으면 기말재고자산으로 구분합니다.

◉ 제조원가명세서란 무엇인가?

제조업의 경우 일정 기간의 경영성과를 나타내는 손익계산서에 매출 원가 표시는 기초제품재고액과 당기제품제조원가의 합계에서 기말제품재고액을 차감하는 형식으로 기재하며, 당기제품제조원가의 내역은 제조원가명세서에 기재합니다. 원가 관리나 가격 설정 등에 대한 내부보고용 제조원가명세서의 양식 내용은 회사마다 관리 목적에 따라 다르게 수행합니다.

[도표 4-14] 제조원가명세서

제조원가명세서	
제×(당)기 20××년 ××월 ××일부터 ××월 ××일까지	

(주) ××상사 （단위: 원)

Ⅰ **재료비**	×××
기초재료재고액	×××
당기재료매입액	×××
기말재료재고액	×××
Ⅱ **노무비**	×××
급여	×××
일용급여	×××
퇴직급여(충당금전입액 포함)	×××
Ⅲ **경비**	×××
전력비	×××
가스	×××
운임	×××
감가상각비 등	×××
Ⅳ **당기총제조비용**	×××
Ⅴ **기초재공품원가**	×××
Ⅵ **합계**	×××
Ⅶ **기말재공품원가**	×××
Ⅷ **타계정대체액**	×××
Ⅸ **당기제품제조원가**	×××

제조원가명세서는 대차대조표에 표시되는 원재료·재공품·제품 등의 재고자산가액과 손익계산서에 표시되는 매출원가를 결정하기 위한 정보를 제공합니다. 제조원가명세서의 양식은 [도표 4-14]와 같습니다. 제일 윗부분에 '제조원가명세서'라고 쓰고 그 아래에 기준 시점인 '제×(당)기 20××년 ××월 ××일부터 ××월 ××일까지'를 기재하

원 재 료			
기초	×××	직접재료비	×××
매입	×××	기말	×××

노 무 비			
지급	×××	직접노무비	×××
미지급	×××		
	×××		×××

제조간접비			
감가상각비	×××	제조간접비	×××
동력비	×××		
보험료	×××		
수선유지비	×××		
	×××		×××

재 공 품			
기초	×××	당기제품	×××
직접재료비	×××	제조원가	×××
직접노무비	×××	기말	×××
제조간접비	×××		
	×××		×××

제품			
기초	×××	매출원가	×××
당기제품	×××	기말	×××
제조원가	×××		
	×××		×××

면 됩니다. 그리고 제조원가명세서가 나타나는 회사명을 우측 상단에 기재하면 됩니다. 재무제표의 정보가 정확한지 확인하기 위해 제조원가명세서상의 기말원재료와 기말재공품이 대차대조표의 재고자산란과 일치하는지 검토하고, 제조원가명세서상 당기제품제조원가가 손익계산서의 매출원가와 일치하는지 검토하면 됩니다.

협동조합의 이익잉여금처분계산서, 무엇부터 체크하나요?

Q. 협동조합의 이익잉여금처분계산서란 무엇인가요?

A 협동조합이 얻은 이익 중 일정 부분을 조합원들의 배당금으로 사용하거나, 협동조합에 재투자하거나, 사업자금으로 운용하는 등 적립금으로 회사에 쌓아두기 위해 작성하는 표가 이익잉여금처분계산서(협동조합에 결손 발생 시에는 결손금처리계산서)입니다.

이익잉여금처분계산서는 이익잉여금의 사용과 이월이익잉여금의 총 변동 사항을 나타내는 표입니다. 전기에서 이월된 이익잉여금과 당기에 발생한 이익이 어떻게 처분되었는지를 나타내고, 다음 회계 기간으로 이월된 이익잉여금을 나타내기 위해 작성하는 재무제표입니다.

◉ 이익잉여금처분계산서의 기본 구조

이익잉여금처분계산서는 기업회계기준에 따라 체계적으로 작성·보고하도록 규정하고 있습니다. 기업회계기준에서 정하고 있는 표준양식에 따라 작성된 이익잉여금처분계산서는 다음과 같습니다.

이월이익잉여금

미처분이익잉여금 + 임의적립금 등의 이입액 − 이익잉여금 처분액 = 차기이월 미처분이익잉여금

◉ 이익잉여금처분계산서의 내용 및 양식

미처분이익잉여금

미처분이익잉여금은 전기이월 미처분이익잉여금에 당기순이익을 합한 금액을 말합니다. 만약 당기의 손익계산서와는 무관하게 직접적으로 이익잉여금을 조정하는 항목이 있는 경우에는 이를 포함한 금액이 됩니다. 즉 회계정책의 변경에 따른 누적 효과와 전기오류수정손익이 포함됩니다.

임의적립금 등의 이입액

기업이 임의적립금을 설정하게 된 이유는 본래의 기업 경영의 목적을 달성했거나 또는 적립금에 대한 회사 정책이 변경되는 경우가 있을

수 있기 때문입니다. 이 경우에는 과거에 유보된 임의적립금을 제거해 미처분이익잉여금으로 환원하게 되는데, 이를 임의적립금이입액이라고 합니다.

이익잉여금처분액

처분가능이익 총액인 미처분이익잉여금과 임의적립금이입액의 합계액에 대해서 처분예정일에 처분예정액을 표시합니다. 이익잉여금처분액으로 기재되어 있는 금액은 모두 당기의 처분예정액을 기준으로 표시합니다. 이익잉여금의 처분 순서는 이익준비금 및 기타 법정적립금의 순서이며, 그다음은 배당금 혹은 임의적립금 등으로 주주총회의 결의에 의해 임의로 처분하게 됩니다. 또한 주식할인발행차금의 당기 상각분 등도 이익잉여금처분액으로 표시합니다.

차기이월 미처분이익잉여금

차기이월 미처분이익잉여금은 미처분이익잉여금에 임의적립금 등의 이입액을 합한 뒤, 이익잉여금처분액을 차감한 금액입니다.

[도표 4-16] 이익잉여금처분계산서

이익잉여금처분계산서	
제×(당)기 20××년 ××월 ××일부터 20××년 ××월 ××일까지 처분예정일 20××년 ××월 ××일	제×(전)기 20××년 ××월 ××일부터 20××년 ××월 ××일까지 처분확정일 20××년 ××월 ××일

(주)정호상사   (단위: 원)

	당기	전기
미처분이익잉여금	×××	×××
전기이월미처분이익잉여금(결손금)	×××	×××
회계정책변경누적효과	×××	×××
전기오류수정(손실)	×××	×××
중간배당금	×××	×××
당기순이익(순손실)	×××	×××
임의적립금 등의 이입액	×××	×××
×××적립금	×××	×××
×××적립금	×××	×××
합계	×××	×××
이익잉여금처분액	×××	×××
이익준비금	×××	×××
기타법정적립금	×××	×××
주식할인발행차금상각액	×××	×××
배당금	×××	×××
현금배당	×××	×××
주당배당률 보통주 : 당기 ×××원(%)		
전기 ×××원(%)		
우선주 : 당기 ×××원(%)		
전기 ×××원(%)		
주식배당	×××	×××
주당배당률 보통주 : 당기 ×××원(%)		
전기 ×××원(%)		
우선주 : 당기 ×××원(%)		
전기 ×××원(%)		
사업확장적립금	×××	×××
감채적립금	×××	×××
차기이월미처분이익잉여금	×××	×××

[도표 4-17] 결손금처리계산서

결손금처리계산서			

| 제×(당)기 | 20××년 ××월 ××일부터
20××년 ××월 ××일까지 | 제×(전)기 | 20××년 ××월 ××일부터
20××년 ××월 ××일까지 |
| 처리예정일 | 20××년 ××월 ××일 | 처리확정일 | 20××년 ××월 ××일 |

(주)정호상사   (단위: 원)

	당기	전기
미처리결손금	×××	×××
전기이월미처분이익잉여금(결손금)	×××	×××
회계정책변경누적효과	×××	×××
전기오류수정(손실)	×××	×××
중간배당금	×××	×××
당기순이익(순손실)	×××	×××
결손금처리액	×××	×××
임의적립금이입액	×××	×××
법정적립금이입액	×××	×××
자본잉여금이입액	×××	×××
차기이월미처분이익잉여금	×××	×××

협동조합의 보조금 회계처리는
어떻게 하나요?

Q 사회적 협동조합의 보조금 회계처리는 어떻게 하나요?

A 일반 보조금 회계처리와 달리 수익관련보조금이 특정의 비용을 보전할 목적으로 지급되는 경우에는 당기손익에 반영하지 않고 특정의 비용과 상계합니다.

일반기업회계기준에 따라 사회적 기업인 협동조합이 보조금을 지급 받는 경우 수익관련보조금이 특정한 비용 보전을 목적으로 지급되는 경우에는 해당 보조금을 해당 비용에서 상계처리합니다. 정확한 영업 이익의 산정을 통해 다양한 정보 이용자에게 보다 정확하고 신뢰성 있 는 재무정보를 제공하는 것에 목적을 두고 있기 때문입니다.

일반 협동조합이 정부보조금을 받는 경우에는 일반적으로 영업외수익으로 회계처리를 합니다.

차변) 현금 ×××　　　대변) 영업외수익(보조금) ×××

하지만 본 회계처리는 보조금을 특정목적으로 받아 특정비용으로 계상하는 경우 정보 이용자들에게 신뢰성 있는 정보를 제공하지 못할 수도 있어서 수익관련보조금이 특정의 비용을 보전할 목적으로 지급되는 경우에는 당기손익에 반영하지 않고 특정의 비용과 상계할 수 있도록 한국회계기준의 일반기업회계기준에서 규정하고 있습니다. 즉, 고용노동부 장관이 인증한 "사회적 기업 협동조합", 광역자치단체장이 지정한 "지역형 예비사회적기업", 중앙부처장이 지정한 "부처형 예비사회적기업"을 주 대상으로 2016년부터 적용하고 있습니다.

예를 들어 일자리창출 관련 인건비지원보조금을 수령한 경우에는 다음과 같이 해당 비용에서 차감해 표시할 수 있습니다.

차변) 현금 ×××   대변) 인건비지원금 ×××

직원급여 등 관련 비용 계정 밑에 차감 표시

과목	제5(당)기	제4(전)기
	금액	금액
판매비와 관리비		
직원급여	5,000,000	5,000,000
(일자리창출지원금)	(1,000,000)	0
상여금	×××	×××
제수당	×××	×××
퇴직급여	×××	×××
복리후생비	×××	×××

사회적·이색적인 협동조합 무리

1963년 설립된 무리(Murri)는 내 집 마련을 꿈꾸는 주택 실수 요자들이 만든, 이탈리아에서 가장 큰 주택건설시행 협동조합 입니다. 무리는 조합원들이 원하는 집을 직접 짓는 것을 신조로 합니다. 최근까지 건설한 주택은 약 1만 2천 호이고, 조합원 수 는 약 2만 3천 명이며, 볼로냐의 경우 지역 주택 공급의 20%를 담당하고 있습니다. 또한 합리적인 가격과 품질까지 갖추면서 자연스레 집값 안정에 기여하고 있습니다.

무리는 친환경 자재를 사용하고, 태양광 설비를 갖추는 등 집 자체를 에너지 절약형으로 설계하면서도 다른 업체의 주택 가격보다 최대 20%까지 낮습니다. 그 이유는 조합이 조합원의 집을 짓는 것이므로 폭리나 부실공사의 염려가 없기 때문입니 다. 혹시 이윤이 남아도 다음 조합원들이 입주할 주택 건설에 사용하기 위해 적립하고 있습니다. 저렴한 땅을 구입하는 것에 서부터 시공까지 모든 과정에 대한 정보가 조합원에게 제공되고, 설계와 시공에 있어서도 조합원의 의견이 반영됩니다.

자체 인력으로 건축 전반을 챙길 뿐만 아니라 새로운 건축기술 개발에도 힘을 쏟고 있습니다. 무리는 4,400만 유로(한화로 약 752억 원)의 탄탄한 재정구조로 시장경제 위기에도 견고하다는 강점이 있습니다. 그리고 은행 빚이 아니라 내부 적립금으로 집을 짓기 때문에 부동산 시장의 침체로 당장 집이 팔리지 않아도 큰 영향을 받지 않습니다. 그럼에도 부동산 시장 침체의 장기화를 우려해 미분양 주택을 임대주택으로 전환하거나 리모델링 사업을 추진하는 등 대응 방안 마련에도 힘쓰고 있습니다.

5장

협동조합의 세무처리, 완벽하게 배우자

협동조합도 회사의 한 형태로 얻은 소득에 대해 일정 부분 세금을 납부해야 합니다. 협동조합은 법인으로 설립되기 때문에 법인이 얻은 소득인 법인세를 납부해야 하지만, 사회적 협동조합의 경우에는 공익을 목적으로 하므로 법인세의 신고·납부 의무가 없습니다. 협동조합의 수익과 비용 중 일정 부분은 세법에서 인정하지 않는 것이 있으므로 이와 관련된 세무처리에 대해 알아보도록 합시다.

협동조합의 세무실무는
어떻게 해야 하나요?

Q 협동조합의 세무란 무엇을 말하는 건가요?

A 협동조합도 일반 회사와 같이 영리를 목적으로 하기 때문에 영리 활동에서 얻은 소득에 대한 법인세와 부가가치에 대한 부가가치세, 그리고 직원 급여 등으로 인한 원천세 같은 세무 문제가 발생하게 됩니다. 하지만 순수한 공익적 목적으로 하는 사회적 협동조합의 경우에는 법인세가 없으며, 면세사업자일 경우에도 부가가치세가 없습니다.

협동조합도 기업의 한 형태로서 주목적이 조합원들 간의 상생과 협동에 있지만 기업으로서의 세무와 관련된 신고를 적법하게 해야 합니다. 협동조합의 경우 법인이 얻은 소득에 대해 법인세를 신고·납부해야 합니다. 과세사업자의 경우에는 10%인 부가가치세를 신고·납부해야 하며, 의료법인 등 면세사업자의 경우에도 면세사업장현황신고를 해야 합니다. 반면에 공익을 목적으로 하는 사회적 협동조합의 경우에

는 법인이 얻은 소득이 있다고 하더라도 고유목적사업준비금으로 비용화해 법인세를 신고·납부할 의무에서 제외하고 있습니다. 따라서 운영하는 협동조합이 어떤 협동조합인지에 따라서 관련 세무신고가 달라지기 때문에 기본적인 세무실무를 고려해야 합니다.

● 협동조합도 세무 의무를 가진다

협동조합도 법인사업자입니다. 다만 일반 협동조합은 영리법인인 주식회사와 비영리법인의 중간쯤에 있고, 최근에는 사회적 협동조합을 비영리법인으로 구분하고 있습니다. 특별법에 의한 협동조합을 제외하고는 협동조합기본법에 의해 설립된 일반 협동조합과 사회적 협동조합의 경우 주식회사와 마찬가지로 세무 의무를 가집니다.

따라서 협동조합기본법에 의해 설립된 일반 협동조합은 영리법인사업자로 분류되어 기존의 주식회사와 마찬가지로 세무 의무를 동일하게 부담합니다. 즉 법인세 납세의무와 부가가치세 납세의무, 그리고 직원의 급여 지급 등의 원천세징수 납부 의무를 부담합니다. 반면에 사회적 협동조합은 비영리법인이므로 일반적인 경우 법인세 납세의무를

[도표 5-2] 협동조합의 세무 의무

구분	일반 협동조합(영리법인)	사회적 협동조합(비영리법인)
법인세 납세의무	있음	원칙적으로 법인세 납세의무 없음. 단, 영리사업을 한다면 그 영리사업에 대한 법인세 납세의무가 있음
부가가치세 납세의무	있음	있음
원천세 납세의무	있음	있음

지지 않으나, 일부 영리사업을 한다면 영리사업에 대한 법인세 납세의무와 부가가치세 납세의무, 그리고 원천세징수 납부 의무를 부담하게 됩니다.

협동조합과 관련된
세금의 종류에는 무엇이 있나요?

Q 협동조합과 관련된 세금은 어떤 것이 있을까요?

A 협동조합은 크게 일반 협동조합과 사회적 협동조합이 있습니다. 협동조합은 상생과 협동을 가치로 운용되는 회사지만, 수익 창출과 관련해서 법인세 문제와 직원들의 원천세 문제, 그리고 과세되는 재화나 용역 등과 관련된 부가가치세 등의 세금 문제가 발생합니다.

협동조합도 주식회사와 같은 법인사업자입니다. 협동조합은 크게 일반 협동조합과 사회적 협동조합으로 구분합니다. 협동조합기본법에 의해 설립된 일반 협동조합과 사회적 협동조합은 주식회사와 같은 세무 의무가 있습니다.

◉ 법인세 납세의무

협동조합은 일정한 과세기간(회계기간) 동안에 벌어들인 소득(과세소
득)에 대해 법인세를 과세합니다. 우리나라 대부분의 협동조합은 1월
1일부터 12월 31일까지를 회계연도로 하며, 그 기간에 벌어들인 소득
에 대해 세법에서 정한 권리의무확정주의에 따른 세무조정을 거쳐 법
인세를 신고·납부하게 됩니다. 반면 사회적 협동조합은 영리를 목적으
로 하지 않고 공익 목적, 교육, 종교의 보급 등과 같은 비영리법인으로
분류되어 법인세 납부 의무는 원칙적으로 없습니다. 다만 비영리법인
이라 하더라도 영리 목적의 사업을 수행한다면 그 부분에 한해서 법인
세 신고·납부를 해야 합니다.

법인세는 각 사업연도의 소득에 대한 법인세뿐만 아니라 청산소득
에 대한 법인세, 그리고 토지 등 양도소득에 대한 법인세로 세분됩니
다. 청산소득에 대한 법인세는 영리법인인 협동조합의 경우 세법에서
정한 청산소득에 대해 법인세를 납부해야 합니다. 하지만 비영리법인
인 사회적 협동조합의 경우 청산 시 잔여 재산은 다른 비영리법인인

[도표 5-3] 협동조합의 법인세 납세의무

구분	일반 협동조합(영리법인)	사회적 협동조합(비영리법인)
각 소득금액에 대한 법인세	○	×
청산소득에 대한 법인세	○	○
토지 등 양도소득에 대한 법인세	○	법인세 또는 소득세 ○ (선택 가능)

사회적 협동조합이나 국가 등에 귀속되기 때문에 청산소득이 발생하지 않습니다.

반면 토지 등 양도소득에 대한 법인세는 부동산에 대한 투기를 방지하기 위해 협동조합과 사회적 협동조합 모두 구분하지 않고 과세합니다. 그러나 사회적 협동조합은 자산양도소득에 대해 일반 협동조합과 동일한 방법을 따르거나 또는 개인의 양도소득세 과세 방법 중 하나를 선택해 적용할 수 있습니다.

● 부가가치세 납세의무

부가가치세(VAT; Value Added Tax)는 재화 또는 용역 등 생산이나 유통의 각 단계에서 사업자가 창출한 부가가치에 대해 부과하는 조세입니다. 즉 부가가치란 각 거래 단계에서 사업자가 독자적으로 새로이 창출한 가치의 증분이라고 볼 수 있습니다. 일반적으로 부가가치세는 단일 세율인 10%로 과세사업자의 경우 재화와 용역에 대한 부가가치 창출에 부과하지만, 국민 기초생필품 등 면세 사업의 경우에는 부가가치세를 면하게 해주는 면세 제도를 두고 있습니다.

이처럼 부가가치세는 사업자가 부담하는 세금이 아니라, 소비자가 납부하는 세금입니다. 따라서 협동조합의 경우에도 부가가치세를 신고·납부할 의무가 있습니다.

부가가치세 납세의무자는 면세사업자를 제외한 과세사업자를 말하며, 영세율 적용을 받는 자도 여기에 속합니다. 일반 과세자의 경우에는 매출세액에서 매입세액을 차감한 납부세액을 과세하게 되는 데 반해 면세사업자는 다음 해 2월 10일까지 부가가치세 신고·납부 의무 대신 면세사업자 현황신고를 합니다.

● 원천세 등 소득세 관련 납세의무

협동조합과 관련해 조합원들에게 발생할 수 있는 소득세 관련 세금은 크게 근로자, 사업자 그리고 배당소득 관련 부분입니다. 원천징수 제도란 협동조합이 종업원 등 근로자에게 각종 소득(급여·사업소득·기타소득 등)을 지급할 때 소득자가 납부해야 하는 세금을 미리 징수한 다음, 국가에 대신 납부하는 제도입니다. 따라서 직원을 고용하는 모든 협동조합은 원천세 신고·납부 의무가 있습니다.

또한 협동조합을 운용하는 과정에서 소득을 지급하는 경우에 소득의 종류를 구분해서 원천세를 징수한 후, 신고·납부할 의무가 있습니다. 일용직의 경우에도 일용직 지급조서에 분기별로 신고해야 합니다.

즉 협동조합의 조합원으로 협동조합에 근로를 하는 경우 근로자가 되기 때문에 근로소득세를 납부해야 합니다. 매월 갑종근로소득세를 납부하고 연말정산을 통해 정산하는 구조로 이루어집니다.

협동조합에 납품을 하는 개인사업자가 조합원인 경우는 사업소득과 관련된 종합소득세를 신고·납부해야 합니다. 이는 협동조합의 물건을 판매하고 일정한 비율의 수당을 얻는 경우로 보험설계사나 기타 외판원이 여기에 해당합니다.

마지막으로 출자자의 배당소득세입니다. 배당소득은 매년 결산 이후에 이익처분에 의해 배당을 받는 경우와 탈퇴나 제명 시 받는 지분환급분 중 당초 출자분을 초과해서 받는 부분이 과세 대상이 됩니다. 이러한 배당소득에 대해서는 원칙적으로 배당소득세를 납부합니다. 그러나 현행 조세특례제한법상 농협 등에서의 이용실적 배당은 비과세이고, 출자금 배당의 경우 1천만 원 이하의 출자금에 대해서는 비과세하는 규정을 두고 있습니다.

협동조합의 법인세란 무엇인가요?

Q 협동조합의 법인세란 무엇인가요?

A 협동조합인 법인이 일정 기간 얻은 소득에 대한 세금이 바로 법인 세입니다. 일반 협동조합은 영리를 주목적으로 하므로 일정 기간 얻은 소득에 대해 법인세를 신고·납부해야 합니다. 그러나 사회적 협동조합의 경우, 공익을 주목적으로 하는 사업이라면 비영리법인 으로 법인세를 신고·납부할 의무가 없습니다. 다만 사회적 협동조 합이라 하더라도 영리를 목적으로 하는 사업이라면 법인세를 신 고·납부할 의무가 있으므로 누락되지 않도록 주의해야 합니다.

협동조합도 일반 주식회사와 같은 법인사업자입니다. 그러나 세무처 리에 있어서 협동조합은 일반 법인사업자와 차이를 보입니다.

일반 협동조합은 영리법인인 주식회사와 비슷한 세무처리를 해야 하지만, 사회적 협동조합은 비영리법인으로 구분해서 일반 협동조합의 세무처리와 다르게 수행하고 있습니다. 특별법에 의한 협동조합을 제외하고는 협동조합기본법에 의해 설립된 일반 협동조합과 사회적 협동조합은 주식회사와 마찬가지로 세무 의무가 있습니다.

◉ 협동조합도 법인사업자로 분류된다

협동조합기본법에 의해 설립된 일반 협동조합은 영리법인사업자로

협기법법 제4조(법인격과 주소)
❶ 협동조합등은 법인으로 한다.
❷ 사회적협동조합등은 비영리법인으로 한다.
❸ 협동조합등 및 사회적협동조합등의 주소는 그 주된 사무소의 소재지로 하고, 정관으로 정하는 바에 따라 필요한 곳에 지사무소를 둘 수 있다.

분류되어 기존의 주식회사와 같은 세무 의무를 동일하게 부담합니다. 즉 법인세 납세의무와 부가가치세 납세의무, 그리고 직원의 급여 지급 등 원천세징수 납부 의무를 부담하는 것입니다. 하지만 비영리법인인 사회적 협동조합의 경우 법인세 납세의무가 없으나 영리사업을 일부라도 한다면 그 사업에 대한 법인세 납세의무, 부가가치세 납세의무, 원천세징수 납부 의무를 부담하게 됩니다.

협동조합은 일정한 과세기간(회계기간) 동안에 벌어들인 소득(과세소득)에 대해 법인세를 과세합니다. 우리나라 대부분의 협동조합은 1월 1일부터 12월 31일까지를 하나의 회계연도로 하고, 그 기간 동안 벌어

들인 소득에 대해 세법에서 정한 권리의무확정주의에 따른 세무조정을 거쳐 법인세를 신고·납부하게 됩니다. 하지만 사회적 협동조합은 영리를 목적으로 하지 않고 공익을 목적으로 하기 때문에 교육·종교의 보급 등과 같은 비영리법인으로 분류되어 법인세 납부 의무는 원칙적으로 없습니다. 다만 앞서 언급했듯이 비영리법인이라 하더라도 영리 목적의 사업을 수행한다면 그 부분에 한해서 법인세를 신고·납부해야 합니다.

이러한 각 사업연도의 소득에 대한 법인세뿐만 아니라 청산소득에 대한 법인세, 그리고 토지 등 양도소득에 대한 법인세로 구분됩니다.

청산소득에 대한 법인세는 영리법인인 협동조합의 경우, 협동조합이 청산할 경우 세법에서 정한 청산소득에 대해서 법인세를 납부해야 합니다. 하지만 비영리법인인 사회적 협동조합의 경우 청산 시 잔여재산은 다른 비영리법인인 사회적 협동조합이나 국가 등에 귀속되기 때문에 청산소득이 발생하지 않습니다.

토지 등 양도소득에 대한 법인세는 부동산에 대한 투기를 방지하기 위해 협동조합과 사회적 협동조합 모두 구분하지 않고 과세합니다. 그러나 사회적 협동조합은 자산양도소득에 대해서 일반 협동조합과 동일한 방법을 따르거나 또는 개인의 양도소득세 과세 방법 중 하나를 선택해 적용할 수 있습니다.

협동조합의 법인세 신고는 어떻게 하나요?

Q 협동조합의 법인세는 어떻게 신고하나요?

A 일정 기간 동안 벌어들인 소득을 법인세법에서 규정하는 권리의 무확정주의에 따라 적정한 소득금액을 산출해서 법인세율에 의해 법인세를 신고·납부합니다. 일반적으로 과세기간 종료일(12월 31일)로부터 3개월 이내인 다음 해 3월 31일까지 법인세를 신고·납부하면 됩니다.

당해 연도 손실인 경우에도 반드시 법인세는 신고해야 합니다. 이렇게 신고된 결손금은 이후 연도에 이익이 발생했을 때 결손금만큼 차감하기 때문에 법인세 부담이 줄어듭니다. 따라서 협동조합은 반드시 복식부기에 따라 장부를 작성해야 합니다.

협동조합이라 하더라도 일반 기업과 같이 법인이 얻은 소득에 대해서 부과하는 조세를 법인세라고 합니다. 일반적으로는 매년 1월 1일부터 12월 31일까지를 한 과세기간으로 보고, 1년 동안에 벌어들인 소득에 대해서 세금을 내는 것을 말합니다. 물론 과세기간을 3월 1일부터 다음 해 2월 28일까지를 한 과세기간으로 하는 등 협동조합에서 임의로 1년 이내의 특정 기간을 과세기간으로 정할 수 있습니다.

하지만 대부분의 협동조합에서는 과세기간을 매년 1월 1일부터 12월 31일까지로 하며, 그 기간 동안 벌어들인 소득에 대해서 법인의 각 사업연도 종료일로부터 3개월 이내에 법인세를 신고·납부해야 합니다.

◯ 일반 협동조합의 법인세

각 사업연도 소득에 대한 법인세는 각 사업연도 소득에서 일정 금액을 차감해 구한 과세표준과 세율을 적용해서 계산합니다.

각 사업연도의 소득에서 차감하는 금액 중 대표적인 것은 이월결손금입니다. 이월결손금은 각 사업연도 개시일 10년 이내에 개시한 사업연도에서 발생한 결손금으로, 그 후의 각 사업연도의 과세표준계산에서 공제되지 않은 결손금입니다. 이월결손금을 공제하고도 이익이 있다면 소득에 포함되어 있는 비과세소득을 공제합니다. 비과세소득은 일반법인의 경우에는 거의 해당하지 않습니다.

구분	각 사업연도의 소득(2019년)
과세표준	익금총액
	− 손금총액
	= 각 사업연도 소득금액
	− 이월결손금
	− 비과세소득
	− 소득공제
세율	2억 원 이하: 10%
	2억 원 초과 200억 원 이하: 20%
	200억 원 초과 3천억 원 이하: 22%
	3천억 원 초과: 25%
신고·납부	각 사업연도 종료일로부터 3개월 이내에 신고·납부

비과세소득까지 공제했는데도 남는 이익이 있다면 소득공제액을 차감합니다. 유동화전문회사(SPC; Special Purpose Company) 등에는 소득공제가 있을 수 있으나 일반법인의 경우에는 거의 해당사항이 없습니다. 따라서 일반적인 법인의 과세표준은 통상 각 사업연도의 소득에서 이월결손금을 차감해 계산합니다.

세율은 과세표준이 2억 원 이하인 경우에는 10%, 2억 원 초과 200억 원 이하는 20%, 200억 원 초과 3천억 원 이하는 22%, 3천억 원 초과의 경우는 25%입니다. 하지만 특별법에 의한 협동조합은 '조세감면특별법 제72조 조합법인 등에 대한 법인세 과세특례'에 의해 당기순이익과세를 선택해서 9%를 적용받을 수 있습니다. 특별법에 의한 협동조합은 신용협동조합, 농업협동조합, 중소기업협동조합 등이 해당하며 단일세율의 9%의 법인세를 적용받을 수 있습니다.

● 사회적 협동조합의 법인세

사회적 협동조합의 경우에는 법인이라 하더라도 이윤의 추구가 주목적이 아니라 학술·종교·의술 등 공공의 사회적 복지와 가치 실현에 주목적이 있으므로 법인세를 신고·납부할 의무가 없습니다. 즉 비영리 사업소득으로 보아 법인세를 신고·납부할 의무가 없는 것입니다. 그러나 사회적 협동조합이라 하더라도 만약 영리목적으로 사업을 수행한다면 그 부분에 한해 법인세의 신고·납부 의무가 부과됩니다.

비영리법인

- 민법 제32조에 따라 설립된 법인(학술단체, 종교단체 등)
- 사립학교법이나 그 밖의 특별법에 따라 설립된 법인으로 민법 제32조 (종교·학술 등)에 규정된 목적과 유사목적을 가진 법인

※ 주주사원 또는 출자자에게 이익 배당 법인은 제외. 일부 조합법인은 출자자에게 배당을 하더라도 비영리법인으로 인정

사회적 협동조합은 비영리법인으로 배당을 금지하고, 해산 시 국고

로 귀속되는 등 많은 부분이 비영리법인과 유사합니다. 하지만 농업협동조합, 산업협동조합, 엽연협동조합, 중소기업협동조합법에 의해 설립된 조합과 신용협동조합, 새마을금고 등은 예외적으로 배당을 하더라도 비영리법인으로 인정됩니다.

협동조합의 법인세 세무조정은 어떻게 하나요?

Q 협동조합의 법인세 세무조정은 어떻게 하나요?

A 회계와 세법의 차이를 조정하는 것을 세무조정이라고 합니다. 국제회계기준에 따라 작성된 포괄손익계산서와 법인세인 세금을 신고·납부하기 위한 각 사업연도 소득금액은 서로 다른 규정을 따르며, 회계와 세법의 차이를 조정하는 세무조정을 통해 법인세를 신고·납부합니다.

협동조합의 법인세도 일반 주식회사의 법인세 신고와 유사합니다. 일반 주식회사는 재무제표의 당기순이익에서 세법에서 인정하는 수적 개념인 익금산입, 비용적 개념인 손금산입의 세무조정을 통해 각 사업연도 소득금액을 산출합니다. 그리고 이월결손금·비과세소득·소득공제를 차감하고 일정 법인세율을 곱해 법인세를 산출합니다.

협동조합도 일반 기업과 마찬가지로 법인세 신고를 위한 세무조정을 거치게 됩니다. 세무조정에 대해 알아보도록 하겠습니다.

◉ 세무조정이란 무엇인가?

세무조정이란 기업회계기준에 의해 산출된 당기순이익을 세무상 각 사업연도 소득으로 조정해가는 일련의 과정이라 할 수 있습니다. 이를 표시하면 [도표 5-6]과 같습니다.

각 사업연도 소득에 대한 법인세의 계산 구조는 [도표 5-7]과 같이 4단계로 구성됩니다. 구체적인 법인세법 구조는 [도표 5-8]과 같습니다.

[도표 5-6] 회계와 세법의 차이를 조정하는 세무조정

기업회계기준 (발생주의)	세무조정	법인세법 (권리·의무확정주의)
결산서의 내용	**세무조정**	**법인세의 내용**
수 익	(+)익금산입·(−)익금불산입 =	**익금총액**
−		−
비 용	(+)손금산입·(−)손금불산입 =	**손금총액**
=		=
결산서당 당기순이익	(+)익금산입·(−)익금불산입 (+)손금산입·(−)손금불산입	**각 사업연도 소득금액**
회계상의 소득	± 세무조정	세법상의 소득

[도표 5-7] 각 사업연도 소득에 대한 법인세의 계산 구조

1단계	각 사업연도 소득 계산	손익계산서상의 당기순이익에서 출발해 세무조정을 행하는 단계
2단계	과세표준의 계산	차감 단계(이월결손금, 비과세소득, 소득공제를 순차적으로 차감)
3단계	산출세액의 계산	세율 적용 단계
4단계	차가감 납부세액의 계산	부가적 조정 단계

[도표 5-8] 각 사업연도 소득에 대한 법인세 과세표준과 세액계산의 흐름

결산서상 당기순이익
+ 익금산입·손금불산입
− 손금산입·익금불산입

= 차가감소득금액

+ 법정·지정기부금 한도 초과액

= 각 사업연도 소득금액

− 이월결손금
− 비과세소득
− 소득공제

= 과세표준

× 세율

= 산출세액

− 세액감면
− 세액공제
+ 가산세
+ 감면분추가납부세액

= 총부담세액

− 기납부세액

차가감납부세액

● 수익적 개념인 익금산입 항목

익금이란 당해 법인의 순자산을 증가시키는 거래로 인해 발행한 수익을 말합니다. 여기서 자본 또는 출자의 납입과 법인세법상 익금불산입 항목으로 규정한 것은 제외됩니다.

기업회계기준에 의하면 자본거래로 인한 순자산 증가액은 수익으로 계산하지 않습니다. 법인세법은 순자산증가설에 의하므로 법인세법상 익금불산입으로 규정하지 않는 자본거래는 익금에 해당합니다. 구체적인 익금 항목은 다음과 같습니다.

〈익금 항목〉

> ① 사업수입금액: 총매출액 − (매출에누리 + 환입 + 매출할인) = 사업수입금액
> ② 자산(자기주식 포함)의 양도금액
> ③ 자산의 임대료(일시적으로 자산을 임대하고 받은 수익)
> ④ 자산의 평가차익
> ⑤ 자산수증이익과 채무면제이익
> ⑥ 손금에 산입된 금액 중 환입된 금액
> ⑦ 이익처분에 의하지 않고 손금으로 계상된 적립금액
> ⑧ 불공정 자본거래로 인해 특수관계자로부터 분여받은 이익
> ⑨ 의제배당
> ⑩ 기타수익으로서 그 법인에 귀속되었거나 귀속될 금액
> ⑪ 자산의 저가매입

● 수익적 개념으로 보지 않는 익금불산입 항목

익금불산입 항목이란 법인의 순자산을 증가시킴에도 익금에 산입하지 않는 항목을 말합니다. 익금불산입 항목은 [도표 5-9]와 같습니다.

[도표 5-9] 익금불산입 항목

① 자본거래로 인한 경우 (자본유지 및 충실화 목적)	㉠ 주식발행초과금, 주식의 포괄적 이전차익 ㉡ 감자차익 ㉢ 합병차익(합병평가차익 제외) ㉣ 분할차익(분할평가차익 제외) ㉤ 고정자산평가차익(보험업법, 기타법률에 의한 평가차익 제외)
② 이중과세 방지 목적	㉠ 이월익금 ㉡ 손금 인정받지 못한 조세의 환급금
③ 부채성격	㉠ 부가가치세 매출세액
④ 조세정책적인 목적	㉠ 국세 또는 지방세 과오납금의 환급이자 ㉡ 기관투자자가 주권상장법인 및 협회등록법인으로부터 받는 배당소득 ㉢ 지주회사의 배당소득 90%(60%) ㉣ 자산수증익·채무면제익 중 이월결손금의 보전에 충당한 금액

● 비용적 개념인 손금산입 항목

손금이란 당해 법인의 순자산을 감소시키는 거래로 인해 발생하는 손비의 금액을 말합니다. 다만 자본 또는 지분의 환급, 잉여금의 처분 및 손금불산입 항목은 제외됩니다.

손금 항목(예시적 열거 사항)

① 양도한 자산의 장부가액
② 매출원가
③ 인건비
④ 고정자산의 수선비
⑤ 고정자산의 감가상각비
⑥ 자산의 임차료
⑦ 차입금이자
⑧ 대손금
⑨ 자산의 평가차손
⑩ 제세공과금
⑪ 영업자가 조직한 단체로서 법인이거나 주무관청에 등록된 조합 또는 협회에 지급하는 회비
⑫ 광산업의 탐광비
⑬ 무료진료의 가액
⑭ 근로청소년을 위한 특별학급 또는 산업체부설 중·고등학교의 운영비
⑮ 업무와 관련 있는 해외시찰, 훈련비
⑯ 기타 손비로서 그 법인에 귀속되었거나 귀속될 금액
⑰ 주식평가처분손실의 일부 손금으로 인정
⑱ 근로자복지기본법에 의한 우리사주조합에 출연하는 자사주의 장부가액·금품
⑲ 장식이나 환경미화를 목적으로 하는 미술품의 취득가액(100만 원 이하인 것)
*주식 등을 발행한 법인이 파산할 경우 당해 주식(비망금액 1천 원 제외)

● 비용적 개념으로 보지 않는 손금불산입 항목

    손금불산입 사항이란 법인의 순자산을 감소시킴에도 손금에 산입하지 않는 항목을 말합니다. 손금불산입 항목은 다음과 같습니다.

손금불산입 항목

> ① 자본거래 등으로 인한 손비의 손금불산입
>   ⊙ 잉여금처분으로 손비로 계상한 금액(일정한 성과급은 손금 인정됨)
>   ⓒ 건설이자의 배당금
>   ⓒ 주식할인발행차금(신주발행비 포함)
> ② 제세공과금 등의 손금불산입
>   ⊙ 법인세 및 소득할주민세 등 재평가세
>   ⓒ 각 세법에 규정된 의무불이행으로 인해서 납부했거나 납부할 세액(가산세 포함)
>   ⓒ 부가가치세 매입세액
>   ⓔ 특별소비세·주세 또는 교통세
>   ⓜ 벌금·과료·과태료·가산금 및 체납처분비
>   ⓗ 공과금 중 손금불산입되는 일부
> ③ 손금에 산입되는 평가차손 이외 자산의 평가차손
> ④ 감가상각비·기부금·접대비의 한도초과액·경조사비 한도초과액
> ⑤ 과다경비 등의 손금불산입
>   ⊙ 인건비
>   ⓒ 복리후생비
>   ⓒ 임원 및 사용인의 여비 및 교육·훈련비
>   ⓔ 보험업법인의 사업비
>   ⓜ 부당한 공동경비
> ⑥ 업무와 관련 없는 비용의 손금불산입
>   ⊙ 업무무관자산을 취득·관리함으로써 생기는 비용 또는 이와 관련되는 비용
>   ⓒ 업무무관자산을 취득하기 위해 지출한 자금의 차입과 관련되는 비용
>   ⓒ 기타 업무와 무관한 경비
> ⑦ 지급이자의 손금불산입
> ⑧ 지배주주 등의 여비 또는 교육훈련비

접대비·기부금·광고선전비· 복리후생비는 어떻게 하나요?

Q 협동조합의 비용 중 접대비·기부금·광고선전비는 어떻게 다른가요?

A 협동조합의 업무와 관련이 있는지, 유무, 특정인 또는 불특정 다수인에 대한 지출인지에 따라 접대비·기부금·광고선전비로 구분합니다. 회계상의 비용 개념과는 달리 세법에서는 일정한 한도까지 비용으로 인정하므로 구분해서 세법상 인정 범위까지만 비용으로 적용받습니다.

Q 복리후생비와 접대비는 어떻게 구분할 수 있나요?

A 협동조합의 비용 중 가장 크게 차지하는 부분이 직원의 급여입니다. 그 외 직원들의 사기진작을 위한 복지혜택인 복리후생비는 세법상 한도를 두지 않고 비용으로 인정해주고 있으나, 접대비는 업무와 관련해서 특정인에게 지출된 금액이므로 일정 금액까지만 비용으로 인식합니다.

우리사회는 다른 나라에 비해서 건전한 기부문화가 활성화되어 있지 않습니다. 미국의 유수 대학들은 기부한 경영자의 이름을 따서 건물을 짓고 각종 장학금 등을 지급하며 미래의 영재들을 위해 많은 투자를 합니다. 하지만 유독 한국사회는 기부문화에 인색합니다.

지난 2005년 삼성그룹의 이건희 회장이 고려대학교에 수백억 원을 기부하고 명예 박사학위를 받는 수여식 당일의 학위수여 반대 시위가 대표적인 사례입니다. 우리만의 독특한 문화일 수도 있지만 빈부 격차와 불경기로 인해서 가진 자에 대한 반감적 정서와 기부문화에 인색한 우리사회의 한 단면을 엿볼 수 있는 것이 사실입니다.

● 기부금

협동조합을 운영하면서도 학교 등에 각종 기부를 할 수도 있고, 협동조합을 위해 다양한 접대도 행할 수 있습니다. 협동조합을 운영하기 위해서 지출한 금액을 기부금과 접대비, 그리고 광고선전비로 인식할 경우 이들을 어떻게 구분할 수 있을까요?

[도표 5-10] 경비의 구분

종류	기부금	접대비	광고선전비
경비의 구분	업무와 관련 없는 지출	업무와 관련된 지출	
		특정 고객을 위해 지출한 금액	불특정 고객을 위해 지출한 금액

[도표 5-11] 법정기부금과 지정기부금의 구분

구분	종류
법정기부금	국가 또는 지방자치단체에 무상으로 기증하는 금품의 가액
	국방헌금과 위문금품
	천재지변 및 특별재난으로 인한 이재민을 위한 구호금품
	사립학교비영리교육재단·기능대학 등의 시설비·교육비·장학금 또는 연구비로 지출하는 기부금
	특별재난지역의 복구를 위해 자원봉사한 경우 그 용역의 가액
	불우이웃돕기 결연기관을 통해 불우이웃에게 기부하는 금품의 가액
	사회복지공동모금회에 지출하는 기부금
	문화예술진흥기금으로 출연하는 금액
	정치자금에 관한 법률에 의거해 정당에 기부한 정치자금으로 10만 원 초과 금액
지정기부금	사내 근로복지기금에 지출한 기부금
	독립기념관에 지출하는 기부금
	한국교육방송공사 또는 한국국제교류재단에 지출하는 기부금
	결식아동의 결식 해소 또는 빈곤층 아동의 복지 증진을 위한 사업을 수행하고 있는 비영리법인에 대해 사업비로 지출하는 기부금
	법인세법상의 기부금
	교원단체에 가입한 자가 납부한 회비
	근로자가 노동조합에 납부한 회비
	공무원직장협의회에 가입한 자가 납부한 기부금

일반적으로 기부금은 업무(사업)와 관련 없이 지출되는 경비입니다. 반면에 접대비와 광고선전비는 업무(사업)와 관련된 지출입니다.

이때 접대비는 특정인을 위해 지출한 비용인 것에 반해 광고선전비는 불특정 다수를 상대로 하는 지출입니다. 물론 특정인을 위한 지출이라 하더라도 연간비용이 1만 원 이하인 경우에는 광고선전비에 포함할 수 있습니다.

협동조합의 기부금도 업무와 관련 없이 지출한 비용을 말합니다. 즉 원칙적으로는 필요경비로 분류할 수 없으나 협동조합을 수행하다 보면 사실상 불가피하게 요구되거나 또는 공익성이 있는 것에 한해서는 예외적으로 필요경비로 인정해주고 있습니다. 이러한 기부금의 종류에는 [도표 5-11]과 같은 것들이 있습니다.

● 접대비

접대비는 교제비, 사례비, 기타 그 이름에 관계없이 접대와 유사한 성질에 사용된 비용으로, 업무(협동조합)와 관련해서 특정인에게 지출한 경비를 말합니다. 그러나 접대비는 내부 직원 대상이 아닌 사업과 관련이 있는 거래처나 특정 외부인에게 접대나 향응을 위해 지출한 비용을 말합니다.

접대비는 일정한 한도에서만 필요경비로 인정하며, 그 한도를 초과하는 경우에는 인정해주지 않습니다. 중소기업의 경우는 연간 2,400만 원, 일반 기업의 경우에는 1,200만 원 이내를 접대비로 인정합니다. 또한 매출액에 비례해서 접대비가 증가하면 수입금액 비율로 접대비를 인정

접대비 한도액 = ① + ②

① 1,200만 원(중소기업은 2,400만 원) × $\dfrac{\text{당해 사업연도의 개월 수}}{12}$

② (일반 수입금액 × 적용률) + (특정 수입금액 × 적용률 × 20%)

받을 수 있습니다.

접대비를 사용할 경우에는 법적 증빙이 되는 신용카드, 현금영수증, 세금계산서 그리고 계산서 등을 사용해야 합니다. 건당 3만 원을 초과해 지출하는 접대비는 반드시 사업주의 카드를 사용해야 인정이 되며 가족카드를 사용하거나 그 외 카드를 사용한 경우에는 인정되지 않습니다.

● 광고선전비

광고선전비는 업무(사업)와 관련된 지출이나 불특정 다수를 위해 지출한 비용을 말합니다. 광고선전 등을 목적으로 견본품을 증정하거나 달력, 부채 같은 홍보용 물품을 불특정 다수에게 증정하는 비용은 광고선전비로 인정됩니다. 다만 광고선전비는 연간 3만 원을 초과하지 않아야 합니다.

◉ 복리후생비

요즘 같은 불황기에는 협동조합의 실적이 좋지 않다 보니 회사와 직원 모두 노력해서 각종 복리후생비 성격의 경비를 줄여야 합니다. 연말연시에 치르는 협동조합 조합원 간의 회식이나 노래방 비용 등은 모두 복리후생비 성격입니다. 하지만 업무(사업)를 위해서 특정인에게 접대비용을 지출했다면 복리후생비가 아니라 접대비가 되므로 주의해야 합니다. 즉 접대비란 업무(사업)를 위해서 특정인에게 지출한 비용을 의미합니다.

복리후생비는 직원들의 사기 앙양과 복리후생을 위해 지출하는 비용을 말합니다. 직원 간의 회식을 위해 식당이나 커피숍에 간다든지, 노래방에 간다든지 간에 모두 직원의 사기 진작을 위해 지출된 비용인 경우에는 복리후생비입니다. 각종 회식비는 복리후생비 규정에 포함되어 있고, 사업과 관계없이 지출한 비용이기 때문입니다. 복리후생비의 종류는 다음과 같습니다.

- 사업주(사장)가 부담하는 국민연금
- 사업주(사장)가 부담하는 건강보험료, 고용보험료
- 사용인(직원)을 위한 위생·의료 등에 지출하는 비용으로 직장체육회·직장연회비·야유회 등
- 사용인(직원)을 위한 직장보육시설
- 각종 경조사비(결혼, 부모의 회갑, 자녀의 돌 등)

- 각종 피복류에 대한 지출비, 회식비, 간식비
- 기타 사회통념상 인정되는 경조사비 등

일반적으로 직장에는 사규라는 규칙과 방침이 있습니다. 회사마다 복리후생에 관련된 규정은 다르며 사원의 사기 증진을 위해 집행됩니다. 4대 보험 중 일부를 사업주(사장)가 부담하는 것부터 사회통념상 인정되는 경조사비를 지원해주는 것까지 직원의 사기를 높여 회사의 매출과 생산성을 증진하기 위한 규정은 회사마다 다르므로 사규를 잘 준수해서 시행해야 할 것입니다.

Q 감가상각이란 무엇인가요?

A 협동조합의 사업을 영위하기 위한 건물, 기계장치, 차량운반구, 비품, 집기 등의 유형자산은 시간이 지남에 따라 그 가치가 감소하게 됩니다. 이때 협동조합의 영업활동을 위해 사용된 자산가치의 사용분을 비용화하는 것을 감가상각이라 합니다.

처음으로 사업을 시작하면 각종 집기류와 비품, 기계장치, 인테리어 설치와 같은 시설장비 등에 비용이 들어가게 됩니다. 음식점을 시작할 경우 건물의 인테리어 비용과 각종 음식과 관련된 집기류와 컴퓨터 구입 등에 비용이 소요될 것이고, 병원이나 한의원 같은 경우에는 상대적으로 고급스러운 인테리어와 각종 값비싼 의료장비 등에 많은 비용이 소요됩니다. 이처럼 사업을 시작하기 전에 고정비 성격으로 들어가는 비용이 많기 때문에 많은 투자자금이 소요되는 것이 사실이나 이러한 자산들은 감가상각을 할 수 있어 각종 필요경비로 인정받을 수 있습니다.

● 감가상각을 하는 다양한 방법

기계장치, 컴퓨터, 각종 기자재, 인테리어 비용과 같은 시설장치 등의 유형자산은 일정한 시간이 경과함에 따라 가치가 감소하거나 기계 장치 등의 노후로 인해 효용가치가 줄어들게 됩니다. 이처럼 자산의 가치 하락을 감안해서 각 자산의 내용연수에 따라 감가상각을 하게 되는데 이를 측정하는 방법에는 크게 정액법, 정률법, 그리고 생산량비례법이 있습니다.

정액법은 자산의 내용연수에 따라 매년 균등한 금액을 배분해서 상각하는 방법이고, 정률법은 사업 초기에 감가상각을 많이 하고 시간이 경과할수록 감가상각비를 적게 계상하는 방법입니다. 그리고 생산량비례법은 광업에서 주로 사용하는 방법으로, 광구의 총 채굴예정량에서 채굴한 양에 따라 생산량에 따른 비례로 감가상각을 하는 것을 말합니다.

[도표 5-12] 감가상각 측정 방법

구분	상각 계산 방법	감가상각 산식
정액법	취득가액×상각률	(취득가액 − 잔존가액)×1/n
정률법	미상각잔액×상각률	(취득가액 − 감가상각누계액)×상각률 (4년 0.528, 5년 0.451, 6년 0.394)
생산량 비례법	취득가액 × $\dfrac{\text{채굴한 양}}{\text{총 채굴예정량}}$	(취득가액 − 추정잔존가액) × $\dfrac{\text{당해 채굴한 양}}{\text{총 채굴예정량}}$

● 감가상각의 절세 방안

감가상각비는 사업자의 판단에 의해 장부에 계상할 것인지 여부를 결정할 수 있습니다. 즉 사업에 대한 당해 연도의 감가상각비를 비용으로 인정받기를 원한다면 장부에 계상하고, 사업의 초기라 결손이 발생한 경우에는 이후에 사업에서 수익이 발생했을 때 장부에 계상할 수도 있습니다. 이처럼 감가상각비는 임의 계상이 가능하며 세 부담에 대한 조절이 가능하나, 사업에 대해 오도할 가능성이 있어 세법에서는 일정한 범위에서 선택할 수 있도록 규제를 두고 있습니다.

자산에 따라서 감가상각 방법을 정하고 있으며, 내용연수의 일정한 범위에서 선택할 수 있도록 하고, 일정 한도에서 감가상각을 할 수 있도록 하고 있습니다. 일반적으로 감가상각 대상 자산은 [도표 5-13]과 같은 방법으로 감가상각할 수 있습니다. 건물의 경우에는 정액법만 가능하며 짧게는 30년간 감가상각을 할 수 있습니다. 다만 본인 건물이

[도표 5-13] 감가상각 대상 자산의 상각 방법

자산의 종류	상각 방법의 종류	사회적 협동조합(비영리법인)
건물	정액법만 가능함	30년(30~50년)
시설장치(인테리어)	정액법 또는 정률법 (선택 가능)	4년 (4~6년)
기계장치, 의료장비 등		
비품(집기류, 컴퓨터 등)		
차량운반구		

라면 주의해야 합니다. 이후에 양도할 경우 감가상각한 만큼 양도차익이 더 많아질 수 있으므로 잘 판단하고 감가상각을 해야 할 것입니다. 건물 이외에 인테리어, 기계장치, 의료기기, 비품, 컴퓨터 등은 정액법과 정률법을 선택할 수 있습니다. 장기간 사용을 고려한 경우에는 정액법 상각을 하고, 단기간 사용할 경우에는 초기에 상각이 많은 정률법을 사용하면 됩니다.

반면에 토지의 경우에는 자산의 가치가 발생하지 않으므로 감가상각을 할 수 없습니다. 만약 부동산 구입 시 건물과 토지를 일괄 구입한 경우에는 토지와 건물을 일정한 비율로 나누어 건물에 대해서는 감가상각을 하고 토지는 감가상각을 해서는 안 됩니다.

일반적으로 사업의 초기에는 각종 기계장치 등에 비용이 많이 들어가므로 장기간 사용 시에는 정액법을 활용하면 세금 부담을 줄일 수 있습니다. 하지만 기계장치의 사용이 급변할 가능성이 있는 경우에는 초기에 감가상각이 많은 정률법을 이용해서 세금 부담을 줄일 수도 있을 것입니다. 이처럼 감가상각은 일정한 범위에서 사업에 따른 재량권을 주고 있으므로 회사에 맞춰 적절히 사용해 세금 부담을 최소화할 수 있습니다.

협동조합의 각종 경비는 어떻게 절세하나요?

Q 지금까지 알아본 협동조합 운영비용 이외의 경비에는 어떤 것이 있나요?

A 협동조합 사업의 특성상 다양한 비용 중 영업직원의 휴대폰 비용, 각종 출장비용 등도 법정증비서류에 의해 협동조합의 비용으로 인정받을 수 있습니다.

지금까지 협동조합을 운영하는 데 있어 발생하는 여러 비용에 대해 알아보았습니다. 그러나 이외에도 사업을 하다 보면 다양한 측면에서 경비가 발생하게 됩니다. 이럴 경우에 어떻게 판단해야 하는지에 대해 차근차근 알아보도록 하겠습니다.

● 영업직원의 휴대전화 비용

일반적으로 영업직원인 경우 회사일로 많은 통신비가 발생합니다. 회사 명의로 휴대전화를 발급받아 업무에 사용한 경우 전액 통신비에 대한 경비로 인정받을 수 있습니다. 또한 휴대전화 사용료에 포함되어 있는 부가가치세도 환급받을 수 있습니다.

반면에 회사의 영업을 위해 사용하는 휴대전화이지만 회사의 명의가 아닌 직원 개인의 명의인 경우에는 사실상 회사일을 위해 사용했다고 해도 이를 입증할 수 있는 방안이 없습니다. 하지만 회사의 지급 규정에 따라 영업직원이 사용한 휴대전화 사용료 중 일부의 통신비를 보조해줄 경우에는 회사의 경비로 인정받을 수 있습니다.

● 직원의 외근 · 출장 비용

직원이 회사일로 당일 출장을 가서 인근 지역에 대한 교통비, 택시비, 일시 주차료 등을 경비 처리하려면 지출결의서 등이 필요합니다.

외근이 자주 있는 직원이라면 기록해두었다가 한꺼번에 정산을 받거나 회사에 교통카드를 비치해 사용하면 편합니다. 또한 야근 등 각종 업무로 인한 교통비용으로 사측과 이해 상충이 발생할 수 있으므로 사규에 항목을 만들어 지급 범위를 정해두어야 합니다.

● 해외출장 비용

개인회사의 사장이나 직원이 사업과 관련해서 해외출장을 가는 경우에 각종 비용은 여비나 교통비로 인정됩니다. 또는 직원의 사기증진과 복리후생 목적으로 해외여행을 간 경우에는 복리후생비로 인정됩니다.

회사의 사업을 위해서 업무상 출장을 갔다면 여비나 교통비로 경비 처리되며, 우수 회사 직원의 복리후생 목적으로 해외여행을 갔다면 복리후생비로 인정이 됩니다. 해외출장 시에는 각종 출장의 목적과 출장보고서 등의 자료를 첨부해야 하며, 우수 직원의 해외여행은 회사 규정에 정해두면 이후에 세무상의 문제가 발생하지 않을 것입니다.

개인사업자가 개인 휴양 목적의 해외여행을 해외출장으로 할 경우 세무상 불이익을 받을 수 있으므로 주의해야 합니다.

우리나라 협동조합 서울우유

서울우유는 축산농가가 모여 만든 협동조합입니다. 가입한 축산농가는 서울우유에 출자를 해야 하고, 서울우유의 사업시설을 이용해야 하며, 내부 규정을 준수해야 합니다. 대신 2,400여 명의 조합원 모두 주인으로서 동등한 발언권을 가지고 있으며 의결권, 임원을 선출해 임할 수 있는 권리, 잉여를 배당받을 권리를 가집니다. 경제적 약자인 축산농가가 주인이므로 이들을 보호하는 역할도 합니다.

1937년부터 지금까지 서울우유는 신선하고 질 높은 유제품 공급을 위해 연구해왔으며, 이러한 노력 덕분에 신선하고 맛있는 우유로 우유시장에서 선두주자로 자리매김하고 있습니다. 또한 '소비자들이 가장 믿는 기업' 1위를 기록하기도 했습니다. 서울우유는 신선하고 맛있는 우유를 소비자들에게 공급하기 위해서 대표적으로 다음과 같은 3가지 시스템을 도입하고 있습니다.

첫째, '콜드체인시스템(cold chain system)'입니다. 서울우유는 업계 최초로 콜드체인시스템을 통해 목장에서부터 소비자에게 우유가 전달되기까지 냉장유통으로 원유의 신선함을 유지하고 있습니다. 둘째, 국내에서 유일하게 '밀크마스터(milk master)' 제도를 도입해 젖소 1마리당 담당 주치의를 두고 젖소의 건강을 관리함으로써 고품질의 우유를 생산할 수 있도록 합니다. 셋째, 업계 최초로 전 품목 '식품안전관리인증기준(HACCP)' 인증을 적용하고 있습니다. 서울우유는 식품의 안전을 확보하기 위해 HACCP 인증을 통해 원재료 생산에서부터 소비자가 유제품을 섭취하기 전까지의 모든 과정에서 발생할 수 있는 위해요소를 규명하고 중점적으로 관리하고 있습니다.

마케팅에도 힘쓰고 있는 서울우유는 소비자의 마음을 정확히 읽는 마케팅으로 유명합니다. '사랑한다면 하루 3번'이라는 문구의 광고, 가수 겸 배우 이승기를 모델로 내세워 전용목장이 있음을 알려주던 광고 등이 대표적입니다. 특히 우유의 '제조일자'라는 새로운 인식을 심어준 광고는 경쟁의 판을 바꾼 마케팅 성공사례로 꼽히고 있습니다. 이렇게 서울우유는 다양한 광고를 통해서 스스로의 강점을 잘 전달하며 신뢰를 얻고 있습니다.

6장

협동조합의 부가가치세, 확실하게 살펴보자

우리나라는 간접세인 부가가치세라는 제도를 두고 있습니다. 따라서 과세사업자의 경우에는 부가가치세를 신고·납부해야 하나, 매입이 많을 경우에는 매입세액의 증가로 부가가치세를 신고·환급받을 수 있습니다. 반면에 면세사업자의 경우에는 부가가치세는 없으나, 부가가치세와 관련된 협력의무는 있습니다.

협동조합도
부가가치세를 내나요?

Q 협동조합의 부가가치세란 무엇인가요?

A 재화의 판매와 용역의 제공에 대한 부가가치 증가분에 부과되는 10%의 단일세율을 부가가치세라고 합니다. 과세사업자인 협동조합의 경우 분기별로 부가가치세를 확정신고와 예정신고를 통해 신고·납부해야 합니다.

부가가치세의 전체적인 신고 달력을 알아보기에 앞서 사업자라면 누구나 한번쯤은 들어보았을 부가가치세가 무엇인지부터 알아보도록 하겠습니다.

부가가치세는 생산이나 유통의 각 단계에서 생산된 부가가치에 대해 부과하는 조세입니다. 즉 부가가치란 각 거래 단계에서 사업자가 독자적으로 새로이 창출한 가치의 증분이라고 볼 수 있습니다.

예를 들어 천이나 솜, 단추 등의 원재료를 1천 원에 사서 인형공장

에서 인형 상품을 만들어 1,500원의 가격에 소비자에게 판매한다면 인형공장에서 창출한 부가가치는 500원(1,500원–1,000원)입니다. 이와 같이 창출한 부가가치 500원에 대한 10%의 부가가치세를 부과하게 됩니다. 인형공장 사장은 창출한 부가가치인 500원의 10%인 50원을 부가가치세로 납부할 의무가 있습니다.

여기서 중요한 것은 인형공장 사장이 50원의 세금을 부담하는 것이 아니라는 사실입니다. 최종 소비자가 부가가치세를 부담하기 때문에 부가가치세를 두고 담세력(擔稅力)이 전가되는 세금이라고 합니다. 사장들은 본인이 이 세금을 부담한다고 착각하지만, 실제로 부담하는 사람들은 최종 소비자가 되는 것입니다.

○ 부가가치세란 무엇인가?

부가가치세는 사업자가 부담하는 세금이 아니라, 소비자에게 전가해 소비자가 납부하게 되는 세금입니다. 대신에 사업자는 그 부가가치세를 소비자에게서 받아서 신고·납부할 의무가 있습니다.

부가가치세의 납세의무자는 면세사업자를 제외한 과세사업자를 말

[도표 6-2] 부가가치세 신고·납부 방법

구분	과세기간	신고·납부 기간	비고
제1기 확정신고기간	1월 1일~ 6월 30일	7월 25일	직전 과세기간의 1/2을 예정고지 하고 4월 25일까지 납부함
제2기 확정신고기간	7월 1일~ 12월 31일	다음 연도 1월 25일	직전 과세기간의 1/2을 예정고지 하고 10월 25일까지 납부함
신규사업자의 경우	사업개시일~ 당해 과세기간 종료일	단, 최초 예정 신고는 계속사 업자와 달리 신고·납부 의 무가 있음	개시 전 사업자등록을 신청한 경 우에는 등록신청일로부터 당해 과세기간 종료일까지를 한 과세기 간으로 함

하며, 영세율 적용을 받는 자도 여기에 속합니다. 이러한 과세사업자
는 크게 일반과세자와 간이과세자로 나누어집니다. 일반과세자의 경
우에는 매출세액에서 매입세액을 차감해 납부세액을 과세하게 되는
데 반해서, 영세한 소규모 사업자들을 위해 간편하게 신고하며 세 부
담이적은 간이과세자도 있습니다.

부가가치세의 과세표준은 어떻게 계산하나요?

Q 협동조합의 부가가치세 구조는 어떻게 이루어지나요?

A 매출세액(매출액×10%)에서 매입세액(매입액×10%)을 차감하는 구조인 전단계세액공제법으로 이루어집니다. 세금계산서 등에 의해 확인되는 매입세액이 매출세액을 초과하는 경우에는 부가가치세를 환급받을 수 있습니다.

사업을 시작하면서 제일 먼저 접하게 되는 세금인 부가가치세의 전체적인 체계에 대해 알아보도록 하겠습니다. 부가가치세의 과세구조는 다음 페이지와 같이 구성됩니다.

● **매출세액**

매출세액은 일정 기간 동안 사업을 통해 벌어들인 매출액의 10%를

	매출세액
(−)	매입세액
	납부세액(환급세액)
(−)	경감공제세액
(−)	예정고지세액
(+)	가산세
	차가감납부할세액

말합니다. 매출액에는 세금계산서를 통해서 받은 부분도 있고, 카드 단말기를 통해서 매출로 잡힌 부분과 현금으로 받는 것 등이 있습니다

〈매출세액〉

- 세금계산서에 의한 매출액×10%
- 카드단말기에 의한 신용카드매출전표의 매출분×10%
- 카드단말기에 의한 현금영수증의 매출분×10%
- 그 외 현금×10%

일반적으로 제조업 등을 하는 경우에는 매출로 인한 세금계산서(tax invoice)를 끊어줄 것이고, 주로 최종 소비자를 상대로 하는 장사인 음식점 등일 경우에는 주로 카드단말기를 통한 신용카드 사용이나

〈업종별 분류〉

- 제조, 도·소매업: 세금계산서
- 최종 소비자 대상 업종: 신용카드단말기에 의한 신용카드매출전표 및 현금영수증

현금영수증 등의 매출이 많을 것입니다. 학원업 등의 경우에는 주로 현금으로 받는 경우가 대부분이나, 지로를 통해 수업료를 받을 수도 있을 것입니다. 이렇게 벌어들인 매출액의 10%가 매출세액인 부가가치세로 부과됩니다.

● 매입세액

〈매입세액〉

- 세금계산서에 의한 매입액×10%(적격증빙요건에 의해 확인되는 매입분)
- 의제매입세액공제×2/102(법인 음식점 6/106)
- 신용카드매출전표 발행 등에 대한 세액공제×2.6%(연간 500만 원 한도)
- 재고매입세액

매입세액은 매출세액과는 달리 세금계산서에 의해 확인이 되는 매입분에 한해서 10%인 매입세액을 공제해줍니다. 즉 매출세액과는 달리 매입세액은 적격증빙이 되지 않는 자료를 받은 경우에는 매입세액공제를 해주지 않고, 세금계산서에 의해 확인이 되는 매입분에 한해서 10%인 부가가치세를 공제해줍니다. 하지만 사업을 위해 사용하는 재화나 서비스를 매입한 경우에 매입세액공제를 당연히 공제받을 수 있습니다.

물론 음식점 등의 경우에는 농산물 등을 구매하면서 세금계산서를 받을 수 없기 때문에 예외로 의제매입세액공제를 해주며, 최종 소비자

를 주 대상으로 신용카드단말기를 사용하는 경우에는 신용카드매출
전표 등의 발행에 대한 세액공제 등을 해주고 있습니다.

● 납부세액

매출세액(매출액×10%)에서 적격증빙이 되는 매입세액(매입액×10%)을
차감한 금액이 납부세액입니다. 사업을 통해서 원재료 등을 매입한
금액과 사업을 통해 발생한 매출액의 차이가 사업에서 발생한 부가
가치이며, 그 금액의 10%를 부가가치세로 납부하는 것이 납부세액이
됩니다.

● 차감납부할세액

납부세액에서 각종 경감공제세액과 예정고지세액, 그리고 가산세
등을 통해 차감납부할세액을 부과하게 됩니다.
경감공제세액은 전자신고세액공제, 택시운송사업자 경감세액, 현금
영수증사업자 세액공제 등이 있습니다. 마지막으로 각종 가산세가 있
는 경우에는 가산세를 합해서 나온 최종 납부해야 할 금액이 차감납
부할세액이 됩니다.

과세사업 협동조합의
부가가치세 신고는 어떻게 하나요?

Q 협동조합의 과세사업자는 부가가치세 신고를 어떻게 해야 하나요?

A 매출세액(매출액×10%)에서 세금계산서에 의해 확인되는 매입세액(매입액×10%)을 차감한 다음 납부세액을 납부하거나 환급세액을 환급받습니다. 과세되는 협동조합이 수출하는 경우 영세율(0%)로 매출세액이 되므로 100% 환급세액을 돌려받습니다.

일반적으로 과세사업을 하면 재화나 용역의 사용과 소비에 대해 단일세율인 부가가치세 문제가 발생합니다. 우리나라의 경우 부가가치세 과세 방법으로 전단계세액공제법을 따르고 있습니다. 전단계세액공제법은 부가가치세를 직접 계산하지 않고 매출세액(매출액×10%)에서 매입세액(매입액×10%)을 차감해 납부세액을 계산하고, 그 결과 사업자가 창출한 부가가치에 세율을 적용한 것과 동일한 것으로 예정하는 방법입니다.

부가가치세 계산에서 가장 중요한 증빙자료는 세금계산서입니다. 세금계산서는 사업자가 재화 또는 용역을 공급하는 때에 과세표준(매출액)에 세율(10%)을 적용해서 계산한 부가가치세를 공급받는 자에게 징수하는 구조로 이루어집니다. 이를 거래징수라고 하는데 세금계산서는 부가가치세 과세거래의 증빙 역할을 합니다. 세금계산서는 이처럼 거래징수를 증빙하는 영수증 또는 청구서의 기능을 하기도 하고, 재화나 용역을 공급할 때 함께 보내는 송장 기능을 하기도 합니다.

세금계산서를 공급하는 자는 매출세액을 납부해야 하고, 세금계산서를 매입하는 자는 매입세액이 공제되므로 국세청과 상호검증(cross check)해 조세포탈을 미연에 방지하고자 합니다. 법인의 경우 '국세청 전자세금계산서 e세로'에서 전자세금계산서를 작성하며, 개인의 경우 2014년부터 3억 원 초과 시 의무적으로 전자세금계산서를 작성하도록 하고 있습니다.

◉ 부가가치세 신고는 이렇게 한다

세금계산서를 받기 위해서는 매입액의 10%를 더 지급해야 하기 때문에 간혹 세금계산서를 받지 않는 것이 더 유리하다고 생각하는 사람이 있으나 결코 유리한 것이 아닙니다. 지금 당장 돈을 절약할 수 있을지는 모르지만 이후 법인세를 신고할 때 비용으로 인정받을 수 있는 증빙이 되지 않으므로 그 비용만큼 법인세가 늘어나게 됩니다. 결국 매입액의 10%를 아끼려다가 더 많은 세금을 낼 수도 있습니다.

또한 공급하는 자가 매출세금계산서를 교부하지 않으면 매출이 누락되기 때문에 차후에 세무조사로 확인되었을 경우 원래 납부해야 하는 부가가치세 외에도 가산세와 비용 과다로 인한 추가 법인세를 부과받게 됩니다.

세금계산서의 종류에는 먼저 일반세금계산서와 수입세금계산서가 있습니다. 일반세금계산서는 일반과세자가 교부하는 것으로, 부가가치세를 거래징수한 내용이 별도로 기재되어 매입세액을 공제받을 수 있는 계산서입니다. 반면에 수입세금계산서는 재화의 수입에 대해 세관장이 교부하는 세금계산서로, 그 기재사항 및 기능은 일반세금계산서와 동일하나 세금계산서를 교부하는 자가 사업자가 아닌 세관장이란 차이점이 있습니다.

그 외에 사업자가 거래 시 교부하는 증빙으로 계산서와 영수증이 있습니다. 계산서는 세금계산서와 비슷하나 면세사업자가 교부하는 증빙입니다. 계산서에는 부가가치세액이 포함되거나 별도로 기재되지 않고, 수입금액에 대한 과세자료로 세금계산서와 더불어 상호 보충적 기능을 합니다. 영수증은 주로 최종 소비자와 직접 거래하는 소매업자 등이 교부하는 것으로 매입세액을 공제하는 자료로는 사용할 수 없으며 과세자료 및 송장으로만 활용할 수 있습니다.

면세사업 협동조합의
부가가치세 신고는 어떻게 하나요?

Q. 협동조합의 면세사업자도 부가가치세 신고를 하나요?

A 면세사업자는 부가가치세를 신고·납부할 의무는 없으나 매입합계세금계산서, 매입합계계산서 등에 대한 협력 의무가 있으므로 매 분기별로 의무를 다해야 합니다. 법인인 협동조합은 면세사업장 현황신고 의무는 없습니다. 면세사업자는 농·축·수·임산물, 병·의원, 인허가 받은 학원 등입니다. 면세사업자는 부가가치세를 신고·납부할 의무는 없지만 협력 의무가 있습니다.

　　사업을 한다고 해서 모든 사업자가 부가가치세를 부담하는 것은 아닙니다. 학원이나 병원, 한의원 또는 식육점 등 개인의 경우에는 부가가치세를 신고·납부하지 않습니다. 다만 이러한 부가가치세를 신고·납부할 의무가 없는 면세사업자는 다음 해 2월 10일까지 면제사업장 현황신고를 해야 하며, 종합소득세도 신고·납부해야 합니다. 부가가치세가 면세되는 개인사업자는 올해의 매출과 경비 그리고 직원 등 각종 사업장의 현황에 대해서 다음 해 2월 10일까지 사업장현황신고서에 작성해 관할세무서에 제출해야 합니다.

법인인 협동조합의 경우에는 면세사업자라고 하더라도 매입합계 세금계산서와 매입합계계산서 등에 대한 협력의무는 있습니다.

〈면세사업장 현황신고 내용〉

- 수입금액(매출액)내역서 및 결제수단별 구성명세서(신용카드매출전표, 현금영수증, 지로 등)
- 기본경비(임차료, 인건비, 매입액, 그 외 제경비)
- 계산서·세금계산서·신용카드 수취금액
- 사업장의 시설 현황 및 직원 수 등 기본사항

● 면세사업장 현황신고

면세사업장 현황신고는 개인사업자로서 학원이나 한의원, 성형외과 등의 의료병원 등이 주 대상자입니다. 면세사업장 현황신고를 통해 연간 매출액은 어떻게 되는지, 경비인 인건비와 임차료 또는 기계 구입은 어떻게 되는지, 매출분 중에 계산서와 세금계산서 또는 현금의 구성은 어떠한지 등 사업장에 대한 기본사항을 파악하는 것입니다. 종합소득세 확정신고 시의 매출금액이나 경비 등은 면세사업장 현황신고에 의해 결정되는 것이기 때문에 사업장 현황신고는 중요한

구분	면세사업자			
	사업자현황신고	종합소득세신고	4대 보험	원천세신고
신고 기한	다음 해 2월 10일까지	다음 해 5월 31일까지	국민연금·건강보험은 매달 10일 신고·납부. 고용보험·산재보험은 3월 31일, 5월 15일, 8월 15일, 11월 15일 신고·납부	매월 10일
신고 내용	사업에 대한 매출과 경기뿐만 아니라 직원 및 각종 현황에 대한 신고	연간 매출과 각종 경비를 차감한 소득에 대한 세금	4대 보험에 대한 신고·납부	근로소득세, 사업소득(강사, 의사), 기타 소득(강사) 원천징수 신고·납부
비고	전체적인 매출과 경비 결정	사업장현황신고에 영향 받음	–	일정 요건 충족 시 반기신고 가능함

조세증빙 자료입니다.

반면 법인인 협동조합의 경우에는 면세사업장 현황신고가 없으므로 소득에 대해 법인세를 신고·납부할 의무가 있고 부가가치세에 대한 협력의무가 있음을 주의해야 합니다.

사업장 현황신고의 금액은 법인이 아닌 개인의 종합소득세신고에 그대로 영향을 미치기 때문에 신중하게 작성해야 합니다. 또한 경비 중에서는 인건비에 대한 지출이 많은 부분을 차지하므로 학원의 경우에는 강사들을 근로자(갑종근로소득세)로 볼 것인지, 개인사업자(3.3% 원천징수)로 볼 것인지, 일시적인 기타(4.4% 원천징수)로 볼 것인지를 구분해서 원천징수해야 합니다.

면세사업자들이 제출할 서류들은 사업장현황신고서, 매입처별세금계산서합계표(갑·을), 매입처별계산서합계표(갑·을), 매출처별계산서합계표가 있습니다. 학원의 경우에는 학원사업자 수입금액검토표, 한의원인 경우는 한의원 수입금액검토부표, 한방 병·의원인 경우에는 수입금액검토부표 등을 제출해야 합니다. 이러한 사업장현황 신고서를 신고일까지 신고하지 않거나 일부를 누락 또는 사실과 다르게 신고한다면 공급가액에서 1% 가산세를 부과합니다.

협동조합의 각종 법정증빙서류는
관리와 보관이 중요합니다

Q. 부가가치세법상 각종 법정증빙서류에는 어떤 것들이 있나요?

A 각종 수입과 지출경비 영수증이 법정증빙서류로 세금계산서, 계산서, 신용카드매출전표, 현금영수증, 그 외 지출결의서 등이 있습니다.

사업을 시작하면서 물건을 팔 경우에는 세금계산서를 발행해 매출세액을 부과하게 되고, 물건을 살 경우에는 세금계산서를 받아 매입세액공제를 받으려 할 것입니다. 하지만 물건을 매입하는 경우에는 물건을 파는 쪽에서 부가가치세인 10%를 더 지불해야 세금계산서를 끊어주겠다고 하는 경우가 대부분이고, 반대로 물건을 파는 입장에서는 물건을 사는 사업자가 금액을 줄여서 싸게 구입하려고 할 것입니다. 결국 물건을 살 때는 부가가치세만큼의 금액을 더 주고 세금계산서를 받고, 물건을 팔 때는 더 싸게 세금계산서를 끊어주기 때문에 남는 것이 없다고 볼멘소리를 하는 사업자가 많습니다.

그래서 세금계산서를 받지 않고 끊어주지 않으려는 일이 발생합니다. 이처럼 적법한 세금계산서를 받지 않으면 이후에 세무조사나 종합소득세가 증가해 그만큼 사업자의 세부담이 늘어나게 되므로 주의해야 합니다. 즉 적격한 법정증빙을 받지 않는 경우에는 가산세를 부담하게 되므로 오히려 세부담만 늘어나는 결과를 초래할 수 있기 때문입니다.

● 여러 종류의 증빙 서류

세금계산서

세금계산서는 2장이 발행됩니다. 하나는 공급하는 사업자(판매하는 사업자)가 가지고 있다가 부가가치세 신고 시에 매출세액을 부과하게 되고, 다른 하나는 공급받는 사업자(구입하는 사업자)가 가지고 있다가 부가가치세 신고 시에 매입세액을 공제받습니다. 각각 발행되는 세금계산서는 국세청에서 상호검증해 판매사업자의 매출 등이 누락되는 것을 확인할 수 있도록 하기 위함입니다. 세금계산서는 적격 증빙서류로 반드시 다음 사항이 정확히 기재되어야 적법한 세금계산서로 인정받을 수 있습니다.

적법한 세금계산서를 발행한 후에 매출신고를 누락하면 이후에 부담하게 되는 부가가치세뿐만 아니라 각종 가산세를 부과받게 되며, 추

<세금계산서에 필요한 기재 사항>

- 공급하는 사업자의 사업자등록번호와 성명
- 공급받는 사업자의 사업자등록번호
- 공급가액과 부가가치세액
- 작성 연월일

[도표 6-4] 세금계산서

【별지 제11호 서식】

세 금 계 산 서 (공급자 보관용)																		책번호				권		호	
																		일련번호							

공급자	등록번호			–		–			인	공급받는자	등록번호			–		–			인
	상호(법인명)		성명				상호(법인명)		성명		
	사업장주소						사업장주소			
	업태		종목				업태		종목		

작성			공급가액											세액									비고
년	월	일	공란수	백	십	억	천	백	십	만	천	백	십	일	십	억	천	백	십	만	천	백	십	일	

월	일	품목	규격	수량	단가	공급가액	세액	비고

합계금액	현금	수표	어음	외상미수금	이 금액을 영수함

22226-28131일
1996.3.27.승인

182mmx128mm
인쇄용지(특급)34g/㎡

가로 소득세까지 부담하게 됩니다. 반대로 구매사업자가 매입 시 적법한 세금계산서를 받아 매입세액공제를 받았는데 공급하는 사업자가 폐업한 경우라든지, 또는 적법하게 받은 세금계산서가 아닌 경우에는 매입세액이 공제되지 않을 뿐만 아니라 가산세까지 부담하게 될 수 있으므로 항상 주의해서 적법한 세금계산서인지 확인해야 합니다.

계산서

계산서는 과세사업자가 발행하는 세금계산서와는 달리 부가가치세가 면세되는 면세사업자가 발행하는 거래증빙으로 '부가가치세'는 별도로 기재되지 않습니다. 세금계산서와의 차이점은 부가가치세가 별도로 기재되지 않으므로 면세사업자만 발행할 수 있는 증빙서류라는 점입니다. 또한 세관장이 발행하는 수입계산서도 계산서에 포함되며, 이러한 계산서는 이후 면세사업자들의 수입금액 계산 시에 필요한 증빙자료로 활용됩니다.

영수증

영수증은 '공급을 받는 자'와 '부가가치세'가 없는 것으로서 법적 증빙서류로 인정받지 못하므로 일반적으로 영세한 소규모 간이과세자들이 주로 발행해주는 증서입니다. 또는 일반과세자라 하더라도 대체로 최종 소비자들에게 발행해주는 증서가 영수증입니다. 영수증은 법적 증빙이 되지 않으므로 부가가치세 매입세액공제를 적용받을 수 없기 때문에 일반과세자는 반드시 세금계산서를 끊어주어야 합니다.

경비 등의 지출비용으로 인정받을 수 있는 영수증은 영수증에 기재된 금액이 3만 원을 초과할 경우 초과하는 금액에 대해서 가산세가 추징되므로 주의해야 합니다. 즉 3만 원이 초과되는 경우 거래에 대해 적격영수증(세금계산서, 신용카드매출전표, 현금영수증 등)을 받지 않으면(간이영수증, 금전등록기 영수증, 일반영수증 등) 거래금액의 2%를 가산세로 부과하게 됩니다.

계 산 서 (공급자 보관용)													책번호			권		호
													일련번호					

공급자	등록번호				–			–				공급받는자	등록번호			–		–		
	상호 (법인명)			성명								상호 (법인명)			성명				
	사업장 주소											사업장 주소							
	업태			종목								업태			종목				

작성			공급가액											비고	
년	월	일	공란수	십	억	천	백	십	만	천	백	십	일		

월	일	품목	규격	수량	단가	공급가액	세액	비고

합계금액	현금	수표	어음	외상미수금	이 금액을 영수함

22226–619922일
1996.3.14.승인

182mm×128mm
인쇄용지(특급)34g/㎡

이러한 적격영수증은 거래당사자 간에 상호검증이 가능하나, 일반 간이영수증은 상호검증이 되지 않습니다. 그래서 일정 금액 이상의 거래에 대해서는 거래 금액의 2%를 가산세로 부과하고 적격영수증을 교부·발부하도록 하고 있습니다. 그러나 연간 매출액 4,800만 원 미만인 간이과세자라면 가산세를 부과하지 않습니다. 이는 영세한 간이과세자에 대한 세부담을 덜어주고자 하는 혜택입니다.

신용카드매출전표와 현금영수증

세금계산서 이외에 신용카드단말기에 의한 신용카드매출전표와 현금영수증에 '공급받는 자'와 '부가가치세액'이 별도로 기재된 경우에는 적법한 증빙서류로 세금계산서와 같이 매입세액공제를 적용받을 수 있습니다. 다만 사업자가 현금영수증을 받을 경우에는 소득공제용이 아닌 반드시 지출증빙용으로 발급받아야만 사업자의 비용으로 인정받을 수 있습니다.

스포츠구단 협동조합 FC바르셀로나

　FC바르셀로나는 17만여 명의 축구팬들이 자발적으로 출자해 구단을 운영하는 협동조합입니다. 선수들이 행정과 관리 업무를 직접 수행하며 회원들에 대한 정당한 대우를 위해서 행정부를 통제하는 '옴부즈만(ombudsman) 제도'를 실시하고 있습니다.

　등록비로 150유로(약 21만 원)를 내면 누구든지 2년간 '소시오 Socia'라고 불리는 조합원이 될 수 있으며, 1년간 조합원 활동을 한 만 18세 이상의 조합원이라면 누구나 6년마다 열리는 클럽회장선거에도 투표권을 행사할 수 있고 이사회의 구성원이 될 수 있습니다. 또한 이들은 총회에 참석해 예산·계획 등에 의사 표현을 할 수 있는 등 민주적인 방식으로 운영되고 있습니다.

　FC바르셀로나의 조합원은 바르셀로나 홈구장에서 열리는 경기의 티켓 할인과 우선권을 보장받을 수 있습니다. 그리고 150유로인 등록비는 구단 운영과 '라 마시아(La Masia)'에 쓰입니다. 라 마시아는 전 세계에서 선발된 유소년 축구선수들을 무료로 교육하는 정책으로, 성장호르몬결핍증을 앓던 작은 소년 리오넬 메시(Lionel Messi)를 세계적인 축구선수로 배출해내기도 했습니다.

7장

협동조합의
소득세와
4대 보험,
어떻게
처리하나요?

협동조합을 운영함에 있어서 직원의 급여를 지급할 경우 근로소득세 등의 세무신고와 4대 보험을 원천징수해야 합니다. 근로자들도 개인이 얻은 소득에 대해 소득세를 신고해야 하는데 이를 연말정산이라고 합니다. 또한 은퇴 이후의 연금제도라든지 병과 관련된 사고, 산업재해, 고용 실업 시 기본적으로 국가에서 보장해주는 4대 보험에 가입해 반은 근로자 본인이, 나머지 반은 협동조합이 신고·납부하고 있습니다.

협동조합의 원천징수란 무엇인가요?

Q. 협동조합의 원천징수란 무엇인가요?

A. 소득을 지급하는 자(원천징수의무자)가 소득 지급 시 소득자(납세의무자)의 납부해야 하는 세금을 미리 징수해 국가에 대신 납부해주는 제도를 말합니다. 조합원들이나 직원, 또는 기타 소득이나 사업소득을 지급 시 일정 부분의 세금을 떼고 나머지 부분에 대해 지급하는 것을 원천징수라고 합니다.

협동조합이 조합원(직원) 등 근로자들에게 각종 소득(급여, 사업소득, 기타 소득 등)을 지급할 때 소득자가 납부해야 하는 세금을 미리 징수해서 국가에 대신 납부하는 제도를 원천징수제도라고 합니다. 따라서 직원을 고용하는 모든 협동조합은 원천세 신고·납부 의무가 있습니다.

또한 협동조합의 사업을 운용하는 과정에서 소득을 지급하는 경우에는 소득의 종류를 구분해서 원천세를 거래징수한 후 신고·납부할

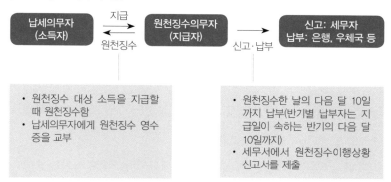

[도표 7-1] 원천징수의 과정

납세의무자
(소득자)

지급
→
←
원천징수

원천징수의무자
(지급자)

신고·납부
→

신고: 세무자
납부: 은행, 우체국 등

- 원천징수 대상 소득을 지급할 때 원천징수함
- 납세의무자에게 원천징수 영수증을 교부

- 원천징수한 날의 다음 달 10일까지 납부(반기별 납부자는 지급일이 속하는 반기의 다음 달 10일까지)
- 세무서에서 원천징수이행상황 신고서를 제출

의무가 있습니다. 일용직의 경우에도 일용직 지급조서에 분기별로 신고해야 합니다.

방과 후 아이들을 돌보는 협동조합을 예로 들어보겠습니다. 만약 협동조합과 고용 관계에 따라 직원을 채용했다면 근로소득세를 원천징수해야 합니다. 반면에 협동조합과 고용 관계없이 전문 프리랜서인 개인사업자가 아이들을 돌볼 경우에는 사업소득이 되며, 협동조합이 지급금액의 3.3%를 원천징수해서 신고·납부하고 그를 제외한 금액을 급여로 지급합니다. 전문 사업자가 아닌 비정기적이며 일회성으로 강의한 경우에는 기타 소득자로 8.8%(2019년)를 원천징수해 협동조합이 신고·납부하고 세금을 제외한 부분을 급여로 지급해야 합니다. 즉 아이들을 돌보는 경우라 하더라도 협동조합과 근로계약이 되어 있는지 아닌지에 따라, 강의가 정기적인지 일시적인지에 따라 세무신고가 달라집니다. 협동조합은 급여를 지급할 때 세금 관련 부분을 제외하고 지급하며, 뗀 세금은 관할세무서에 신고·납부해야 합니다.

◉ 원천징수세란 무엇일까?

조합원을 모집해 협동조합을 시작하면 조합원(직원)들은 법인인 협동조합과 근로계약서를 작성해 협동조합의 직원으로 업무를 수행하게 됩니다. 일반법인과 같은 방법으로 협동조합도 매월 직원인 조합원들에게 일한 대가로 월급을 줍니다.

이때 급여를 지급하는 자(협동조합)가 세금 등을 떼고 직원들(조합원·직원들)에게 급여를 지급하고, 이후 뗀 세금 등은 일정 기간 안에 관할 세무서에 납부하면 됩니다. 이를 '원천징수제도'라고 합니다. 원천징수는 소득금액을 지급하는 원천징수의무자가 소득을 지급할 때 납세의무자의 세액을 징수한 다음 정부에 납부하는 제도를 말합니다. 이로 인해 직원들은 급여에서 소득세(갑종근로소득세)와 주민세를 차감한 금액을 받게 되며 이를 원천징수세액이라고 합니다.

Q 협동조합 근로자가 월급을 받을 때 어떻게 원천신고해야 하나요?

A 급여 지급 시 4대 보험과 갑종근로소득세를 제한 후 나머지를 지급하고 다음 달 10일까지 갑종근로소득세는 관할세무서에, 4대 보험은 국민건강보험공단에 납부하면 됩니다.

원천징수제도란 소득금액을 지급하는 원천징수의무자(협동조합)가 소득(급여, 사업소득, 기타 소득 등)을 지급할 때 납세의무자(조합원 또는 종업원)의 세액을 징수해 정부에 납부하는 것입니다. 이로 인해 직원들은 급여 등의 소득에서 소득세(갑종근로소득세)와 주민세를 차감한 금액을 받게 되며 이를 원천징수세액이라고 합니다.

협동조합의 경우도 조합장이 직원에게 급여를 줄 때 '근로소득간이세액표'에 의해 갑종근로소득세와 주민세를 제외한 금액을 직원에게

주고 협동조합의 조합장은 급여를 지급한 달의 다음 달 10일까지 근로소득에 대한 원천징수세액을 관할세무서에 신고·납부해야 합니다.

● 근로소득간이세액표

매월 총 급여는 각종 비과세급여를 제외한 금액에서 '근로소득간이세액표'에 의해 자녀와 동거가족에 따라 산정하게 됩니다. 예를 들어 협동조합원인 나축산 씨가 연봉 3,600만 원을 받고, 부양하는 가족이 본인과 부인을 포함해서 모두 4명이라면, 매월 급여는 300만 원(3,600만 원/12개월)이며 4인 가족이므로 '근로소득간이세액표'에 의해 갑근세 26,690원과 주민세 2,670원이 될 것입니다.

다만 연봉제가 아닌 경우에는 매월 총 급여에서 비과세되는 부분을 제외하고 갑근세를 계산해야 합니다. 특히 상여금이 있는 달에는 갑근세를 많이 부담할 수 있지만, 이는 연말정산제도를 통해 조정됩니다.

조합원의 급여는 협동조합의 사업에 있어서 필요경비로 인정되므로 조합원에게 급여 시 정확히 계산할 수밖에 없습니다. 조합장이 조합원의 급여를 지급할 때 갑근세를 떼지 않고 지급하는 경우에는 이후 적격 비용으로 인정받을 수 없기 때문입니다.

물론 조합원이 10인 이하인 소규모 협동조합이라면 반기별, 즉 6개월에 1번씩 신고·납부하도록 편의를 제공해주고 있습니다.

조합원은 매월 또는 반기별로 뗀 갑근세(갑종근로소득세)를 모두 합한

[도표 7-2] 근로소득간이세액표

월급여액(천 원) [비과세 및 학자금 제외]		공제대상가족의 수									
이상	미만	1	2	3	4	5	6	7	8	9	10
2,980	2,990	82,710	65,210	31,120	25,870	20,620	16,570	13,200	9,820	6,450	3,070
2,990	3,000	83,560	66,060	31,450	26,200	20,950	16,790	13,410	10,040	6,660	3,290
3,000	3,020	84,850	67,350	32,490	26,690	21,440	17,100	13,730	10,350	6,980	3,600
3,020	3,040	86,560	69,060	34,140	27,350	22,100	17,530	14,150	10,780	7,400	4,030

금액과 연말에 있을 근로자의 '연말정산제도'를 통한 금액을 비교해서 근로소득세를 정산합니다. 매월 개략적으로 뗀 갑근세를 합한 금액과 정확히 계산한 연말정산 금액을 비교해 적으면 근로소득세를 더 내고, 많으면 초과 금액을 국가로부터 환급받게 됩니다.

● 갑근세와 연말정산의 관계

그렇다면 앞에서 예로 든 나축산 씨의 2019년 11월 급여명세서를 한번 들여다보도록 하겠습니다. 37세 나축산 씨는 자녀 2명을 두고, 연봉이 3,600만 원 정도이며, 협동조합의 과장임을 염두에 두고 [도표 7-3]의 급여명세서를 보도록 하겠습니다(부양가족은 본인 포함 4명임).

나축산 씨가 받는 매월 총 급여는 300만 원이지만, 실질적으로는 4대 보험과 갑근세를 제외한 270만 원 정도를 수령하게 됩니다. 매월 뗀 갑근세는 정확하지 않고 개략적인 것으로 다음 해인 2020년 2월에 연말정산을 통해 2019년 1년 동안 낸 갑근세(2만 6,690원×12개월=32만 280원)와 연말정산을 통한 금액을 비교해 추가로 갑근세를 납부하거나 아니면 환급을 받게 됩니다.

[도표 7-4]에서와 같이 나축산 씨가 환급을 받는 경우 12만 280원(32만 280원-20만 1,200원=12만 280원)을 수령받게 되겠지만, 만약 추가 납부해야 하는 경우라면 8만 3,470원(32만 280원-40만 3,750원=-8만 3,470원)을 추가로 납부해야 합니다. 이처럼 월급쟁이들은 다음 해 2월

구분	구성내역	급액	비고
총 급여	급여	300만 원	연봉에서 12개월로 나눈 매월 평균액의 급여금액임
	비과세	–	식대나 차량보조금 등 기타 금액은 없다고 가정함
	합계표	300만 원	
4대 보험	건강보험	9만 6,900원	사업주와 사용인이 각각 3.23% 부담
	국민연금	13만 5천 원	사업주와 사용인이 각각 4.5% 부담
	고용보험	1만 9,500원	사용인은 0.65% 부담, 사업주는 업종별로 달라짐
	산재보험	–	전액 사업주 부담으로 업종별로 달라짐
	장기요양보험	4,123원	건강보험료(9만 6,900원)에서 사업주와 사용인이 8.51% 부담
	공제 합계	25만 5,523원	
갑근세 및 주민세	갑근세(소득세)	2만 6,690원	
	주민세	2,670원	갑근세의 10%가 주민세임
	공제합계	2만 9,360원	
급여 수령액		271만 5,117원	

에 연말정산 제도를 통해서 소득공제를 받을 수 있습니다.

이 제도는 매월의 급여에 대해 '4대 보험'과 '근로소득간이세액표에 의한 갑근세'를 뗀 후 다음 해 2월에 전년도 총 갑근세의 합과 연말정산을 통해 공제하고 남은 부분의 금액을 비교해, 갑근세를 과다 납

[도표 7-4] 나축산 씨의 갑근세와 연말정산 금액 비교

구분	1년간의 갑종근로소득세	비교	연말정산을 통한 금액
1~12월의 근로소득세	32만 280원	= (같음)	32만 280원
	32만 280원	> (환급)	20만 1,200원
	32만 280원	< (납부)	40만 3,750원

부했으면 환급을 해주고 적게 냈으면 추가 납부를 하게끔 정산해주는 제도입니다. 즉 근로자가 연말정산제도를 통해 더 많은 소득공제를 적용받으려면 자신에게 맞는 공제요건을 확인해 증빙요건을 갖춰야만 지금까지 낸 갑근세를 되돌려 받을 수 있습니다.

일용직 직원의 원천세신고는 어떻게 하나요?

Q 일용직 직원의 원천세신고는 어떻게 하나요?

A 일용직이라 하더라도 3개월 이상 근무한다면 4대 보험을 떼고 신고·납부해야 하며, 매 분기마다 지급조서를 관할 세무서에 신고 하면 됩니다.

일반적인 종업원(조합원)의 근로소득은 종합소득과세표준에 합산하지만, 일용근로자의 급여는 원천징수로써 과세를 종결합니다. 일용근로자란 근로를 제공한 날이나 시간에 따라 근로대가를 지급하거나, 근로를 제공한 날 또는 시간의 근로성과에 따라 급여를 계산하는 근로자입니다. 근로계약에 따라 동일한 고용주에게 3개월(건설업 종사자의 경우는 1년, 하역작업 종사자는 근로시간 제한 없음) 이상 계속해서 고용되어 있지 않은 자를 말합니다.

[도표 7-5] 월별 일용직대장

<table>
<tr><td colspan="20" align="center">_____10_____월 일용직대장</td></tr>
<tr><td colspan="20" align="right">업체명 : 원앤원코리아(주)</td></tr>
</table>

이름	주민등록 번호	1	2	3	4	5	6	7	8	9	10	11	12	13	14	15	근로일수	단가
		16	17	18	19	20	21	22	23	24	25	26	27	28	29	30	31		
나최고	781225- 0000000		ㅇ	ㅇ		ㅇ	ㅇ	ㅇ							ㅇ	ㅇ		10일	10만 원
					ㅇ	ㅇ	ㅇ												

원천징수의무자(협동조합)는 일용근로자의 근로소득을 지급할 때 근로소득공제를 한 금액에 원천징수세율을 적용해 계산한 산출세액에서 근로소득세액공제를 한 소득세를 원천징수합니다. 일용근로자는 다음과 같이 구분합니다.

- 일반업종 근로자: 3개월 미만
- 건설업종 근로자: 1년 미만
- 하역작업 근로자: 근로 기간에 제한 없음

일용직 잡급의 경우 일용직 지급대장을 [도표 7-5]와 같이 작성합니다. 그리고 일용직명부 또는 일용직급여대장 등을 통한 일용직급여

[도표 7-6] 분기별 일용직지급조서의 제출일

대상기간	제출일	대상기간	제출일
1분기: 1월 1일~3월 31일	4월 30일	2분기: 4월 1일~6월 30일	7월 31일
3분기: 7월 1일~9월 30일	10월 31일	4분기: 10월 1일~12월 31일	다음 해 2월 28일

지급내역은 [도표 7-6]과 같이 분기별로 제출된 일용직지급조서상의 금액과 비교해볼 수 있습니다.

〈일용근로자 산출세액 계산 방법〉

- 일급여액 − 근로소득공제(10만 원/일) = 과세표준
- 과세표준 X 세율(6%) = 산출세액
- 산출세액 − 근로소득세액공제(산출세액 X 55%) = 원천징수 세액

협동조합도 4대 보험에 가입해야 하나요?

Q 4대 보험이란 무엇인가요?

A 우리나라에서는 국민연금, 건강보험(장기요양보험 포함), 고용보험, 산재보험을 4대 보험이라고 합니다. 산재보험은 사업주만 부담하고, 나머지는 근로자와 사업주가 각각 반반씩 부담하고 있습니다.

협동조합을 시작하면서 직원이 있는 경우는 당연하거니와 직원이 없는 경우라도 4대 보험에 가입해야 합니다. 직원이 없는 경우에는 4대 보험 중 고용보험과 산재보험에 가입하지 않아도 되지만, 국민연금과 건강보험은 반드시 가입해야 합니다. 만약 신고를 하지 않는 경우라도 사업자등록을 신청하게 되면 국민연금관리공단이나 국민건강보험공단으로 통보가 되어 강제로 가입하게 됩니다.

[도표 7-7] 4대 보험

구분	근로자(직원)	사업주(사장)	총합
국민연금	총 급여의 4.5%	총 급여의 4.5%	총 급여의 9%
건강보험	총 급여의 3.23%	총 급여의 3.23%	총 급여의 6.46%
장기요양보험	건강보험의 4.255%	건강보험의 4.255%	건강보험의 8.51%
고용보험	총 급여의 0.65%	총 급여의 0.65%	총 급여의 1.3%
산재보험	-	업종별로 다름	업종별로 다름

직원이 1명이라도 있다면 지역가입이 아닌 직장가입을 하게 됩니다. 이때 부담하는 4대 보험에서 국민연금은 월 급여의 9%, 건강보험료는 6.46%, 고용보험료율은 1.3%, 산재보험료는 사업주만 부담하며 업종별로 보험료율을 달리 적용하고 있습니다.

4대 보험료를 근로자가 모두 부담하는 것은 아닙니다. 산재보험을 제외한 보험료의 반(1/2)은 사업주가 부담하고 나머지 반(1/2)은 근로자가 부담합니다.

● 4대 보험에 대해 알아보자

협동조합이 부담하게 되는 조합원(직원)의 4대 보험료는 대략 직원 급여의 8~10% 정도를 부담하므로 적은 금액이 아닙니다. 따라서 급여 책정 시 이를 신중하게 고려해야 합니다. 국민연금과 건강보험의 경우 급여를 지급한 날의 다음 달 10일까지 매달 납부하면 되고, 고용보험과 산재보험은 1년분을 일시에 납부하거나 분기별로 납부하면 됩니다. 고용보험과 산재보험은 다음 해 3월 말일까지 직전 연도의 납부할 보험료가 적정한지 산정해서 정산하는 과정을 거치게 됩니다.

4대 보험료 지원사업 '두루누리 사회보험'

'두루누리 사회보험' 사업은 저임금 근로자의 사회보험 사각지대를 해소하기 위해 국민연금과 고용보험의 보험료에서 일부를 지원하는 것을 주요 내용으로 합니다. 지원 기준인 10인 미만 소규모 사업장에서 월 급여가 210만 원 이하의 저소득자를 주 대상으로 하며, 전체 4대 보험료 중 일부를 지원해주는 제도입니다. 2018년 두루누리 사회보험 지원사업을 통해 신규지원자 즉, 2018년 1월 1일 이후 취득자로서 1년 이내 사업장 가입이력이 없는 자 및 최초가입자는 사업장 근로자가 5인 미만 시 90%, 5명 이상 시 80%를 지원하며, 1년 이내 사업장 가입이력이 있는 기존 사업자는 40%를 지원받을 수 있습니다.

4대 보험료를 줄이는 방안

조합원의 4대 보험료 중 절반은 협동조합이 부담하므로 부담이 되는 것이 사실입니다. 4대 보험료를 합리적으로 줄일 수 있는 방법은 다음과 같습니다.

첫째, 비과세가 적용되는 급여 부분을 최대한 줄여서 4대 보험을 책정할 수 있도록 해야 합니다. 고용보험과 산재보험은 급여의 총액에 대해 보험료가 산정되나, 국민연금이나 건강보험의 경우에는 급여에서 비과세되는 부분을 차감한 소득 부분에서 4대 보험이 적용되기 때문에 비과세를 최대한 많이 적용해서 신고하도록 해야 합니다. 급여의 비과세에는 식대, 자가운전보조금, 6세 이하 자녀의 출산·보육비용 등이 있습니다. 이러한 비과세 급여를 잘 활용하는 것도 4대 보험료를 절약하는 하나의 방안임을 잊지 말아야 합니다.

둘째, 4대 보험의 신고는 정확하게 바로 신고할 수 있도록 해야 합니다. 직원이 고용 또는 퇴사한 경우, 그리고 회사가 폐업을 한 경우에는 정확하고 신속하게 자격취득신고나 자격상실신고를 해야 합니다. 신고를 늦게 한 경우에는 불필요한 비용 등이 발생할 수 있기 때문에 직원의 입사·퇴직 시에는 될 수 있는 한 4대 보험 신고를 신속하게 처리해야 비용을 절감할 수 있습니다.

셋째, 협동조합의 조합장인 경우에도 사업장에서 4대 보험에 가입해야 합니다. 물론 60세 이상이라면 국민연금은 없으므로 그 외 건강보험 등을 사업장에서 가입하면 됩니다. 주의해야 할 것은 개인 사업을 하는 조합원일 경우 일정한 급여를 신고한 후 연간 소득을 종합해서 과세하는 종합소득세에 따라 추후 조합원의 국민연금이나 건강보험이 정산되기 때문에 종합소득세 신고에 주의해야 합니다.

예를 들어 조합원이 월 400만 원 정도의 급여를 신고해 4대 보험인 국민건강보험과 국민연금 등을 지급했다고 가정해봅시다. 그런데 다음 해의 종합소득세 신고에 따라 수익이 많이 발생해 연간 수익이 7,200만 원인 경우 월 소득이 600만 원 정도이므로 그 추가분인

월 200만 원에 대한 4대 보험인 국민건강보험 등을 추가로 납부하게 되므로 주의해야 합니다.

4대 보험 신고와 납부 방법

협동조합을 신규로 개업하거나 폐업한다면 사업장 가입신고 혹은 폐업신고를 해야 합니다. 또한 직원이 입사를 하거나 퇴사를 하는 경우에는 4대 보험 직장가입으로 자격취득신고 또는 자격상실신고를 해야 합니다. 4대 보험에 신고를 할 때는 사업장가입신고서와 자격취득신고서를 작성해 4대 공단 중 한 곳에 제출하면 됩니다.

4대 보험은 서로 연계되어 있기 때문에 한 공단에 신청하면 일괄적으로 신고됩니다. 일반적으로 건강보험증이 제일 필요하므로 건강보험관리공단에서 신청하면 됩니다. 국민연금이나 건강보험은 대략적인 급여에 따라 책정된 금액으로 매달 신고·납부하나, 고용보험 및 산재보험은 분납 또는 일시 납부하며 다음 해에 최종적으로 정산해서 납부하게 됩니다.

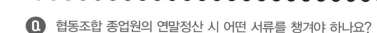

종업원의 연말정산은
어떻게 진행하나요?

Q 협동조합 종업원의 연말정산 시 어떤 서류를 챙겨야 하나요?

A 급여지급 시 일정 부분 세금을 떼는 부분을 갑종근로소득세라고
합니다. 이를 연말정산을 통해 1년의 급여를 총합해 정확하게 계
산한 후, 이전에 낸 세금과 비교해서 추가 납부하거나 환급받게
됩니다. 일반적으로 필요한 연말정산 소득공제신고 시 주민등록
등본과 신용카드사용명세서, 보험료증명명세서 등의 각종 증빙서
류가 필요합니다.

직장에서 월급을 받는 근로자들은 매월 급여 수령 시 4대 보험과
갑근세(갑종근로소득세)를 차감한 금액을 수령하게 됩니다. 매월 대략적
으로 납부한 갑종근로소득세를 연말정산을 통해 산출한 정확한 갑종
근로세와 비교해 과부족을 정산하는 것이 연말정산제도입니다.

근로소득을 지급하는 자(원천징수 의무자)는 다음 해 2월분 급여를 지
급할 때 직전 1년간의 총 급여액에서 세법에서 공제되는 비과세급여를

차감하고 각 근로자가 제출한 소득공제신고서에 의해 각종 소득공제 및 세액공제액을 차감해 근로자별로 지급해야 할 근로소득세를 확정합니다. 원천징수 의무자는 근로자별로 연말정산에 의해 확정된 연간 부담할 세액과 매월 급여지급 시에 간이세액표에 의해 이미 원천징수 납부한 세액을 비교해 많이 징수했다면 환급해주고 덜 징수했다면 추가로 징수합니다.

● 연말정산제도

일반적으로 근무지가 한 곳인 경우에는 그 사업장에서 연말정산을 수행하면 되나, 근무지가 두 곳 이상인 경우에는 주된 근무지를 신고해야 합니다. 신고한 주된 근무지에서 종된(이전) 근무지의 급여를 합산해서 연말정산을 하면 됩니다. 중도에 직장을 옮겼다면 전 근무지의 근로소득원천징수영수증과 소득자별 근로소득원천징수영수증 사본을 현재 근무하는 근무지에 제출하면 됩니다. 직장을 옮기면서 퇴직금을 수령한 경우에는 퇴직소득세를 신고·납부해야 합니다.

사업을 수행하는 조합원인 경우 사업자는 사업을 통해 벌어들인 소득에 대해서 종합소득세를 부담해야 합니다. 이때 개인사업자가 사업소득금액뿐만 아니라 이자소득, 배당소득, 부동산임대소득, 근로소득, 기타 소득, 연금소득 등이 있는 경우에는 이를 모두 합산해서 초과누진세율(6~42%)로 종합소득세를 계산합니다.

[도표 7-8] 소득공제신고서 구비서류

구분		구비서류
기본공제		주민등록표등본·호적등본(부양대상 직계존속이 주거를 함께하지 않는 경우에 제출)·수급자증명서 등
추가 의료비공제		장애인증명서 또는 장애인등록증(수첩) 사본
특별 세액 공제	보험료	보험료납입증명서·보험료납입영수증 또는 보험증권 사본
	의료비	• 의료비지급명세서 및 영수증 　가) 의료기관·약사 등이 확인한 것 　나) 안경 등의 경우에는 안경사가 확인한 것 　다) 보청기·장애인 보장구의 경우에는 판매자가 확인한 것 • 국민건강보험공단 이사장이 발행하는 의료비부담내역서
	교육비	• 교육비납입증명서·보험료납부영수증·취학 전 아동의 학원교육비(수강료)납입증명서, 장애인특수교육비납입증명서 • '사회복지사업법'에 따른 사회복지시설, 보건복지부장관으로부터 장애인 재활교육시설로 인정받은 비영리법인 또는 이와 유사한 외국시설임을 입증할 수 있는 서류 • 국외유학인증서 등 '국외유학에 관한 규정'에 따른 자비유학자격을 입증할 수 있는 서류
	주택자금	주택마련저축납입증명서·주택자금상환증명서·장기주택저당차입금이자상환증명서·주민등록표등본
	기부금	기부금명세서 및 영수증(발급기관이 기부자의 성명, 기부금액 및 기부일자 등 기부내역을 기재하고 이를 확인한 것에 한함)
(개인)연금저축공제		(개인)연금저축납입증명서 또는 (개인)연금저축통장 사본
투자조합출자공제		출자 등 소득공제신청서, 출자 또는 투자확인서
신용카드소득공제		신용카드 등 사용금액확인서, 학원수강료 지로납부영수증(확인서)
기타 공제		기타 공제 관련 서류

[도표 7-9] 종합소득공제 내용

구분			구비서류
인적공제	기본공제	본인	당해거주자
		배우자	거주자의 배우자로 연간소득금액이 100만 원 이하
		부양가족	20세 이하 또는 60세로 연간소득금액이 100만 원 이하
	추가공제	경로우대자 공제	70세 이상인 경우에는 100만 원
		장애인 공제	장애인인 경우에는 1인당 200만 원
		자녀양육비 공제	6세 이하의 직계비속인 경우에는 1인당 100만 원
		부녀자 공제	배우자가 있는 여성(맞벌이 부부)인 경우 또는 배우자 없는 여성으로 부양가족이 있는 세대주인 경우 1인당 50만 원
연금보험료 공제			국민연금보험료 전액 공제
물적공제 (특별공제)	근로자인 경우		항목별 공제와 표준공제(100만 원) 중 선택 가능
	근로자 이외의 경우		기부금 특별공제와 표준공제(60만 원, 성실사업자의 경우 100만 원)
연금저축 등			연금 300만 원을 한도로 불입액을 공제

협동조합과 같은 법인이라면 과세기간을 선택할 수 있지만, 강제적으로 1월 1일부터 12월 31일까지 사업을 통해 벌어들인 소득에 대해서는 사업소득금액을 구해야 합니다. 사업소득금액은 총수입금액에서 각종 필요경비를 차감하고 난 후의 금액을 말합니다.

사업소득금액 이외에 다른 소득은 없다고 가정을 하면 사업소득금액은 종합소득금액이 될 것입니다. 종합소득금액에서 종합소득공제를 빼면 종합소득과세표준이 됩니다. 동일한 사업을 통해 동일한 수익을 얻는다고 하더라도 사업주의 각종 소득공제 요건에 따라서 종합소득세가 달라질 수 있습니다. 일반적으로 사업주가 많은 공제를 적용받을 수 있는 부분은 인적공제이며, 물적공제(특별공제)는 근로소득자에 비해서 공제받을 수 있는 부분이 거의 없습니다.

● 종합소득공제

인적공제 중 기본공제

소득세법에서의 인적공제는 부양가족이 많은 경우 각종 생활비로 들어가는 비용이 많아지는 것을 감안해서 부양가족 1인당 150만 원씩 공제를 해주나, 일정한 요건을 충족해야 합니다.

본인은 당연한 공제 대상이고 배우자의 경우 생계를 달리 하더라도 공제대상이 됩니다. 다만 연각소득금액이 100만 원 이하여야 합니다. 여기서 말하는 소득금액이란 종합소득금액, 양도소득금액, 퇴직소득금액을 의미하고, 필요경비 성격의 공제를 차감한 소득금액임에 주의해야 합니다. 부모의 경우에는 60세 이상이어야 하며, 자녀의 경우에는 20세 이하의 자녀가 공제대상이 됩니다. 물론 연간소득금액이 100만 원 이하여야 합니다. 요즘에는 재혼도 많은 것을 고려해서, 사실혼

이 아닌 법적으로 재혼했다면 그 자녀와 부모까지도 기본공제 대상자
가 될 수 있습니다.

인적공제 중 추가공제

추가공제란 기본공제 대상자 가운데 일정 요건을 충족할 경우에 추가
로 공제를 해주는 것입니다. 기본공제 대상자 중 70세 이상의 경로우대
자라면 100만 원을 경로우대자 공제로 적용받을 수 있습니다. 장애인인
경우에는 1인당 200만 원을 추가로 공제해주며, 6세 이하의 자녀가 있
는 경우에는 자녀양육비 공제 100만 원을 추가로 공제해주고 있습니다.
장애인이나 6세 이하의 경우 실질적으로 비용이 많이 들어가는 것을 감
안해 추가공제를 해주고 있습니다.

배우자가 있는 여성(맞벌이 부부)이거나 배우자 없는 여성이라도 부양
가족이 있는 세대주라면 부녀자 공제라고 해서 연간 50만 원을 추가로
공제해주고 있으며, 한부모 공제는 100만 원이므로 중복적용이 되지
않기 때문에 큰 금액인 한부모 공제 100만 원을 받을 수 있습니다.

연금보험료 공제

종합소득금액이 있는 사람 중 국민연금 등의 공적 연금을 납부한
경우에는 전액에 대해서 공제를 해주고 있습니다. 다만 자동차보험이
나 생명보험 등의 경우에는 일정한 요건 수령 시 보험료 공제가 100만
원 한도에서 가능하나, 근로자가 아닌 사업자의 경우에는 이러한 공제
혜택을 적용받을 수 없습니다.

특별세액공제

근로자의 경우에는 각종 항목별 세액공제(보험료, 의료비, 교육비, 주택자금, 기부금, 신용카드 사용)와 표준세액공제(연간 12만 원, 장애인의 경우 연간 15만 원) 중 선택해서 세액공제를 더 많이 받을 수 있도록 하고 있습니다. 하지만 사업자의 경우에는 기부금 공제를 적용받을 수 있습니다. 따라서 사업자의 경우에는 공제받을 수 있는 세액공제의 혜택은 크지 않습니다. 기부금의 경우에는 사업소득금액 계산 시 필요경비로 보는 방안과 기부금 공제를 적용받는 방법 중 선택할 수 있습니다. 이러한 기부금은 연말에 기부금 납입증명서를 받아 첨부하면 인정받을 수 있습니다.

[도표 7-10] 종합소득세율

종합소득과세표준 구분	4단계 누진세율	누진공제액
1,200만 원 이하	6%	–
1,200만 원 초과 4,600만 원 이하	15%	108만 원
4,600만 원 초과 8,800만 원 이하	24%	522만 원
8,800만 원 초과 1억 5천만 원 이하	35%	1,490만 원
1억 5천만 원 초과 3억 원 이하	38%	1,940만 원
3억 원 초과 5억 원 이하	40%	2,540만 원
5억 원 초과	42%	3,540만 원

연금저축 등에 대한 공제

　조세특례제한법이 정한 요건을 충족하는 연금저축에 가입한 경우에는 연간 300만 원 한도에서 연금저축불입액에 대해 소득공제를 적용받을 수 있습니다.

● 종합소득세 계산법을 알아보자

　종합소득금액에서 종합소득공제를 차감한 금액이 종합소득과세표준입니다. 7단계 초과 누진세율로 종합소득산출세액을 구할 수 있고, 각종 세액공제와 감면을 적용받아 종합소득세를 산출할 수 있습니다.

직원 퇴직금 정산은
어떻게 하나요?

Q. 협동조합의 종업원 퇴직금은 어떻게 산출하나요?

A 근로기준법상 1년 동안 받은 평균임금(퇴직 직전 3개월 급여의 평균)의 30일분의 급여를 퇴직금으로 정산해서 근속연수에 따라 산정해 지급합니다. 사규에 따른 근로계약서에 규정된 퇴직금을 지급하는 경우도 있습니다.

직원이 퇴직을 한 경우에는 퇴직금을 정산해서 지급해야 합니다. 근로기준법에 의하면 상시근로자 수가 5인 이상인 사업장에서 1년 이상 계속 근로한 경우에 사업주는 계속근로연수 1년에 대해 평균임금의 30일분을 퇴직금으로 반드시 지급해야 합니다. 여기서 평균임금이란 퇴직하기 직전 3개월간의 지급 금액을 그 기간의 총 일수로 나눈 금액으로 기본금, 연장수당, 상여금, 연월차수당 등을 모두 합한 금액을 말합니다.

구분	상시 직원이 5인 이상	상시 직원이 5인 미만
근로연수가 1년 이상	근로기준법에 의한 퇴직금	근로기준법에 의한 퇴직금은 없음. 다만 근로계약서에 퇴직금 약정이 있으면 퇴직금을 정산해야 함
근로연수가 1년 미만	근로기준법에 의한 퇴직금은 없음. 다만 근로계약서에 퇴직금 약정이 있으면 퇴직금을 정산해야 함	

● 퇴직금은 어떻게 정산할까?

상시근로자 수는 사장을 제외한 아르바이트, 정규직, 계약직에 상관없이 모두 포함해서 5인 이상을 말합니다. 반면에 근로연수가 1년 미만인 경우에는 원칙적으로 퇴직금이 없습니다.

따라서 직원이 5인 이상의 사업장인 경우에는 근로계약 시 별도의 약정이 없더라도 근로기준법에 의거해서 퇴직금을 받을 수 있으나, 직원이 5인 미만인 사업장의 경우에는 근로계약 시 별도의 약정이 없는 한 근로자는 퇴직 시에 퇴직금에 관한 법적 권리를 행사할 수 없습니다. 그러므로 반드시 근로계약서의 약정 내용을 정확히 확인해야 불이익을 당하지 않습니다.

근로기준법에 의한 법적퇴직금 계산

> 퇴직금(법적퇴직금) = 계속근속연수(재직일수 × 1/365) × 30일분 평균임금

예를 들어 급여가 매월 250만 원이고, 퇴직 직전 3개월간의 급여총액이 750만 원이며(90일 기준), 근속연수는 4년 2개월인 경우(1,521일)에 법적퇴직금은 얼마일까요?

매일의 평균임금은 '750만 원/90일=8만 3,333원'이므로 법적퇴직금은 '1,520일/365일×8만 3,333원×30일=1,441만 917원'이 됩니다.

퇴직 직전 3개월간 지급받은 급여총액은 퇴사일을 기준으로 역산해서 3개월간 받는 세금공제 전의 임금을 말하는 것으로, 아직 수령하지 않은 미지급된 급여를 말합니다. 상여금은 연간 지급액의 3개월분을 총 급여에 포함해야 하며, 미지급된 상여금과 연차수당도 포함됩니다.

◉ 퇴직소득세를 알아보자

㈜고구려에 7년 2개월간 근로했던 광개토 씨는 퇴직금으로 3,500만 원을 받았습니다. 퇴직금 중 퇴직급여지급규칙, 취업규칙 또는 노사합의에 의하지 않고 재직기간 중 특별한 공로로 인해 지급받은 금액 500만 원이 포함되어 있습니다. 그러나 광개토 씨는 퇴직금 3,500만 원 모두를 수령하는 것이 아니라 일정한 퇴직소득세를 제외하고 퇴직금을 수령하게 됩니다. 광개토 씨가 수령하게 될 퇴직금은 [도표 7-12]를 참고해 계산할 수 있습니다.

구분		금액
퇴직소득금액		3천만 원
(−) 퇴직소득공제	급여비례공제	(−) 1,200만 원
	근로연수공제	(−) 300만 원
(=) 퇴직소득 과세표준		1,500만 원
(=) 퇴직소득 산출세액		90만 원
(=) 퇴직소득 결정세액		90만 원

※ 세율: 연분연승법에 의한 퇴직세율

퇴직소득금액

퇴직금 외에도 퇴직급여지급규칙·취업규칙 또는 노사합의에 의해 지급받은 퇴직수당이나 퇴직위로금 등 이와 유사한 성질의 급여와, 사용자가 30일 전에 예고를 하지 않고 근로자를 해고하는 경우 근로자에게 지급하는 근로기준법에 의한 해고예고수당은 모두 퇴직금에 포함됩니다. 하지만 퇴직급여지급규칙, 취업규칙 또는 노사합의에 의하지 않고 재직기간 중 특별한 공로로 인해 지급받은 금액은 퇴직금으로 보지 않습니다.

퇴직소득공제 중 급여비례공제

퇴직금은 장기간의 근로에 의해 형성된 재산으로 일시의 퇴직으로 인한 고율의 세율이 적용됩니다. 그래서 결집효과를 막기 위해 퇴직소득금액의 40%를 급여비례공제로 차감해주고 있습니다.

[도표 7-13] 근속연수공제 계산 방법

근속연수	공제액
5년 이하	30만 원 × 근속연수
5년 초과 10년 이하	150만 원 + 50만 원 × (근속연수 - 5년)
10년 초과 20년 이하	400만 원 + 80만 원 × (근속연수 - 10년)
20년 초과	1,200만 원 + 120만 원 × (근속연수 - 20년)

급여비례공제 계산 방법

급여비례공제액 = 퇴직급여액 × 40%

퇴직소득공제 중 근속연수공제

근속연수공제란 장기간 근무를 한 경우에 근속연수에 따라 퇴직급여공제를 해주는 것을 말합니다. 다만 근속연수가 1년 미만인 경우에는 1년으로 계산합니다.

퇴직소득산출세액(결정세액)

퇴직소득은 장기간에 걸쳐 발생한 소득에 대해 일시 과세함으로써 결집효과를 완화하기 위해 연분연승법으로 퇴직소득세를 산출합니다.

언론사 협동조합 AP통신

AP통신(Associated Press)은 전 세계 300개 이상의 지국에서 2,700명의 직원이 일하고 있는 글로벌 언론사입니다. 미국 내 1,400여 개 이상의 언론사가 회원으로 참여해 뉴스의 수집과 전송이라는 공동의 이익을 위해 발행 부수에 따라 경비를 부담하고 운영하는 협동조합입니다. 각 언론사 회원들은 이사회를 구성·운영하고 있고 일부 언론에 의해 편향된 보도를 방지하기 위해 '뉴스 레지스트리(news registry)' 제도를 실시하고 있습니다.

1848년에 유럽에서 들어오는 선박에서 선원들이 가져다주는 유럽의 새로운 소식을 공동으로 취재하기 위해 결성한 '항구뉴스협회(Harbor News Association)'가 AP통신의 기원입니다. 그러나 똑같은 정보를 얻기 위해 많은 신문사가 이중·삼중으로 비용을 내고 있다는 사실을 깨달아 비용을 절약하고 더 효율적인 정보를 공유하기 위해 '뉴욕 AP'라는 공동의 회사를 만들었고, 지금은 AP통신으로 개칭되어 운영되고 있습니다.

현재 전 세계적으로 유명한 5대 통신사로 자리 잡은 AP통신은 121여 개국 수천 개의 매체에 문자, 사진, 그래픽, 음성, 영상 형태로 뉴스를 제공하고 있습니다. 특히 사진 부문에서는 30여 개의 상을 받고 퓰리처상을 49번 수상할 정도로 전문성을 인정받고 있습니다.

8장

협동조합 관련 기본법, 정확하게 살펴보자

2012년도에 8가지로 별도로 나뉘어 있던 협동조합법을 통합해 협동조합기본법을 새로 제정했습니다. 협동조합의 설립뿐만 아니라 설립 이후의 관리와 운영에 있어서 협동조합의 법인격, 설립 등기, 의결권, 적립금, 해산 등의 기본적인 내용을 정확하게 인지하는 것이 필요합니다.

왜 협동조합기본법이 중요한가요?

Q. 협동조합기본법이란 무엇인가요?

A. 협동조합의 기본이 되는 법으로, 2012년에 8개로 흩어져 있던 협동조합법을 통합해 재정비한 것입니다.

2008년 국제금융위기 이후에 협동조합은 새로운 경제주체로서 대안적 경제모델로 주목받고 있습니다. 이는 협동조합이 이용자의 소유 기업으로써 단기적인 이윤 추구보다는 '상생'이라는 목적과 협력, 그리고 장기적인 이익에 관심을 두어 안정적인 경영이 가능하고 인적자원을 중심으로 운영되므로 일자리 확충과 고용 안정에 기여할 수 있다는 점에서 비롯된 것이라 할 수 있습니다.

또한 사회 양극화와 빈부 격차 등 사회 갈등 요인을 치유하고 공생 발전할 수 있는 포용적인 새로운 시장경제의 발전을 모색할 필요가 있는데, 협동조합은 새로운 경제사회 발전의 대안으로 인식되고 있습니다.

● 협동조합에 대한 필요성 증가

자본주의 경제의 취약점을 보완하는 협동조합의 잠재력과 발전 가능성, 새로운 경제 성장의 추동력으로써 중요성을 인식한 UN총회는 2012년을 '세계 협동조합의 해'로 지정하는 결의문(2009년 UN 136호 결의문 'Resolution 64/136. Cooperatives in social development')을 채택하고 협동조합의 발전을 위한 법·제도 정비를 권장하고 있습니다. 이러한 시대적 추세에 대응해 협동조합을 활성화함으로써 새로운 사회통합적인 경제모델을 우리 사회에 구축할 필요성이 높아지게 되었습니다.

협동조합은 '1인 1표 의결권'을 바탕으로 '공동으로 소유하고 민주적으로 운영되는 사업체'를 통해 '공동의 경제적·사회적·문화적 필요와 욕구를 충족시키기 위해 자발적으로 모인 사람들의 자율적 단체'입니다. 협동조합기본법은 이러한 협동조합의 성격에 부합하는 법인격을 별도로 창설함으로써 우리 사회에 필요한 다양한 협동조합의 설립을 활성화하는 데 입법 목적이 있습니다.

● 국내 입법 미비에 대한 보완

협동조합기본법은 농업협동조합법 등 기존 8개의 개별법 체제에 포괄되지 못하거나, 상법에 의한 회사 설립이 어려운 생산자·소비자 중심의 협동조합들이 독립된 법인격을 갖추어 경제적 활동이 가능하도록 했습니다.

또한 취약계층에 대한 사회서비스 또는 일자리 제공, 지역사회의 공헌활동을 수행함으로써 정부의 복지 기능을 보완하고 일자리 창출 등 경제 전반에 새로운 활력을 불어넣는 토대를 구축하기 위해서 사회적 협동조합을 별도로 규정해서 새롭게 도입했습니다. 이는 자활운동·돌봄노동 등 공익적인 역할을 수행하는 4천여 협동조합 지향 단체에 대해 법인격을 부여하고 협동조합 활동을 체계화·활성화하는 토대가 될 것입니다.

우리나라의 경우 1957년 농업협동조합법 제정 이후 1차 산업 위주로 협동조합 활동이 시작되었으나, 민간 주도의 자생적이고 자율적인 발전을 충분히 이루지 못했습니다. 협동조합으로서의 법인격을 요구하는 많은 관련 단체들을 수용할 수 있는 법률적 근거 역시 없었습니다.

또한 협동조합에 대한 전반적인 정책을 수행할 총괄부서와 협동조합의 실태에 대한 파악이 제대로 이루어지지 않아 협동조합을 활성화하기 어려운 상황이었습니다. 이에 협동조합기본법은 협동조합의 설립·운영에 관한 기본적인 원칙을 규정하는 기본법으로 그동안의 입법적 미비를 정비하고, 자주적·자립적·자치적인 협동조합 활동을 촉진함으로써 사회통합과 국민경제의 균형 있는 발전에 기여하고자 하는데 의의가 있다고 할 수 있습니다.

협동조합기본법의 주요 내용은 무엇인가요?

Q 협동조합기본법의 주요 내용은 무엇인가요?

A 협동조합의 설립과 운영에 관한 모든 내용이 포함되어 있습니다. 협동조합의 법인격, 설립등기, 의결권, 적립금, 해산 등 협동조합의 설립과 운영에 관한 기본적인 내용을 다루고 있습니다.

협동조합을 설립한 이후에는 설립 목적에 맞게 잘 관리하며 운영하는 것이 중요합니다. 협동조합을 올바르게 관리·운영하기 위해서는 협동조합기본법을 잘 알아야 합니다. 협동조합 설립등기 시, 조합총회에서의 의결권 행사 시, 수익의 적립금 적립 시, 해산과 관련된 각 기본적인 법규를 반드시 인지하고 있어야 협동조합을 올바르게 운영하고 관리할 수 있습니다.

[도표 8-1] 일반 협동조합과 사회적 협동조합 비교

	일반 협동조합	사회적 협동조합
법인격	(영리)법인	비영리법인
설립	시도지사 신고	기획재정부(관계중앙행정기관) 인가
사업	• 업종 및 분야 제한 없음 • 금융 및 보험업 제외	공익사업 40% 이상 수행 • 지역사회 재생, 주민 권익 증진 등 • 취약계층 사회서비스, 일자리 제공 • 국가·지자체 위탁사업 • 그 밖의 공익증진 사업
법정적립금	잉여금의 10/100 이상	잉여금의 30/100 이상
배당	배당 가능	배당 금지
청산	정관에 따라 잔여재산 처리	비영리법인·국고 등 귀속
감독	법령 위반 시 벌칙·과태료 부과 (기타 내용은 상법 등에서 준용)	• 필요 시 기획재정부장관(관계중앙 행정 기관의 장)이 업무 상황, 장부, 서류 등 검사 • 인가 요건 위반 시 인가 취소

● 협동조합의 설립 목적에 따른 법인격

협동조합은 조합원의 복리를 증진하고 지역사회에 공헌하기 위한 사업조직으로 경제·사회·문화 등 모든 분야에서 설립 가능합니다. 영리를 목적으로 하는 협동조합과 협동조합연합회는 법인이고, 영리를 목적으로 하지 않는 사회적 협동조합과 사회적 협동조합연합회는 비영리법인입니다.

◉ 협동조합의 설립요건 및 책무

협동조합은 시·도지사에 신고해 설립할 수 있고, 사회적 협동조합은 기획재정부(관계 중앙행정기관)장관의 인가로 설립될 수 있습니다. 협동조합 및 사회적 협동조합 등은 조합원 및 회원에 대한 교육·훈련 및 정보 제공을 적극적으로 수행하고 다른 협동조합과의 상호협력 증진을 위해 노력해야 합니다.

협동조합 정책 추진 체계

협동조합의 주무부처는 기획재정부이고 기획재정부장관은 관계 중앙행정기관의 장과 협의해 협동조합정책을 총괄 조정합니다. 그리고 3년 주기로 실태조사를 실시합니다. 정책 총괄, 기본계획 수립 및 인가, 감독 등에 관한 사항의 협의·조정 등을 위해 필요한 사항은 대통령령으로 정합니다.

협동조합의 날

매년 7월 첫째 토요일은 '협동조합의 날'입니다. 협동조합의 날 이전 1주간은 협동조합 주간으로 국가와 지방자치단체가 협동조합의 날의 취지에 적합한 행사 등 사업을 실시하도록 노력해야 합니다.

다른 법률과의 관계

기존 8개 협동조합 관련 개별법에 의해 설립되었거나 앞으로 설립

될 협동조합에 대해서는 협동조합기본법이 적용되지 않습니다. 또한 불공정거래행위 등 일정한 거래 분야에서 부당하게 경쟁을 제한하는 경우가 아닌 한, 대통령령으로 정하는 요건에 해당하는 협동조합 및 사회적 협동조합 등의 행위에 대해서는 '독점규제 및 공정거래에 관한 법률'을 적용하지 않습니다.

협동조합 운영

조합원은 협동조합의 가입과 탈퇴에 대한 자유가 보장됩니다. 조합원은 출자좌수에 관계없이 1개의 의결권 및 선거권을 가지며, 탈퇴나 제명 시 지분환급청구권(사회적 협동조합의 경우 출자금환급청구권)을 갖습니다. 기타 협동조합의 운영을 위해 필요한 사항은 정관·규약·규정으로 정하도록 하며, 총회·대의원·이사회·임원·감사 등 협동조합의 기관에 대해 필요한 사항을 규정했습니다.

사업 분야

협동조합의 설립 목적 달성에 필요한 사업들을 자율적으로 정관을 정하도록 하되, 금융업과 보험업은 영위할 수 없도록 합니다. 협동조합 운영은 관계법령이 정하는 바에 따라 적법하고 타당하게 시행되어야 합니다.

소액대출 및 상호부조

일반 협동조합은 금융 및 보험업을 금지하고 있으나, 사회적 협동조합은 상호 간의 복리 증진을 위해 정관이 정하는 바에 따라 주 사업 이외의 사업에 대한 소액대출 및 상호부조사업이 가능합니다. 다만 소액대출은 납입출자금 총액의 2/3, 상호부조는 납입출자금 총액의 한도 내에서 할 수 있습니다.

잉여금 적립 및 배당

협동조합의 잉여금에서 10/100 이상을 법정적립금으로 적립할 수 있습니다. 또한 적립금 등을 적립한 이후에 이용실적 및 납입출자 금에 대한 배당이 가능합니다. 사회적 협동조합은 잉여금의 30/100 이상을 법정적립금으로 적립해야 하며, 배당이 불가능합니다.

합병·분할·해산·청산

협동조합의 합병·분할 및 해산에 관한 요건 절차와 협동조합의 청산 절차를 규정하고, 잔여 재산은 정관이 정하는 바에 따라 처리하도록 했습니다.

사회적 협동조합의 경우에는 상급 사회적 협동조합연합회, 비영리법인, 공익법인, 국고 등에 귀속해야 합니다.

주요사항 등기

협동조합의 설립, 지사무소의 설치·이전·변경·합병·해산 및 청산 등 주요 사항은 등기해야 합니다.

협동조합연합회

협동조합들은 설립 요건을 갖추어 기획재정부장관에게 신고함으로써 협동조합연합회를 설립할 수 있습니다. 조합원 수·연합회 사업참여량 등 정관으로 정하는 바에 따라 회원의 의결권 및 선거권을 차등 부여할 수 있습니다.

또한 협동조합연합회의 사업은 정관으로 정합니다. 아울러 협동조합연합회의 설립·회원·기관·사업·회계 및 합병·분할·해산·청산에 관해 필요한 사항은 협동조합에 관한 규정을 준용합니다.

감독 및 벌칙

사회적 협동조합의 설립 절차, 협동조합 사업에 대한 기획재정부장관의 감독권 및 시정조치권, 설립인가 취소, 청문 등에 대한 근거 조항을 규정하고 있습니다. 또한 별도로 협동조합 등이 의무 위반 시 벌칙을 부과하고 있습니다.

제1장 총칙	
법인격	협동조합을 '법인'으로 하고 사회적 협동조합은 '비영리법인'으로 규정 (제4조)
정책	• 재정부가 협동조합정책을 총괄하고 기본 계획을 수립(제11조) • 3년 주기의 협동조합 실태조사 실시·국회 보고(제11조) • 협동조합 활성화를 위해 협동조합의 날 제정(제12조)
타법과의 관계	• 타법에 따라 설립된 협동조합 등에 대해서는 통법 적용 배제 • 제한적 공정거래법 적용배제(제13조)
제2장 협동조합	
의결·선거권	출자좌수에 관계없이 1개의 의결권 및 선거권을 가짐 ⇨ 1인 1표 (제23조)
설립 등록	5인 이상 협동조합 설립 시 시·도지사에게 신고(제15조)
적립금	잉여금 10/100 이상 적립 등(제50조)
해산	해산 시 잔여재산을 정관이 정하는 바에 따라 처분(제59조)
제3장 협동조합연합회	
설립 등록	협동조합연합회 설립 신고(기재부장관)(제71조)
의결·선거권	협동조합연합회의 의결권은 협동조합의 조합원 수, 연합회 사업참여량 등을 기준으로 함(제75조)
제4장 사회적 협동조합	
설립인가	• 사회적 협동조합은 기재부장관 인가로 설립(제85조) • 설립 절차, 사업, 소액대출 등을 협동조합과 구분(제86~88조, 제93~95조)
적립금	잉여금의 30/100 이상 적립 등(제97조)
소액대출	사회적 협동조합은 총 출자금 범위 내에서 조합원을 대상으로 하는 소액대출 및 상호부조 가능(제94조)
해산	사회적 협동조합의 경우 국고 등에 귀속(제104조)
제5장 사회적 협동조합연합회	
설립인가	사회적 협동조합연합회 설립 인가(기재부장관)(제114조)
제6장 보칙 제7장 벌칙	
벌칙	의무 위반사항에 대한 벌칙을 규정(제117~119조)

협동조합기본법의
기대 효과는 무엇인가요?

Q 협동조합기본법의 운영으로 기대되는 효과는 무엇인가요?

A 협동조합기본법을 통해 사회 저변에 있는 소외계층의 일자리를 창출하고, 복지혜택에 큰 역할을 할 수 있을 것으로 기대하고 있습니다.

협동조합에 대한 법인격 부여가 쉬워지기 때문에 저소득계층의 일자리 창출과 서민지역경제의 활성화, 대학생의 창업, 육아·노인·장애인 등에 대한 복지사업 등으로 사회안전망을 확충할 수 있습니다. 더 나아가 소상공인 지원, 기초수급자 및 차상위층의 일자리 창출 등 근로장려세제까지 확대해서 경제 성장과 복지혜택까지 이룰 수 있는 효과가 있습니다.

● 협동조합에 대해 법인격 부여

개별법 체계에서는 협동조합의 설립에 많은 제약이 따랐습니다. 그래서 협동조합 방식으로 조직을 운영하고자 할 때도 다른 기존의 법제 (민법과 상법)에 따라 운영될 수밖에 없었습니다.

그러나 개인사업자의 경우 사업자의 무한 책임이 따르고 대표 교체가 어려우므로 민주적 운영 역시 어려워서 공신력 약화 등의 문제가 발생했습니다. 주식회사의 경우에도 출자비례의결권(1주 1표)에 따른 저소득층의 사업 참여가 어렵고, 지분거래를 통한 경영권 문제 등으로 인해 협동조합 방식으로 조직을 운영하는 데 많은 어려움을 겪을 수밖에 없었습니다.

이런 상황에서 협동조합기본법은 협동조합이라는 법인격을 부여해, 기존의 법제가 충족시키지 못했던 새로운 경제적·사회적 수요를 반영했습니다. 또한 다양한 분야에서 새로운 협동조합 설립 및 운영이 자유로워졌습니다. 이를 통해 서민과 지역경제를 활성화하고 지역단위의 새로운 일자리를 창출해 국민경제 발전에 기여할 것입니다.

[도표 8-3] 협동조합기본법 법인격 부여의 의미

현재   협동조합기본법 제정 이후

| 회사
(영리) | 사단법인
(비영리) | → | 회사
(영리) | 협동조합
(영리+비영리) | 사단법인
(비영리) |

◎ 협동조합 설립 분야 확대

협동조합기본법으로 인해 기존 1차 산업 중심의 협동조합뿐만 아니라 다양한 영역에서 새로운 협동조합의 설립이 가능해졌습니다. 따라서 분야에 관계없이 다양하고 창의적인 소규모 창업이 용이해져 경제의 활력 제고가 가능할 것으로 기대됩니다.

[도표 8-4] 협동조합기본법 법인격 부여의 기대 효과

◎ 협동조합이 주는 경제적 효과

협동조합기본법은 다음과 같은 경제적 기대 효과를 가져올 수 있습니다. 첫째, 조합원이 필요로 하는 서비스를 최선의 가격으로 제공함으로써 영리회사의 시장지배력을 견제하고 경쟁을 촉진할 수 있습니다. 둘째, 2차·3차 산업에서도 협동조합 설립이 가능하게 되어 신규 창업을 통한 서비스산업 활성화를 기대할 수 있습니다. 셋째, 창업활성화를 통한 일자리 확대, 유통구조 개선을 통한 물가 안정, 경제위기 시 경제 안정 효과 또한 기대할 수 있습니다.

[도표 8-5] 법 제정에 따라 설립 가능한 협동조합 유형 예시

복지·육아 등 사회서비스
복지: 자활단체, 돌봄노동, 대안기업, 보훈단체, 사회복지단체 등 사회서비스 분야
육아: 공동육아, 소규모 어린이집, 공동구매 등
교육: 대안학교, 홈스쿨링, 대학생, 중·고생, 학부모 등

직원협동조합(조합원 = 직원)
근로자: 대리운전, 청소, 세차, 경비, 집수리, 퀵서비스 등
교육 관련: 시간강사(대학), 대학병원 전공의 등
취약계층: 각종 비정규직, 실업자, 노숙자, 화물연대, 레미콘기사 등
특수고용: 캐디, 학습지교사 등
소상공인: 전통시장, 마을기업, 식당주인, 소매업 등

경제·사회 영역 등
창업: 대학생창업, 소액창업, 공동연구, 벤처 등
국회: 국회의원(정책연구·사회봉사), 의원보좌관 등
문화: 문화, 예술, 체육, 시골 봉사, 문화교실, 종교 등
기타: 소비자단체, 시골버스, 실버타운, 공동주택, 환경 축구단(FC 경남) 등

※ 단, 상조·공제 등 금융업을 주목적으로 하는 협동조합은 설립 불가

◉ 협동조합이 주는 사회적 효과

[도표 8-6] 사회안전망 구축 측면에서 협동조합의 역할

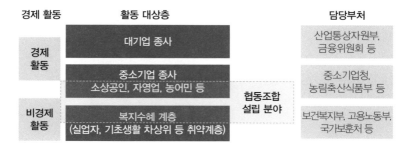

    소액·소규모로 설립이 가능한 협동조합은 경제·사회적 취약계층에게 일자리 및 사회서비스를 제공해 복지시스템을 보완하고 일하는 복지에 기여할 것입니다.

    협동조합을 통한 영세상인·소상공인의 협력 사업이 확대될 것이며, 돌봄노동·대안학교 등 공공서비스를 보완해 낙후지역의 사회안전망 구축과 지역개발 활성화가 기대됩니다.

[도표 8-7] 법 시행에 따른 변화 및 세부 기대 효과

	현재	법 시행 후	기대 효과
① 법령 (설립 분야)	농협·수협 등 8개 분야에 한정된 개별법	▶ 모든 분야를 포괄하는 일반법	• 협동조합기본법 • UN '협동조합의 해'에 맞춰 법 제정(2012년) • 개도국 파급 효과(일본 등 도입 못함)
② 법인격	법인격 부재 회사(상법), 사단법인(민법) 형태로 사업	▶ 법인격 부여 (영리·비영리법인)	• '대안적 기업모델' 도입 • 4,000~8,000단체 이상 법인격 획득(초기)
③ 최소 설립 인원(조합원 수 기준)	100~1,000명 이상	▶ 5인 이상	• 다양한 협동조합 설립 활성화 • 경제·사회적 파급효과
④ 복지정책	복지와 일자리 정책 연계성 한계	▶ 복지정책 보완	• 일하는 복지 구현 • 복지사업 보완(사회적 기업, 자활 등) • 복지전달체계 개선
⑤ 신규 창업 (일자리)	설립 제한(협동조합 설립 제한)	▶ 사실상 모든 경제·사회 분야 설립 가능	• 소액·소규모 창업 활성화(청년창업 등) • 새로운 일자리 창출 • 다양한 경제수요 충족
⑥ 직원 협동조합 (조합원=직원)	설립 제한	▶ 설립 가능	• 청소·택배·퀵서비스·재활용·대리운전 등 협동조합 설립
⑦ 특수 형태 근로자 보호	특수 형태 근로자 보호 취약(법인격 단체 설립 제한)	▶ 특수 형태 근로자 협동조합 설립 가능	• 캐디·학습지교사·돌봄 근로자 등 보호 강화 (4대 보험 혜택 등)
⑧ 자영업자 경쟁력 재고 (영세상인, 소상공인 등)	자영업자 간 법인격 단체 설립 제한	▶ 자영업자(개인법인)협동조합 설립 가능	• 자영업자 경쟁력 제고 (협력·협업·공동구매 등) • 재래시장상인 지원 • 지역경제 활성화 등
⑨ 기부문화 설립 가능	기조 복지단체(비영리법인) 등을 통해 기부	▶ 새로운 사회적 협동조합(비영리법인)을 통해 가능	• 기부 목적의 협동조합 설립 가능(소규모 기부조합 활성화) • 기부 활성화 기여

Q 협동조합 관련 개별법 및 다른 법령과의 관계는 어떤가요?

A 농업협동조합, 중소기업협동조합, 수산업협동조합, 엽연초생산협
동조합, 신용협동조합, 산림조합원, 새마을금고법, 소비자생활협
동조합 등 기존 8개 개별법과 최근 통합된 기본법이 같이 공존하
고 있습니다.

지금까지 우리나라는 국가의 산업정책적 수요와 민간의 요구 등을
고려해 법 제정 추진 당시의 경제적·사회적 필요에 따라 개별 협동조
합을 규정하는 법률들을 만들어 왔습니다. 이에 따른 기존의 8개 협
동조합 관련 개별법 체계는 [도표 8-8]과 같습니다.

이제는 협동조합기본법이 만들어짐으로써, 개별법에 규정된 협동조
합을 제외한 모든 협동조합은 기본법에 따라 설립하게 되었습니다. 이

에 따라 우리나라 협동조합 법률 체계는 기본법과 개별법이 공존하게 되었습니다.

◉ 협동조합기본법과 개별 협동조합법 간 법 적용 관계

협동조합기본법이 제정된 현재, 우리나라 협동조합법률 체계는 기본법과 개별법이 공존하게 됨으로써 양자 간의 법 적용 관계에 있어서 의문점이 있을 수 있습니다. 이와 관련해 협동조합기본법에서는 기존 개별 협동조합법과의 법 적용 관계를 명확히 하기 위해, 법 제13조(다른 법률과의 관계) 제1항에서 "다른 법률에 따라 설립되었거나 설립되는 협동조합에 대해서는 이 법을 적용하지 아니한다"라고 명시적으로 규정하고 있습니다.

이 규정에 따르면, 개별 협동조합법에 의해 설립되었거나 설립되는 농협·수협·신협 등의 협동조합은 이 법의 적용을 받지 않습니다. 다시 말해서 협동조합기본법과 기존 개별 협동조합법과의 관계는 '기본법—특별법'의 관계로, 법 적용의 일반 원칙인 '특별법 우선의 원칙'에 따라 기존 개별 협동조합법이 협동조합기본법에 우선해 효력을 발휘합니다.

따라서 법률 상호 간의 적용 문제에 있어서 충돌 우려는 없다고 할 수 있습니다. 다만 협동조합의 설립 및 육성과 관련되는 다른 법령(기존 개별 협동조합법 등)을 제정하거나 개정하는 경우에는 기본법의 목적과 원칙에 맞도록 해야 한다고 규정하고 있습니다(법 13조 제2항).

	개별 법률명(제정 연도)	적용 대상
①	농업협동조합법(1957)	• 농업인(법 제19조 시행령 제4조) 1. 1천m² 이상의 농지를 경영하거나 경작하는 자 2. 1년 중 90일 이상 농업에 종사하는 자 3. 잠종 0.5상자(2만 립 기준상자)분 이상의 누에를 사육하는 자 4. 별표1에 따른 기준 이상의 가축을 사육하는 자와 그 밖에 '축산법' 제2조 제1호에 따른 가축으로써 농림수산식품부 장관이 정해 고시하는 기준 이상을 사육하는 자 5. 농지에서 330m² 이상의 시설을 설치하고 원예작물을 재배하는 자 6. 660m² 이상의 농지에서 채소·과수 또는 화훼를 재배하는 자
②	중소기업협동조합법 (1961)	• 중소기업자(법 제1조, 제2조) 1. 중소기업기본법 제2조 제1항에 따른 중소기업(같은 법 같은 조 제3항에 따른 중소기업을 포함)을 영위하는 자 2. 중소기업 협동조합
③	수산업협동조합법(1962)	• 어업인 또는 수산물 가공업자(법 제1조, 제2조) 수산업법 제2조 제12호·제17호 및 내수면어업법에 따른 어업인, 내수면어업 관련 어업인 또는 수산물 가공업자
④	엽연초생산협동조합법 (1963)	• 연초경작자(법 제1조, 제15조) 조합의 구역에 거주하는 자로서 담배사업법에 따른 담배 제조업자와 경작계약에 따라 연초경작을 하는 자
⑤	신용협동조합법(1972)	공동유대를 바탕으로 하는 신용협동조직의 건전한 육성을 통해 그 구성원의 경제적·사회적 지위를 향상시키고, 지역 주민에 대한 금융 편의를 제공함으로써 지역경제 발전에 기여하는 목적을 달성하기 위해 신용협동조합법에 의해 설립된 비영리법인(법 제1조, 제2조)

개별 법률명(제정 연도)	적용 대상
⑥ 산림조합법(1980)	• 산림소유자와 임업인(법 제1조, 제2조) 1. 산림소유자: 정당한 권원에 의해 산림을 소유하는 자 2. 임업인(시행령 제2조) 　가. 3ha 이상의 산림에서 임업을 경영하는 자 　나. 1년 중 90일 이상 임업에 종사하는 자 　다. 임업 경영을 통한 임산물의 연간 판매액이 　　　120만 원 이상인 자 　라. 산림자원의 조성 및 관리에 관한 법률 제16조 　　　제1항 및 같은 법 시행령 제12조 제1항 제1호 　　　에 따라 등록된 산림용 종묘생 산업자 　마. 300m² 이상의 포지(圃地)를 확보하고 조경수 　　　또는 분재소재를 생산하거나 산채 등 산림부 　　　산물을 재배하는 자 　바. 대추나무 1천m² 이상을 재배하는 자 　사. 호두나무 1천m² 이상을 재배하는 자 　아. 밤나무 5천m² 이상을 재배하는 자 　자. 잣나무 1만m² 이상을 재배하는 자 　차. 연간 표고자목 20m² 이상을 재배하는 자
⑦ 새마을금고법(1982)	국민의 자주적인 협동 조직을 바탕으로 우리나라 고유의 상부상조 정신에 입각해 지금의 조성과 이용, 회원의 경제적·사회적·문화적 지위를 향상, 지역사회 개발을 통한 건전한 국민정신의 함양과 국가 경제 발전에 이바지하는 목적을 달성하기 위해 새마을금고법에 따라 설립된 비영리법인(법 제1조, 제2조)
⑧ 소비자생활협동조합법(1999)	상부상조의 정신을 바탕으로 한 소비자들의 자주·자립·자치적인 생활협동조합활동을 촉진함으로써 조합원의 소비생활 향상과 국민의 복지 및 생활문화 향상에 이바지하는 목적을 달성하기 위해 소비자생활조합법에 따라 설립된 소비자 생활협동조합(법 제1조, 제2조)

◉ 협동조합기본법과 다른 법률과의 관계

협동조합기본법은 일정한 요건의 협동조합 행위에 대해서, 소규모의 사업자 또는 소비자의 상부상조를 목적으로 할 것, 임의로 설립하고 조합원이 임의로 가입 또는 탈퇴할 수 있을 것, 각 조합원이 평등한 의결권을 가질 것, 조합원에 대해서 이익배분을 행하는 경우 그 한도가 정관에 정해져 있을 것 등의 4가지 조건을 모두 충족하는 경우에 '독점규제 및 공정거래에 관한 법률'의 적용 예외를 규정하고 있습니다.

다만 이 경우에도 공정거래위원회 예규와 심사에 따라 결정됩니다. 한편 불공정거래행위 등 일정한 거래 분야에서 부당하게 경쟁을 제한하는 경우에는 '독점규제 및 공정거래에 관한 법률'을 적용합니다.

그 외 협동조합기본법 제14조에 따라 협동조합 등의 법인격은 법인으로 하고 사회적 협동조합의 법인격은 비영리법인으로 하되, 기본법에서 규정한 사항 이외에는 각각 상법과 민법을 준용합니다.

협동조합 관련
정부 정책에는 무엇이 있나요?

Q 협동조합에 대한 정책은 무엇이 있나요?

A 조합원들 간의 상생과 자립을 모토로 한 건전한 협동조합 생태계
조성을 위해 다양한 정책을 지원하고자 노력하고 있습니다.

협동조합에 대한 정책은 법령 규정에 의해 기획재정부 및 관계 중앙
행정기관, 지방자치단체의 역할이 구분됩니다.

한편 정부는 관계 기관 및 민간의 의견 수렴을 통해 일관된 협동조
합정책을 수립하고, 이를 심의·의결하기 위해 협동조합정책심의위원회
를 두고 있습니다. 협동조합정책심의위원회는 기획재정부 차관을 위원
장으로 20인 이내의 정부 및 민간 위원 등으로 구성되며, 매월 1회 개
최하는 것을 원칙으로 합니다. 협동조합정책심의위원회의 주요 심의
사항은 협동조합정책 기본계획의 수립·변경, 협동조합의 설립·합병·

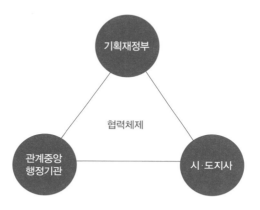

- 정책 총괄, 기본 계획 수립, 실태 조사
- 관계 기관과 협의 및 조정
- 사회적 협동조합 인가, 감독, 과태료 징수 등

기획재정부

협력체제

**관계중앙
행정기관**

시·도지사

- 실태 조사 자료 제출, 정책협의회 참여
- 사회적 협동조합 관련 위임 권한 수행(설립·합병·분할 등 인가, 감독, 청문 등)

- 일반 협동조합 신고, 관리, 과태료 징수 등(설립·합병·분할·정관변경 등)
- '협동조합의 날' 행사 및 자체 교육·홍보

분할 신고·인가, 협동조합의 관리·감독, 관계 행정기관과의 협의·조정, 관련 법·제도 개선 등 협동조합의 활성화를 위해 필요한 사항 등이 있습니다.

기획재정부장관은 3년마다 협동조합 정책을 위한 기본 계획을 수립하고, 기본 계획 수립을 위한 기초 자료 수집을 위해 3년마다 실태 조사를 실시합니다.

● 협동조합 정책 방향 및 지원 원칙

정책 방향

　정부는 자주·자립·자치 등 협동조합의 기본 이념 구현을 위한 건전한 협동조합생태계 조성을 정책 목표로 하고, 협동조합이 법인으로 서뿌리내리고 경제·사회 각 분야에서 긍정적인 역할을 할 수 있도록 정책 기반을 조성하고자 합니다.

　먼저 새로운 법인격인 협동조합에 대한 국민들의 이해를 제고하고, 유사 명칭 사용 등 협동조합의 공신력을 이용한 불법 대출, 상조업, 유사 의료행위를 포함한 각종 위법행위 등의 초기 제도 악용 등 혼란 방지를 위한 노력을 강화할 예정입니다. 법인으로서의 협동조합이 우리나라의 모든 경제·사회 제도와 유기적으로 조화될 수 있도록 관련 법·제도 등을 지속적으로 개선할 예정입니다.

지원 원칙

　정부는 협동조합의 기본이념을 구현하고 '건전한 협동조합 생태계 조성'이라는 정책 목표를 달성하기 위해 인건비·운영비 등의 직접 지원은 지양합니다. 따라서 협동조합 전문가 양성을 통한 설립·운영 컨설팅 제공, 회계·전산 등 협동조합운영 효율성 제고를 위한 서비스 지원 체계 구축 등의 간접지원을 원칙으로 하는 지원 방안을 마련하고 있습니다.

협동조합에 대한 중소기업 정책 지원

일반 협동조합은 중소기업기본법상 중소기업 요건에 충족할 경우 중소기업에 해당하기 때문에 중소기업 지원 정책 대상이 될 수 있습니다. 다만 사회적 협동조합은 중소기업기본법 등 관련 법령의 개정을 통해 중소기업 범위에 추가될 예정입니다.

소비자 협동조합 등산용품 MEC

1971년, 6명의 대학 산악부원들이 의기투합해 협동조합 MEC가 만들어졌습니다. 이후 MEC는 매장을 16개나 가지고 있고, 캐나다 국민의 1/10이 조합원으로 가입해 있는 등산용품 소비자 협동조합으로 성장합니다. MEC의 조합원이라면 누구나 동등한 의사권을 가지며, 민주적인 시스템으로 운영되고 있습니다.

MEC는 최소한의 잉여금만 남기고 조합원들에게 질 높은 상품을 최저가로 공급하며, 큰 수익보다 조합원의 만족을 먼저 생각하는 자세를 취합니다. 재고 처리를 위한 할인 행사를 제외하고는 할인 판매를 전혀 하지 않는데, 그 이유는 조합원이 주인이면서 고객이므로 늘 가장 저렴한 가격으로 상품을 판매하기 때문입니다. 또한 상호 간의 신뢰를 바탕으로 모든 상품을 하루 써본 후 구입 여부를 결정할 수 있습니다. 만약 사용해보고 구입하지 않겠다면 하루 사용료만 지불하는 제도를 시행하고 있습니다.

MEC는 연 매출의 1%를 공익을 위해 사용하고 있습니다. 1987년에는 환경보존기금을 만들어 훼손 위기에 처한 스모크 암벽을 사들였고, 캐나다의 해안가 12곳을 보호하기 위해 1달러짜리 손가방을 판매하는 모금 캠페인을 벌이는 등 환경보전 사업에도 앞장서고 있습니다.

또한 MEC는 '한번 사면 죽을 때까지 망가지지 않는 제품을 만든다면 지구에 쓰레기가 줄어들 것'이라는 믿음으로 상품개발의 최우선을 내구성에 두고 이를 위한 연구·개발에 힘쓰고 있습니다. 이러한 이유로 MEC의 의류와 장비는 내구성이 뛰어난 것으로 유명합니다.

사회적기업 보조금 회계처리 안내

한국사회적기업진흥원 자료 발췌

● 사회적기업 보조금 회계처리 작성안내

작성기준

> **한국회계기준원의 일반기업회계기준(2010.10.08.)**
> (제17장 정부보조금의 회계처리) 수익관련보조금은 대응되는 비용이 없는 경우 회사의 주된 영업활동과 관련성이 있다면 영업수익으로 그렇지 않다면 영업외수익으로 회계처리한다. 반면, 수익관련보조금이 특정의 비용을 보전할 목적으로 지급되는 경우에는 당기손익에 반영하지 않고 특정의 비용과 상계한다.

※ 정부보조금은 상계처리된 비용항목이 손익계산서상 구분될 수 있도록 별도 표기

적용대상기업

- 고용노동부 장관이 인증한 사회적기업
- 광역자치단체장이 지정한 "지역형 예비사회적기업" 및 중앙부처장이 지정한 "부처형 예비사회적기업"

상계처리 대상 보조금

특정비용을 보전할 목적으로 지급되는 보조금

- 사회적기업 관련 보조금*, 타 부처 및 기관, 지방자치단체에서 지원하는 지원금 중 각종 특정비용을 보전하기 위해 지급하는 보조금(* 일자리창출지원금, 전문인력지원금, 사대보험지원금, 사업개발비지원금)
- [상계처리 비대상 보조금] 장애인고용장려금 및 각종 고용창출

장려금 등은 사업주가 일정 요건을 충족하는 경우에 지원하는 장려금으로써 해당 지원금은 특정 용도로 사용이 제한되어 있지 않고 일반적인 영업활동에 사용하면 되므로 영업외수익으로 회계처리합니다.

적용시기

2016년 재무제표부터 적용 [2016.01.01부터 적용]

● 지원사업별 보조금 상계처리

가장 대표적인 상계처리 대상인 '사회적기업 개정지원' 4가지를 중점으로 그 예시를 알아보고자 합니다.

일자리창출지원금

일자리창출 관련 인건비지원보조금을 수령한 경우 아래와 같이 해당비용에서 차감 표시합니다.

> [예시]
> 일자리창출지원금(인건비) 지원을 정부로부터 1,000,000원 지원받은 경우
> **차변** 현금 1,000,000원   **대변** 인건비지원금 1,000,000원
>   직원급여 등 관련 비용 계정 밑에 차감 표시

과목	제○○(당)기	제○○(전)기
	금액	금액
판매비와 관리비		
직원급여	5,000,000	5,000,000
일자리창출지원금	1,000,000	0
상여금	××××××	××××××
제수당	××××××	××××××
퇴직급여	××××	××××
복리후생비	××××	××××

전문인력지원금

전문인력지원금을 수령한 경우 일자리창출지원금과 마찬가지로 해당비용에서 차감합니다.

[예시]

전문인력지원금을 정부로부터 1,000,000원 지원받은 경우

차변 현금 1,000,000원 　　**대변** 전문인력지원금 1,000,000원

직원급여 등 관련 비용 계정 밑에 차감 표시

과목	제○○(당)기	제○○(전)기
	금액	금액
판매비와 관리비		
직원급여	5,000,000	5,000,000
전문인력지원금	1,000,000	0
상여금	××××××	××××××
제수당	××××××	××××××
퇴직급여	××××	××××
복리후생비	××××	××××

사업개발비지원금

• 사업개발비지원금 중 수익 관련 활동으로 사용되는 사업개발비의 경우 해당 비용에서 차감합니다.

> **[예시]**
> 홍보브로슈어 제작 등을 위해 사업개발비를 정부로부터 5,000,000원 지원받은 경우
> **차변** 현금 5,000,000원　　**대변** 사업개발비지원금 5,000,000원
> 　　　　　　　　　　　　　　　　　직원급여 등 관련 비용 계정 밑에 차감 표시

과목	제○○(당)기	제○○(전)기
	금액	금액
판매비와 관리비		
직원급여	5,000,000	5,000,000
상여금	××××××	××××××
제수당	××××××	××××××
퇴직급여	××××	××××
복리후생비	××××	××××
도서인쇄비	15,000,000	××××
사업개발비지원금	5,000,000	0

• 사업개발비지원금을 자산 관련 보조금으로 받은 경우 관련 자산을 취득하기 전까지 받은 자산 또는 받은 자산을 일시적으로 운용하기 위해 취득하는 다른 자산의 차감계정으로 회계처리하고, 관련 자산을 취득하는 시점에서 관련 자산의 차감 계정으로 회계처리합니다.

• 자산 관련 보조금은 그 자산의 내용연수에 걸쳐 상각금액과 상계하며, 해당 자산을 처분하는 경우에는 그 잔액을 처분손익에 반영합니다.

> [자산관련보조금의 회계처리 예시]
> "㈜○○"기업은 정부로부터 전년도에 ₩100,000,000의 보조금을 교부받아 그것을 포함해 2017.1.1에 기계장치를 ₩500,000,000에 취득하였다. 감가상각은 정액법(내용연수 5년, 잔존가액 없음)으로 한다. 그리고 2018.1.1에 동 기계를 ₩600,000,000에 매각했다.

① **정부보조금 수령 시**

차변 – 현금 및 현금성 자산 100,000,000원

대변 – 정부보조금　　　　　100,000,000원

　　　현금 및 현금성 자산의 차감계정

② **매입 시**(2017.1.1.)

차변 – 기계장치　　　　　500,000,000원

　　　정부보조금　　　　　100,000,000원

　　　현금 및 현금성 자산의 차감계정

대변 – 현금 및 현금성 자산 500,000,000원

　　　정부보조금　　　　　100,000,000원

　　　기계장치의 차감계정

③ **결산 시**(2017.12.31.)

차변 – 감가상각비   100,000,000원

　　　 정부보조금   20,000,000원

대변 – 감가상각누계액 100,000,000원

　　　 정부보조금   20,000,000원

(*) 100,000,000×(100,000,000/500,000,000)=20,000,000

④ **매각 시**(2018.1.1.)

차변 – 현금 및 현금성 자산 600,000,000원

　　　　 감가상각누계액   100,000,000원

　　　　 정부보조금   80,000,000원

대변 – 기계장치   500,000,000원

　　　　 유형자산처분이익   280,000,000원

사회보험료지원금

일자리창출사업에 참여하지 않는 인원에 대해 회사부담분 사회보험료를 지원받을 수 있으며, 사회험료 지원금을 수령한 경우 해당 비용에서 차감합니다.

[예시]

회사부담분 사회보험료를 정부로부터 1,000,000원 지원받은 경우

차변 현금 1,000,000원 **대변** 사회보험료지원금 1,000,000원

사회보험료 관련 비용 계정 밑에 차감 표시

과목	제○○(당)기	제○○(전)기
	금액	금액
판매비와 관리비		
직원급여	5,000,000	5,000,000
상여금	××××××	××××××
제수당	××××××	××××××
퇴직급여	××××	××××
복리후생비	××××	××××
보험료	2,000,000	2,000,000
사업보험료지원금	1,000,000	0

● 사회적기업 감면규정 제85조의6

제85조의6(사회적기업 및 장애인 표준사업장에 대한 법인세 등의 감면) ① 「사회적기업 육성법」 제2조제1호에 따라 2016년 12월 31일까지 사회적기업으로 인증받은 내국인은 해당 사업에서 최초로 소득이 발생한 과세연도(인증을 받은 날부터 5년이 되는 날이 속하는 과세연도까지 해당 사업에서 소득이 발생하지 아니한 경우에는 5년이 되는 날이 속하는 과세연도)

와 그다음 과세연도의 개시일부터 2년 이내에 끝나는 과세연도까지 해당 사업에서 발생한 소득에 대한 법인세 또는 소득세의 100분의 100에 상당하는 세액을 감면하고, 그다음 2년 이내에 끝나는 과세연도에는 소득세 또는 법인세의 100분의 50에 상당하는 세액을 감면한다. 〈개정 2010.12.27., 2013.1.1., 2014.1.1.〉

② 2016년 12월 31일까지 「장애인고용촉진 및 직업재활법」 제2조제8호에 따른 장애인 표준사업장으로 인정받은 내국인은 해당 사업에서 최초로 소득이 발생한 과세연도(인정을 받은 날부터 5년이 되는 날이 속하는 과세연도까지 해당 사업에서 소득이 발생하지 아니한 경우에는 5년이 되는 날이 속하는 과세연도)와 그다음 과세연도의 개시일부터 2년 이내에 끝나는 과세연도까지 해당 사업에서 발생한 소득에 대한 법인세 또는 소득세의 100분의 100에 상당하는 세액을 감면하고, 그다음 2년 이내에 끝나는 과세연도에는 소득세 또는 법인세의 100분의 50에 상당하는 세액을 감면한다. 〈신설 2010.12.27., 2013.1.1., 2014.1.1.〉

③ 제1항을 적용할 때 세액감면기간 중 다음 각 호의 어느 하나에 해당하여 「사회적기업 육성법」 제18조에 따라 사회적기업의 인증이 취소되었을 때에는 해당 과세연도부터 제1항에 따른 법인세 또는 소득세를 감면받을 수 없다. 〈개정 2010.12.27.〉

1. 거짓이나 그 밖의 부정한 방법으로 인증을 받은 경우

2. 「사회적기업 육성법」 제8조의 인증요건을 갖추지 못하게 된 경우

④ 제2항을 적용할 때 세액감면기간 중 해당 장애인 표준사업장이 다음 각 호의 어느 하나에 해당하는 경우에는 해당 과세연도부터 제2항에 따른 법인세 또는 소득세를 감면받을 수 없다. 〈신설 2010.12.27.〉

1. 「장애인고용촉진 및 직업재활법」 제21조 또는 제22조에 따른 융자 또는 지원을 거짓이나 그 밖의 부정한 방법으로 받은 경우

2. 사업주가 「장애인고용촉진 및 직업재활법」 제21조 또는 제22조에 따라 받은 융자금 또는 지원금을 같은 규정에 따른 용도에 사용하지 아니한 경우

3. 「장애인고용촉진 및 직업재활법」 제2조제8호에 따른 기준에 미달하게 된 경우

⑤ 제1항 및 제2항에 따라 세액을 감면받은 내국인이 제3항제1호 또는 제4항제1호에 해당하는 경우에는 그 사유가 발생한 과세연도의 과세표준신고를 할 때 감면받은 세액에 제33조의2제4항의 이자상당가산액에 관한 규정을 준용하여 계산한 금액을 가산하여 법인세 또는 소득세로 납부하여야 한다. 〈개정 2010.12.27.〉

⑥ 제1항 및 제2항을 적용받으려는 자는 대통령령으로 정하는 바에 따라 감면신청을 하여야 한다. 〈개정 2010.12.27.〉

[전문개정 2010.1.1.]

[제목개정 2010.12.27.]

부록

협동조합
실무자를 위한
회계·세무·경리
Q & A

협동조합
기본법

부록 1
협동조합의 회계 (1)

Q. 비영리법인 협동조합의 회계처리 방법은 영리법인 협동조합의 회계처리 방법과 어떻게 다른가요?

• 협동조합은 이익을 목적으로 하는 영리회계이며, 협동조합 중 학술·종교 등 공익을 목적으로 하는 사회적 협동조합은 비영리회계입니다.

• 영리회계를 작성해야 하는 협동조합은 경영 상태와 경영성과 등 재무자료를 외부의 다양한 이해관계자의 의사결정을 위해 작성하고, 효율적인 관리를 위해 사용합니다.

• 비영리법인인 사회적 협동조합은 공익적 목적의 사업뿐만 아니라 영리 목적인 수익사업을 겸할 경우, 고유목적사업회계(비영리회계)와

영리회계로 구분해서 회계를 관리해야 합니다.

• 비영리법인인 사회적 협동조합은 세금계산서 발행 및 부가세납부 의무는 없으나, 매입세금계산서와 관련해서 부가가치세 신고를 해주어야 하는 협조 의무는 있습니다(상대 거래처 매출에 대한 비영리법인의 매입 발생). 왜냐하면 과세당국에서 부가가치세법상 세금계산서 불부합 자료에 대한 검토를 하기 때문입니다.

• 영리법인인 협동조합의 법인세는 세무조정 이후의 당기순이익을 기준으로 과세소득을 계산해 세율을 적용하며, 신고기한은 회계 기간 종료 후 3개월까지입니다.

• 법인세가 산정되면 법인세를 본세로 하는 부가세이자 지방세인 주민세를 법인세의 10%만큼 납부해야 합니다.

• 법인세를 조기에 납부하는 방법으로 중간예납과 이자수익 원천징수에 의한 납부 방법이 있습니다. 조기에 납부한 법인세는 법인세 납부 시 차감납부하거나 환급을 해줍니다.

• 비영리법인인 사회적 협동조합의 경우 고유목적사업에서 이익이 생기더라도 신고·납부 의무가 없습니다(고유목적사업준비금으로 처리함). 그러나 수익사업에서 이익이 생기는 것에 대해서는 영리법인과의 형평성

차원에서 법인세를 신고·납부해야 합니다.

• 비영리법인은 고유목적사업준비금이란 것을 통해 신고는 하되 과세소득은 0이 되게끔 신고할 수 있습니다. 그러나 신고 절차상의 구분경리 의무(회계분리), 준비금 회계, 세무조정, 결산서 첨부 등의 과정은 반드시 거쳐야 합니다.

Q. 단식부기와 복식부기 등 장부의 기록과 관리는 어떻게 하나요?

• 단식부기는 거래의 한 측면(대체로 현금의 증가와 감소라는 측면)으로만 기록하는 방법이고, 복식부기는 거래의 양 측면(주고받는 양 측면)을 함께 기록하는 방법입니다. 따라서 복식부기는 현금의 증감 이외에도 자산·부채·자본·수익·비용 등 재정 상태와 경영 성과를 모두 기록할 수 있는 장부기록 방법입니다.

• 단식부기는 이익을 따질 필요가 없는 비영리조직에서 주로 사용하고, 복식부기는 이익을 따져야 하는 기업과 같은 영리조직에서 주로 사용합니다.

- 최근 들어서 정부와 같은 비영리조직(비영리회계, 정부회계)에서도 국민의 세금이라는 한정된 자원을 가지고 조직의 목표를 달성해야 한다는 점이 점차 강조되면서 복식부기가 폭넓게 도입되고 있습니다.

- 현행 세법은 사업자의 소득금액을 계산할 수 있도록 증빙서류를 비치하고, 그 사업에 관한 모든 거래 사실이 객관적으로 파악될 수 있도록 복식부기에 의해서 장부에 기록·관리하도록 규정하고 있습니다. 이때 사업자를 '복식부기 의무자'라고 하며, 사회적 기업 역시 복식부기 대상자입니다.

- 복식부기는 거래의 8요소로 운용됩니다.

거래의 8요소와 결합관계

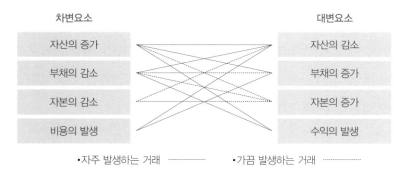

- 복식부기의 과정은 다음과 같습니다.

복식부기의 과정

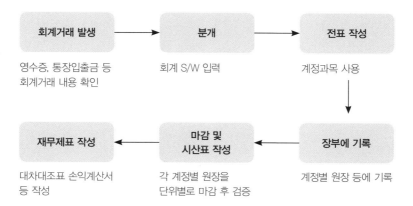

- 복식부기는 회계프로그램을 활용해서 작성할 수 있습니다. 회계 거래 발생 시 회계프로그램에 분개를 입력하면 나머지 과정은 출력만 하면 됩니다.

- 하지만 분개와 마감, 검증 등에는 상당한 회계적 지식과 경험이 필요하기 때문에 전문 인력을 고용하거나 외부 전문가에게 위탁하는 것이 좋습니다.

- 기장 대행서비스를 위탁한 기업의 경우, 영수증을 정리해서 세무 사 등에게 전달하면 이를 분개해 재무에 관한 정보를 담고 있는 재무 제표를 작성해줍니다.

· 이 외에도 원천세 신고, 부가세 신고 등을 병행해서 업무를 처리해줍니다. 복식부기를 통해서 협동조합의 경영 상태인 자산·부채·자본과 경영성과인 수익·비용을 적격증빙을 통해서 작성하는 것이 회계입니다. 영리법인일 경우, 협동조합이 얻은 소득 중 법인세 신고·납부, 부가가치세 신고·납부, 직원 등의 급여를 통한 원천세 신고·납부 의무가 있습니다.

재무제표 관리

Q. 재무제표에는 어떤 종류가 있나요?

• 협동조합의 재무제표는 기업의 재무상태와 경영성과를 알 수 있는 재무보고서입니다.

• 협동조합의 재무제표는 결산일(12월 31일)에 과세기간 동안의 자산·부채·자본·수익·비용 등의 서류를 만드는 의미에서 결산서라고도 합니다. 이러한 재무제표는 협동조합이 임의로 만드는 것이 아니라, 국제회계기준에 의거한 일정한 법률의 규정에 따라 의무적으로 작성해야 합니다.

• 재무제표의 종류는 다음과 같습니다.

– 재무상태표(대차대조표): 일정 시점에서 현재 기업실체인 협동조합이 보유하고 있는 경제적 자원인 자산과 경제적 의무인 부채, 그리고 순자산인 자본(자산·부채)에 대한 정보를 제공하는 재무보고서입니다.

– 포괄손익계산서(손익계산서): 일정 기간 동안 소유주와의 자본 거래를 제외한 모든 원천에서 순자산이 증가하거나 감소한 정도, 그리고 그 내역에 대한 정보인 수익과 비용을 정보를 제공하는 재무보고서입니다.

– 현금흐름표: 일정 기간 동안 기업실체의 현금유입과 현금유출에 대한 정보를 제공하는 재무보고서입니다(현금주의).

– 자본변동표: 일정 시점에서 현재 기업실체의 자본의 크기와 일정 기간 동안 기업실체의 자본의 변동에 관한 정보를 나타내는 재무보고서입니다.

– 주석(이익잉여금처분계산서): 기업의 이익처분에 관한 내용을 나타내는 재무보고서입니다.

- 비영리법인의 법인세 신고·납부·결정·경정·징수는 영리법인의
법인세 처리 방법과 동일하나, 비영리법인에 대한 특례규정이 있기 때
문에 유의해서 신고해야 합니다. 비영리법인에 대한 특례규정은 다음
과 같습니다.

  - 열거된 수익사업에 대한 과세
  - 고유목적사업준비금의 손금산입
  - 이자소득에 대한 선택적 분리과세
  - 비영리 내국법인의 자산양도 소득에 대한 과세특례
  - 제조업 등 사업소득, 채권 등의 매매익에 해당하는 수익사업이

있는 경우를 제외하고는 기장의무 배제

- 무기장가산세 적용 배제
- 신고 시 첨부 서류 제출의무 면제
- 수익사업과 기타 사업의 구분 경리
- 중앙회를 제외한 조합법인 등의 당기순이익 과세
- 청산소득에 대한 법인세 면제

**부록 5
소득세 (1)**

Q. 소득세에는 어떤 종류가 있으며, 납부 대상은 어떻게 되나요?

- 소득세는 개인이 일정 기간 동안의 소득에 대해 부과하는 세목입니다. 소득세의 종류로는 종합소득, 퇴직소득, 양도소득이 있으며, 종합소득에는 이자소득, 배당소득, 사업소득, 근로소득, 연금소득, 기타 소득이 있습니다.

- 근로소득: 근로자가 고용계약에 의해 종속적인 지위에서 근로를 제공하고 대가로 받은 금품을 말합니다(예: 봉급, 급여, 임금, 상여, 수당 등). 종류로는 비과세소득공제와 근로소득공제가 있습니다.
- 기타 소득: 기타 소득은 저작권, 영업권, 상표권, 특허권 등 각종 권리의 양도 및 대여로 인한 소득, 일시적인 문예창작소득 또는 일시

적으로 고용관계 없이 다수를 대상으로 강연을 하고 받은 강연료 등의 경우 해당됩니다. 기타 소득금액이 건별로 5만 원 이하인 경우 과세하지 않지만 신고는 해야 합니다.

- 종합소득공제: 종합소득공제는 납세의무자의 가족 수에 따른 담세력의 차이를 고려하고, 최저생계비를 과세대상에서 제외하기 위해 일정 금액을 공제하는 제도입니다. 종합소득공제에는 기본공제, 추가공제, 특별공제가 있습니다. 기본공제는 소득자 본인, 배우자, 생계를 같이 하는 부양가족(직계존속, 직계비속, 형제자매, 기초생활수급자)이 공제대상입니다. 추가공제는 경로 우대자공제, 장애인공제, 부녀자공제가 있습니다. 특별세액공제는 보험료공제, 의료비공제, 기부금 공제, 그리고 신용카드 등 사용금액에 대한 세액공제가 해당됩니다.

• 소득세법 제2조(납세의 의무)에 따라 다음의 납부대상 중에 어느 하나라도 해당하는 자는 원천징수한 소득세를 납부할 의무를 가집니다.

- 거주자
- 비거주자
- 내국법인
- 외국법인의 국내 지점 또는 국내 영업소(출장소, 그밖에 이에 준하는 것을 포함)
- 그 밖에 이 법에서 정하는 원천징수의무자 국세기본법 제13조 제

1항에 따른 법인 아닌 단체 중, 제13조 제4항에 따른 법인으로 보는 단체 외의 법인 아닌 단체는 대통령령으로 정하는 바에 따라 국내에 주사무소 또는 사업의 실질적 관리 장소를 둔 경우에는 거주자로, 이 외의 경우에는 비거주자로 보아 이 법을 적용합니다.

부록 6
소득세 (2)

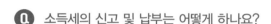

Q. 소득세의 신고 및 납부는 어떻게 하나요?

• 종합소득세 신고 방법은 다음과 같습니다.

– 종합소득이란 근로소득, 연금소득, 이자소득, 배당소득 등 각종 소득들을 묶어서 신고하는 것입니다.

– 소득이란 수입이 발생하는 데 들어간 비용을 공제한 후의 금액을 말합니다.

– 종합소득에서 소득공제를 뺀 금액에 세율을 곱한 값이 종합소득세 납부세액이며, 여기에 10%는 주민세가 됩니다.

– 신고는 국세청 홈택스에 로그인 후 종합소득세 신고를 선택하고, 나에게 맞는 신고서 선택하기를 선택 후 매뉴얼을 따라 신고하

면 됩니다.

 - 신고 안내보기를 통해 신고 안내 유형 및 기장의 확인, 가산세 안내, 중간예납세액 및 소득공제 안내, 가산세 안내, 확정신고 의무가 있는 종합소득 유무 확인, 근로소득 및 기타 소득 유무 확인 등 자세한 설명을 확인할 수 있습니다.

 - 간편장부, 복식부기의무자 대상자는 해당하는 장부를 작성하지 않으면 추가로 가산세가 적용됩니다.

 - 종합소득세의 신고와 납부는 5월 31일까지이며, 이후에는 인터넷으로 신고가 불가능합니다. 무신고 시에는 납부세액에 20%가 가산세로 적용되고, 신고 후에 납부를 하지 않으면 '미납세액 × 미납기간 × 3/10,000'의 가산세가 추가됩니다.

 - 종합소득세를 신고하기 위해서는 전문가의 도움을 받아 신고하는 것도 하나의 방법입니다.

 • 가산세의 종류는 다음과 같습니다.

 - 무신고가산세: 법정신고기한까지 과표신고서를 미제출한 경우로 단순무신고와 부당무신고로 구분(일반적인 경우 납부세액의 20%, 부당무신고의 경우 납부세액의 40%)

 - 과소신고가산세: 법정신고 기한까지 과표신고서를 제출했으나 신고한 과세표준이 신고해야 할 과세표준에 미달하는 경우도 일반과소신고와 부당과소신고로 구분(일반과소신고의 경우 납부세액의 10%, 부당과소

신고의 경우 납부세액의 40%)

　－ 납부불성실가산세: 납부기한까지 국세를 미납하거나 미달 납부하는 경우(미납세액 × 일수 × 3/10,000)

　－ 현금영수증가맹점 미가맹, 현금영수증 발급거부 및 허위발급에 대한 가산세: 전문직종, 예식장업, 골프장업, 학원, 부동산중개업, 보건업(병원, 치과, 한의원의 경우 수입금액의 5%)

　－ 지급조서불성실가산세: 원천징수이행상황신고서, 연말정산신고서 등을 차년도 3월 10일까지 제출하지 않은 경우 또는 불명확한 경우 그 지급금액의 2% 부과

　－ 사업용계좌 미사용가산세: 복식부기 의무자가 복식부기 의무자에 해당하는 과세기간의 개시일로부터 3개월 이내에 사업용 계좌를 미개설하거나 미신고한 경우 또는 매입대금 인건비, 임차료를 사업용 계좌에서 사용하지 않는 경우 수입금액의 0.2%, 미사용액의 0.2% 부과

부록 7
부가가치세 (1)

Q. 부가가치세의 신고 및 납부는 어떻게 하나요?

• 부가가치세는 상품의 상거래 시에 발생하는 세금입니다. 기본적으로 상품 원가에 10%를 더해서 부과되는데 정상적인 상거래는 반드시 부가가치세가 붙습니다.

• 부가가치세 계산법은 다음과 같습니다.

– 100만 원의 부가가치세를 더하는 계산 방법: 100만 원 × 1.1 = 110만 원
– 110만 원의 부가가치세에 포함이 된 가격에서 원금만 찾는 계산 방법: 110만 원/1.1=100만 원

– 매출세액(예수부가세)－매입세액(선납부가세)＝ 부가가치세

• 부가가치세 신고 방법은 다음과 같습니다.

– 홈택스 홈페이지에 들어가서 공인인증서로 로그인을 한 다음, 메인화면에서 왼쪽을 보면 세금신고란에 부가가치세신고 메뉴가 있습니다. 이것을 선택한 후 일반과세자인지, 간이과세자인지 본인에게 맞는 것을 선택합니다. 그다음 페이지로 넘어가면 기본사항을 입력할 수 있습니다. 사업자등록번호만 입력을 하고 사업자조회를 누르면 나머지 부분은 자동으로 채워집니다.

부가가치세 신고기간 및 과세기간

법인사업자	과세기간	신고기간
1기 예정신고	1월 1일 ~ 3월 31일	4월 1일 ~ 4월 25일
1기 확정신고	4월 1일 ~ 6월 30일	7월 1일 ~ 7월 25일
2기 예정신고	7월 1일 ~ 9월 30일	10월 1일 ~ 10월 25일
2기 확정신고	10월 1일 ~ 12월 31일	1월 1일 ~ 1월 25일

부가가치세 계산 방법

매출세액	매출액X10%
－ 매입세액	매입액X10%
＝ 납부세액(환급세액)	

Q 부가가치세의 면세대상은 어떻게 되나요?

• 면세의 취지는 다음과 같습니다.

－ 세율은 소비자국과세원칙에 따라 재화를 생산하는 국가에서는 부가세를 과세하지 않고 소비하는 국가에서 과세하도록 함으로써 국제적 이중과세를 방지하고자 하는 제도입니다.

－ 모든 소비에 대해 10%의 세율을 적용하면 개인의 소득과 무관하게 동일한 세 부담을 갖게 됩니다. 이와 같은 세 부담의 역진성을 완화하기 위해서 생필품이나 의료보건용역에는 부가가치세를 면제하는 제도를 면세제도라고 합니다.

- 면세 범위 대상은 다음과 같습니다.

  – 미가공 농·축·수·임산물

  – 여객운송용역: 지하철, 시내버스

  – 국민후생용역: 의료보건용역과 혈액, 교육용역(예: 기초생활수급자에 대한 간병수입은 면세이나 일반인에 대한 간병수입은 과세)

  – 문화 관련 재화 또는 용역: 도서, 신문, 잡지, 예술창작품 등의 판매수익이나 도서관, 박물관, 아마추어 운동경기 입장료 등

  – 직업소개소를 운영하는 자가 공급하는 용역

  – 종교·자선·학술·구호 등 공익을 목적으로 단체가 공급하는 재화나 용역

- 부가가치세법 시행규칙에서 명시한 면세 범위는 다음과 같습니다.

  – 제24조(면세하는 미가공 식료품의 범위)

  – 제25조(면세하는 차도선형여객선의 범위)

  – 제26조(면세하는 전자출판물의 범위)

  – 제27조(면세하지 않는 집합투자업자 등의 투자대상 자산의 범위)

- 면세사업자현황신고를 해야 하며, 부가가치세 신고·납부 의무는 없습니다.

협동조합기본법

[시행 2017.8.9.] [법률 제14845호, 2017.8.9., 일부개정]

− 기획재정부(협동조합과) −

제1장 총칙

제1조(목적) 이 법은 협동조합의 설립·운영 등에 관한 기본적인 사항을 규정함으로써 자주적·자립적·자치적인 협동조합 활동을 촉진하고, 사회통합과 국민경제의 균형 있는 발전에 기여함을 목적으로 한다.

제2조(정의) 이 법에서 사용하는 용어의 뜻은 다음과 같다.

1. "협동조합"이란 재화 또는 용역의 구매·생산·판매·제공 등을 협동으로 영위함으로써 조합원의 권익을 향상하고 지역 사회에 공헌하고자 하는 사업조직을 말한다.

2. "협동조합연합회"란 협동조합의 공동이익을 도모하기 위하여 제1호에 따라 설립된 협동조합의 연합회를 말한다.

3. "사회적협동조합"이란 제1호의 협동조합 중 지역주민들의 권익·복리 증진과 관련된 사업을 수행하거나 취약계층에게 사회서비스 또는 일자리를 제공하는 등 영리를 목적으로 하지 아니하는 협동조합을 말한다.

4. "사회적협동조합연합회"란 사회적협동조합의 공동이익을 도모하기 위하여 제3호에 따라 설립된 사회적협동조합의 연합회를 말한다.

제3조(명칭) ① 협동조합은 협동조합이라는 문자를, 협동조합연합회는 협동조합연합회라는 문자를, 사회적협동조합은 사회적협동조합이라는 문자를, 사회적협동조합연합회는 사회적협동조합연합회라는 문자를 각각 명칭에 사용하여야 한다.

② 이 법에 따라 설립되는 협동조합과 협동조합연합회(이하 "협동조합등"이라 한다) 및 이 법에 따라 설립되는 사회적협동조합과 사회적협동조합연합회(이하 "사회적협동조합등"이라 한다)는 대통령령으로 정하는 바에 따라 다른 협동조합등 및 사회적협동조합등의 명칭과 중복되거나 혼동되는 명칭을 사용하여서는 아니 된다.

③ 이 법에 따라 설립된 협동조합등 및 사회적협동조합등이 아니면 제1항에 따른 문자 또는 이와 유사한 문자를 명칭에 사용할 수 없다. 〈개정 2014.1.21.〉

④ 협동조합연합회 또는 사회적협동조합연합회는 그 명칭에 국가나 특별시·광역시·특별자치시·도 또는 특별자치도(이하 "시·도"라 한다)의 명칭을 사용하여 국가나 시·도의 대표성이 있는 것으로 일반인의 오해나 혼동을 일으켜서는 아니 된다. 다만, 출자금, 회원 등 대통령령으로 정하는 요건을 충족하는 경우에는 기획재정부장관의 인가를 받아 국가나 시·도의 명칭을 사용할 수 있다. 〈신설 2014.1.21., 2016.3.2.〉

⑤ 기획재정부장관은 협동조합연합회 또는 사회적협동조합연합회가 그 명칭에 제4항에 따른 국가나 시·도의 명칭을 사용함으로써 국가나 지역에 대한 대표성 등에 일반인의 오해나 혼동을 일으킬 우려가 있는 경우에는 대통령령으로 정하는 바에 따라 협동조합연합회 또는 사회적협동조합연합회에 그 명칭의 사용을 금지하거나 수정을 명할 수 있다. 〈신설 2014.1.21.〉

제4조(법인격과 주소) ① 협동조합등은 법인으로 한다.

② 사회적협동조합등은 비영리법인으로 한다.

③ 협동조합등 및 사회적협동조합등의 주소는 그 주된 사무소의 소재지로 하고, 정관으로 정하는 바에 따라 필요한 곳에 지사무소를 둘 수 있다.

제5조(설립 목적) 협동조합등 및 사회적협동조합등은 구성원(협동조합의 경우 조합원을, 연합회의 경우 회원을 말한다. 이하 "조합원등"이라 한다)의 복리 증진과 상부상조를 목적으로 하며, 조합원등의 경제적·사회적·문화적 수요에 부응하여야 한다.

제6조(기본원칙) ① 협동조합등 및 사회적협동조합등은 그 업무 수행 시 조합원등을 위하여 최대한 봉사하여야 한다.

② 협동조합등 및 사회적협동조합등은 자발적으로 결성하여 공동으로 소유하고 민주적으로

운영되어야 한다.

③ 협동조합등 및 사회적협동조합등은 투기를 목적으로 하는 행위와 일부 조합원등의 이익만을 목적으로 하는 업무와 사업을 하여서는 아니 된다.

제7조(협동조합등의 책무) 협동조합등 및 사회적협동조합등은 조합원등의 권익 증진을 위하여 교육·훈련 및 정보 제공 등의 활동을 적극적으로 수행하여야 한다.

제8조(다른 협동조합 등과의 협력) ① 협동조합등 및 사회적협동조합등은 다른 협동조합, 다른 법률에 따른 협동조합, 외국의 협동조합 및 관련 국제기구 등과의 상호 협력, 이해 증진 및 공동사업 개발 등을 위하여 노력하여야 한다.

② 협동조합등 및 사회적협동조합등은 제1항의 목적 달성을 위하여 필요한 경우에는 다른 협동조합, 다른 법률에 따른 협동조합 등과 협의회를 구성·운영할 수 있다.

제9조(공직선거 관여 금지) ① 협동조합등 및 사회적협동조합등은 공직선거에서 특정 정당을 지지·반대하는 행위 또는 특정인을 당선되도록 하거나 당선되지 아니하도록 하는 행위를 하여서는 아니 된다.

② 누구든지 협동조합등 및 사회적협동조합등을 이용하여 제1항에 따른 행위를 하여서는 아니 된다.

제10조(국가 및 공공단체의 협력 등) ① 국가 및 공공단체는 협동조합등 및 사회적협동조합등의 자율성을 침해하여서는 아니 된다.

② 국가 및 공공단체는 협동조합등 및 사회적협동조합등의 사업에 대하여 적극적으로 협조하여야 하고, 그 사업에 필요한 자금 등을 지원할 수 있다.

③ 국가 및 공공단체는 협동조합등 및 사회적협동조합등의 의견을 듣고 그 의견이 반영되도록 노력하여야 한다.

④ 국가 및 공공단체는 협동조합과 관련하여 국제기구, 외국 정부 및 기관과 교류·협력 사업을 할 수 있다. 〈신설 2014.1.21.〉

제10조의2(경영 지원) 기획재정부장관은 협동조합등 및 사회적협동조합등의 설립·운영에 필요한 경영·기술·세무·노무(勞務)·회계 등의 분야에 대한 전문적인 자문 및 정보 제공 등의 지원을 할 수 있다.

[본조신설 2014.1.21.]

제10조의3(교육훈련 지원) 기획재정부장관은 협동조합등 및 사회적협동조합등의 설립·운영에 필요한 전문인력의 육성, 조합원등의 능력향상을 위하여 교육훈련을 실시할 수 있다.

[본조신설 2014.1.21.]

제11조(협동조합에 관한 정책) ① 기획재정부장관은 협동조합에 관한 정책을 총괄하고 협동

조합의 자율적인 활동을 촉진하기 위한 기본계획(이하 "기본계획"이라 한다)을 3년마다 수립하여야 한다.

② 기본계획에는 다음 각 호의 내용이 포함되어야 한다.

1. 협동조합등 및 사회적협동조합등을 활성화하기 위한 기본방향

2. 협동조합등 및 사회적협동조합등을 활성화하기 위한 관련 법령과 제도의 개선

3. 협동조합등 및 사회적협동조합등의 발전 전략 및 기반 조성에 관한 사항

4. 협동조합등 및 사회적협동조합등의 상호협력 및 협동조합 정책과 관련된 관계 기관 간 협력에 관한 사항

5. 제6항에 따른 협동조합 실태조사의 결과 및 협동조합 정책의 개선에 관한 사항

6. 그 밖에 협동조합을 활성화하기 위한 여건 조성에 관한 사항

③ 기획재정부장관은 제1항과 제2항에 따라 협동조합에 관한 정책을 총괄하고 기본계획을 수립함에 있어 관계 중앙행정기관의 장과 협의하여야 하고, 특별시장·광역시장·특별자치시장·도지사·특별자치도지사(이하 "시·도지사"라 한다), 관계 기관 및 단체의 장에게 의견의 제출을 요청할 수 있다. 이 경우 그 요청을 받은 자는 정당한 사유가 없으면 그 요청에 따라야 한다.

④ 기획재정부장관은 협동조합에 관한 정책과 협동조합의 자율적인 활동 등에 관한 사항에 대하여 대통령령으로 정하는 바에 따라 시·도지사와 협의·조정할 수 있다.

⑤ 제1항부터 제4항까지의 규정에 따른 협동조합에 관한 정책 총괄 및 기본계획의 수립과 협의·조정 등을 위하여 필요한 사항은 대통령령으로 정한다.

⑥ 기획재정부장관은 협동조합의 활동현황·자금·인력 및 경영 등에 관한 실태파악을 위하여 2년마다 실태조사를 실시한 후 그 결과를 공표하고, 국회 소관 상임위원회에 보고하여야 한다.

⑦ 관계 중앙행정기관의 장 또는 시·도지사는 제6항에 따른 실태조사를 위하여 필요한 자료를 기획재정부장관에게 제출하여야 한다.

[전문개정 2014.1.21.]

제11조의2(협동조합정책심의위원회) ① 협동조합의 정책에 관한 주요 사항을 심의하기 위하여 기획재정부장관 소속으로 협동조합정책심의위원회(이하 "심의회"라 한다)를 둔다.

② 심의회는 다음 각 호의 사항을 심의한다.

1. 기본계획의 수립·변경에 관한 사항

2. 협동조합등 및 사회적협동조합등의 설립·합병·분할의 신고 또는 인가에 관련된 사항

3. 협동조합등 및 사회적협동조합등의 관리·감독에 관련된 사항

4. 협동조합 정책과 관련된 관계 행정기관과의 협의·조정 등에 관련된 사항

5. 그 밖에 협동조합과 관련된 법·제도의 개선 등 협동조합등 및 사회적협동조합등의 활성화를 위하여 대통령령으로 정하는 사항

③ 심의회의 위원장은 기획재정부차관이 되며, 위원은 다음 각 호의 위원으로 구성한다.

1. 대통령령으로 정하는 관계 중앙행정기관의 고위공무원단에 속하는 공무원

2. 협동조합에 관한 학식과 경험이 풍부한 사람 중에서 기획재정부장관이 위촉하는 사람

④ 제1항부터 제3항까지에서 규정한 사항 외에 심의회의 구성 및 운영 등에 필요한 사항은 대통령령으로 정한다.

[본조신설 2014.12.30.]

제12조(협동조합의 날) ① 국가는 협동조합에 대한 이해를 증진시키고 협동조합의 활동을 장려하기 위하여 매년 7월 첫째 토요일을 협동조합의 날로 지정하며, 협동조합의 날 이전 1주간을 협동조합 주간으로 지정한다.

② 국가와 지방자치단체는 협동조합의 날의 취지에 적합한 행사 등 사업을 실시하도록 노력하여야 한다.

제13조(다른 법률과의 관계) ① 다른 법률에 따라 설립되었거나 설립되는 협동조합에 대하여는 이 법을 적용하지 아니한다.

② 협동조합의 설립 및 육성과 관련되는 다른 법령을 제정하거나 개정하는 경우에는 이 법의 목적과 원칙에 맞도록 하여야 한다.

③ 대통령령으로 정하는 요건에 해당하는 협동조합등 및 사회적협동조합등의 행위에 대하여는 「독점규제 및 공정거래에 관한 법률」을 적용하지 아니한다. 다만, 불공정거래행위 등 일정한 거래분야에서 부당하게 경쟁을 제한하는 경우에는 그러하지 아니하다.

④ 협동조합연합회 및 사회적협동조합연합회의 공제사업에 관하여는 「보험업법」을 적용하지 아니한다. 〈신설 2014.1.21.〉

제14조(다른 법률의 준용) ① 제4조 제1항의 협동조합등에 관하여 이 법에서 규정한 사항 외에는 「상법」 제1편 총칙, 제2편 상행위, 제3편 제3장의2 유한책임회사에 관한 규정을 준용한다. 이 경우 "상인"은 "협동조합등"으로, "사원"은 "조합원등"으로 본다.

② 제4조 제2항의 사회적협동조합등에 관하여 이 법에서 규정한 사항 외에는 「민법」 제1편 제3장 법인에 관한 규정을 준용한다. 이 경우 "사단법인"은 "사회적협동조합등"으로, "사원"은 "조합원등"으로, "허가"는 "인가"로 본다.

제2장 협동조합

제1절 설립

제15조(설립신고 등) ① 협동조합을 설립하려는 경우에는 5인 이상의 조합원 자격을 가진 자가 발기인이 되어 정관을 작성하고 창립총회의 의결을 거친 후 주된 사무소의 소재지를 관할하는 시·도지사에게 신고하여야 한다. 신고한 사항을 변경하는 경우에도 또한 같다. 〈개정 2014.1.21.〉

② 창립총회의 의사는 창립총회 개의 전까지 발기인에게 설립 동의서를 제출한 자 과반수의 출석과 출석자 3분의 2 이상의 찬성으로 의결한다.

③ 시·도지사는 제1항에 따라 협동조합의 설립신고를 받은 때에는 즉시 기획재정부장관에게 그 사실을 통보하여야 한다.

④ 제1항부터 제3항까지에서 규정한 사항 외에 협동조합의 설립신고 및 변경신고에 필요한 사항은 대통령령으로 정한다. 〈신설 2014.1.21.〉

제15조의2(신고확인증의 발급 등) ① 제15조에 따라 설립신고를 받은 시·도지사는 대통령령으로 정하는 바에 따라 그 설립신고를 반려하거나 보완을 요구하는 경우를 제외하고는 신고확인증을 발급하여야 한다.

② 제1항에 따른 신고확인증의 발급에 필요한 사항은 대통령령으로 정한다.

[본조신설 2014.1.21.]

제16조(정관) ① 협동조합의 정관에는 다음 각 호의 사항이 포함되어야 한다.

1. 목적

2. 명칭 및 주된 사무소의 소재지

3. 조합원 및 대리인의 자격

4. 조합원의 가입, 탈퇴 및 제명에 관한 사항

5. 출자 1좌의 금액과 납입 방법 및 시기, 조합원의 출자좌수 한도

6. 조합원의 권리와 의무에 관한 사항

7. 잉여금과 손실금의 처리에 관한 사항

8. 적립금의 적립방법 및 사용에 관한 사항

9. 사업의 범위 및 회계에 관한 사항

10. 기관 및 임원에 관한 사항

11. 공고의 방법에 관한 사항

12. 해산에 관한 사항

13. 출자금의 양도에 관한 사항

14. 그 밖에 총회·이사회의 운영 등에 필요한 사항

② 제1항제5호에 따른 출자 1좌의 금액은 균일하게 정하여야 한다. 〈신설 2014.1.21.〉

③ 협동조합의 정관의 변경은 설립신고를 한 시·도지사에게 신고를 하여야 그 효력이 발생한다. 〈개정 2014.1.21.〉

제17조(규약 또는 규정) 협동조합의 운영 및 사업실시에 필요한 사항으로서 정관으로 정하는 것을 제외하고는 규약 또는 규정으로 정할 수 있다.

제18조(설립사무의 인계와 출자납입 등) ① 발기인은 제15조의2에 따라 신고확인증을 발급받으면 지체 없이 그 사무를 이사장에게 인계하여야 한다. 〈개정 2014.1.21.〉

② 제1항에 따라 이사장이 그 사무를 인수하면 기일을 정하여 조합원이 되려는 자에게 출자금을 납입하게 하여야 한다.

③ 현물출자자는 제2항에 따른 납입기일 안에 출자 목적인 재산을 인도하고 등기·등록, 그 밖의 권리의 이전에 필요한 서류를 구비하여 협동조합에 제출하여야 한다.

④ 협동조합의 자본금은 조합원이 납입한 출자금의 총액으로 한다. 〈신설 2014.1.21.〉

[제목개정 2014.1.21.]

제19조(협동조합의 설립) ① 협동조합은 주된 사무소의 소재지에서 제61조에 따른 설립등기를 함으로써 성립한다.

② 협동조합의 설립 무효에 관하여는 「상법」 제328조를 준용한다.

제2절 조합원

제20조(조합원의 자격) 조합원은 협동조합의 설립 목적에 동의하고 조합원으로서의 의무를 다하고자 하는 자로 한다.

제21조(가입) ① 협동조합은 정당한 사유 없이 조합원의 자격을 갖추고 있는 자에 대하여 가입을 거절하거나 가입에 있어 다른 조합원보다 불리한 조건을 붙일 수 없다.

② 협동조합은 제1항에도 불구하고 정관으로 정하는 바에 따라 협동조합의 설립 목적 및 특성에 부합되는 자로 조합원의 자격을 제한할 수 있다.

제22조(출자 및 책임) ① 조합원은 정관으로 정하는 바에 따라 1좌 이상을 출자하여야 한다. 다만, 필요한 경우 정관으로 정하는 바에 따라 현물을 출자할 수 있다.

② 조합원 1인의 출자좌수는 총 출자좌수의 100분의 30을 넘어서는 아니 된다.

③ 조합원이 납입한 출자금은 질권의 목적이 될 수 없다.

④ 협동조합에 납입할 출자금은 협동조합에 대한 채권과 상계하지 못한다.

⑤ 조합원의 책임은 납입한 출자액을 한도로 한다.

제23조(의결권 및 선거권) ① 조합원은 출자좌수에 관계없이 각각 1개의 의결권과 선거권을 가진다.

② 조합원은 대리인으로 하여금 의결권 또는 선거권을 행사하게 할 수 있다. 이 경우 그 조합원은 출석한 것으로 본다.

③ 제2항에 따른 대리인은 다른 조합원 또는 본인과 동거하는 가족(조합원의 배우자, 조합원 또는 그 배우자의 직계 존속·비속과 형제자매, 조합원의 직계 존속·비속 및 형제자매의 배우자를 말한다. 이하 같다)이어야 하며, 대리인이 대리할 수 있는 조합원의 수는 1인에 한한다.

④ 제2항에 따른 대리인은 정관으로 정하는 바에 따라 대리권을 증명하는 서면을 협동조합에 제출하여야 한다.

제24조(탈퇴) ① 조합원은 정관으로 정하는 바에 따라 협동조합에 탈퇴의사를 알리고 탈퇴할 수 있다.

② 조합원이 다음 각 호의 어느 하나에 해당하면 당연히 탈퇴된다.

1. 조합원의 자격이 없는 경우

2. 사망한 경우

3. 삭제 〈2017.8.9.〉

4. 금치산선고를 받은 경우

5. 조합원인 법인이 해산한 경우

6. 그 밖에 정관으로 정하는 사유에 해당하는 경우

③ 조합원지위의 양도 또는 조합원지분의 양도는 총회의 의결을 받아야 한다.

제25조(제명) ① 협동조합은 조합원이 다음 각 호의 어느 하나에 해당하면 해당 조합원을 제명할 수 있다.

1. 정관으로 정한 기간 이상 협동조합의 사업을 이용하지 아니한 경우

2. 출자 및 경비의 납입 등 협동조합에 대한 의무를 이행하지 아니한 경우

3. 그 밖에 정관으로 정하는 사유에 해당하는 경우

② 협동조합은 제1항에 따라 조합원을 제명하고자 할 때에는 총회 개최 10일 전까지 해당 조합원에게 제명사유를 알리고, 총회에서 의견을 진술할 기회를 주어야 한다.

③ 제2항에 따른 의견진술의 기회를 주지 아니하고 행한 총회의 제명 의결은 해당 조합원에게 대항하지 못한다.

제26조(지분환급청구권과 환급정지) ① 탈퇴 조합원(제명된 조합원을 포함한다. 이하 이 조와 제27조에서 같다)은 탈퇴(제명을 포함한다. 이하 이 조와 제27조에서 같다) 당시 회계연도의 다음 회계연도부터 정관으로 정하는 바에 따라 그 지분의 환급을 청구할 수 있다.

② 제1항에 따른 지분은 탈퇴한 회계연도 말의 협동조합의 자산과 부채에 따라 정한다.

③ 제1항에 따른 청구권은 2년간 행사하지 아니하면 시효로 인하여 소멸된다.

④ 협동조합은 탈퇴 조합원이 협동조합에 대한 채무를 다 갚을 때까지는 제1항에 따른 지분의 환급을 정지할 수 있다.

제27조(탈퇴 조합원의 손실액 부담) 협동조합은 협동조합의 재산으로 그 채무를 다 갚을 수 없는 경우에는 제26조에 따른 지분의 환급분을 계산할 때 정관으로 정하는 바에 따라 탈퇴 조합원이 부담하여야 할 손실액의 납입을 청구할 수 있다. 이 경우 제26조 제3항을 준용한다.

제3절 기관

제28조(총회) ① 협동조합에 총회를 둔다.

② 총회는 이사장과 조합원으로 구성한다.

③ 이사장은 총회를 소집하며, 총회의 의장이 된다.

④ 정기총회는 매년 1회 정관으로 정하는 시기에 소집하고, 임시총회는 정관으로 정하는 바에 따라 필요하다고 인정될 때 소집할 수 있다.

⑤ 이사장은 총회 개최 7일 전까지 회의목적·안건·일시 및 장소를 정하여 정관으로 정한 방법에 따라 총회소집을 통지하여야 한다.

제29조(총회의 의결사항 등) ① 다음 각 호의 사항은 총회의 의결을 받아야 한다. 〈개정 2014.1.21.〉

1. 정관의 변경

2. 규약의 제정·변경 또는 폐지

3. 임원의 선출과 해임

4. 사업계획 및 예산의 승인

5. 결산보고서의 승인

6. 감사보고서의 승인

7. 협동조합의 합병·분할·해산 또는 휴업

8. 조합원의 제명

8의2. 탈퇴 조합원(제명된 조합원을 포함한다)에 대한 출자금 환급

9. 총회의 의결을 받도록 정관으로 정하는 사항

10. 그 밖에 이사장 또는 이사회가 필요하다고 인정하는 사항

② 제1항제1호, 제7호, 제8호, 제8호의2의 사항은 총조합원 과반수의 출석과 출석자 3분의 2 이상의 찬성으로 의결하며, 그 밖의 사항은 총조합원 과반수의 출석과 출석자 과반수의

찬성으로 의결한다. 〈개정 2014.1.21.〉

제30조(총회의 의사록) ① 총회의 의사에 관하여 의사록을 작성하여야 한다.

② 의사록에는 의사의 진행 상황과 그 결과를 적고 의장과 총회에서 선출한 조합원 3인 이상이 기명날인하거나 서명하여야 한다.

제31조(대의원총회) ① 조합원 수가 대통령령으로 정하는 수를 초과하는 경우 총회를 갈음하는 대의원총회를 둘 수 있다.

② 대의원총회는 조합원 중에서 선출된 대의원으로 구성한다.

③ 대의원총회를 구성하는 대의원 정수는 대의원 선출 당시 조합원 총수의 100분의 10 이상이어야 한다. 다만, 그 대의원 총수가 100명을 초과하는 경우에는 100명으로 할 수 있다. 〈신설 2014.1.21.〉

④ 대의원의 의결권 및 선거권은 대리인으로 하여금 행사하게 할 수 없다. 〈개정 2014.1.21.〉

⑤ 대의원의 임기, 선출방법 및 자격 등 대의원총회의 운영에 필요한 사항은 정관으로 정한다. 〈신설 2014.1.21.〉

⑥ 대의원총회에 관하여는 총회에 관한 규정을 준용하며, 이 경우 "조합원"은 "대의원"으로 본다. 다만, 대의원총회는 협동조합의 합병·분할 및 해산에 관한 사항은 의결할 수 없다. 〈개정 2014.1.21.〉

제32조(이사회) ① 협동조합에 이사회를 둔다.

② 이사회는 이사장 및 이사로 구성한다.

③ 이사장은 이사회를 소집하고 그 의장이 된다.

④ 이사회는 구성원 과반수의 출석과 출석원 과반수의 찬성으로 의결하며, 그 밖에 이사회의 개의 및 의결방법 등 이사회의 운영에 관하여 필요한 사항은 정관으로 정한다.

⑤ 제1항에도 불구하고 조합원 수가 10인 미만인 협동조합은 총회의 의결을 받아 이사회를 두지 아니할 수 있다. 〈신설 2014.1.21.〉

제33조(이사회의 의결사항) 이사회는 다음 각 호의 사항을 의결한다.

1. 협동조합의 재산 및 업무집행에 관한 사항

2. 총회의 소집과 총회에 상정할 의안

3. 규정의 제정·변경 및 폐지

4. 사업계획 및 예산안 작성

5. 법령 또는 정관으로 이사회의 의결을 받도록 정하는 사항

6. 그 밖에 협동조합의 운영에 중요한 사항 또는 이사장이 부의하는 사항

제34조(임원) ① 협동조합에 임원으로서 이사장 1명을 포함한 3명 이상의 이사와 1명

이상의 감사를 둔다.

② 이사의 정수 및 이사·감사의 선출방법 등은 정관으로 정한다.

③ 이사장은 이사 중에서 정관으로 정하는 바에 따라 총회에서 선출한다.

④ 조합원인 법인이 협동조합의 임원인 경우 그 조합원인 법인은 임원의 직무를 수행할 사람을 선임하고, 그 선임한 사람의 성명과 주소를 조합원에게 통지하여야 한다. 〈신설 2014.1.21.〉

⑤ 제1항에도 불구하고 사업의 성격, 조합원 구성 등을 감안하여 대통령령으로 정하는 협동조합은 총회의 의결을 받아 감사를 두지 아니할 수 있다. 〈신설 2014.1.21.〉

제35조(임원의 임기 등) ① 임원의 임기는 4년의 범위에서 정관으로 정한다.

② 임원은 연임할 수 있다. 다만, 이사장은 2차에 한하여 연임할 수 있다.

③ 결원으로 인하여 선출된 임원의 임기는 전임자의 임기종료일까지로 한다.

제36조(임원 등의 결격사유) ① 다음 각 호의 어느 하나에 해당하는 사람은 협동조합의 임원이나 제34조 제4항에 따른 임원의 직무를 수행할 사람이 될 수 없다. 〈개정 2014.1.21.〉

1. 피성년후견인

2. 피한정후견인

3. 파산선고를 받고 복권되지 아니한 사람

4. 금고 이상의 실형을 선고받고 그 집행이 끝나거나(집행이 끝난 것으로 보는 경우를 포함한다) 집행이 면제된 날부터 3년이 지나지 아니한 사람

5. 금고 이상의 형의 집행유예를 선고받고 그 유예기간 중에 있거나 유예기간이 끝난 날부터 2년이 지나지 아니한 사람

6. 금고 이상의 형의 선고유예를 받고 그 선고유예기간 중에 있는 사람

7. 법원의 판결 또는 다른 법률에 따라 자격이 상실 또는 정지된 사람

② 제1항 각 호의 사유가 발생하면 해당 임원이나 제34조 제4항에 따른 임원의 직무를 수행할 사람은 당연히 퇴직된다. 〈개정 2014.1.21.〉

③ 제2항에 따라 퇴직된 임원이나 제34조 제4항에 따른 임원의 직무를 수행할 사람이 퇴직 전에 관여한 행위는 그 효력을 상실하지 아니한다. 〈개정 2014.1.21.〉

[제목개정 2014.1.21.]

제37조(선거운동의 제한) ① 누구든지 자기 또는 특정인을 협동조합의 임원 또는 대의원으로 당선되도록 하거나 당선되지 아니하도록 할 목적으로 다음 각 호의 어느 하나에 해당하는 행위를 할 수 없다. 〈개정 2014.1.21.〉

1. 조합원(협동조합에 가입신청을 한 자를 포함한다. 이하 이 조에서 같다)이나 그 가족(조합

원의 배우자, 조합원 또는 그 배우자의 직계 존속·비속과 형제자매, 조합원의 직계 존속·비속 및 형제자매의 배우자를 말한다. 이하 같다) 또는 조합원이나 그 가족이 설립·운영하고 있는 기관·단체·시설에 대한 다음 각 목의 어느 하나에 해당하는 행위

가. 금전·물품·향응이나 그 밖의 재산상의 이익을 제공하는 행위

나. 공사의 직을 제공하는 행위

다. 금전·물품·향응, 그 밖의 재산상의 이익이나 공사의 직을 제공하겠다는 의사표시 또는 그 제공을 약속을 하는 행위

2. 후보자가 되지 못하도록 하거나 후보자를 사퇴하게 할 목적으로 후보자가 되려는 사람이나 후보자에게 제1호 각 목에 규정된 행위를 하는 행위

3. 제1호 또는 제2호의 이익이나 직을 제공받거나 그 제공의 의사표시를 승낙하는 행위 또는 그 제공을 요구하거나 알선하는 행위

② 임원 또는 대의원이 되려는 사람은 정관으로 정하는 기간 중에는 선거운동을 위하여 조합원을 호별로 방문하거나 특정 장소에 모이게 할 수 없다.

③ 누구든지 협동조합의 임원 또는 대의원 선거와 관련하여 연설·벽보, 그 밖의 방법으로 거짓의 사실을 공표하거나 공연히 사실을 적시하여 후보자를 비방할 수 없다.

④ 누구든지 임원 또는 대의원 선거와 관련하여 다음 각 호의 방법 외의 선거운동을 할 수 없다. 〈개정 2014.1.21.〉

1. 선전 벽보의 부착

2. 선거 공보의 배부

3. 소형 인쇄물의 배부

4. 합동 연설회 또는 공개 토론회의 개최

5. 전화(문자메시지를 포함한다)·팩스·컴퓨터통신(전자우편을 포함한다)을 이용한 지지 호소

제38조(선거관리위원회의 구성·운영) ① 협동조합은 임원 및 대의원 선거를 공정하게 관리하기 위하여 선거관리위원회를 구성·운영할 수 있다.

② 선거관리위원회의 기능·구성 및 운영 등에 관하여 필요한 사항은 정관으로 정할 수 있다.

제39조(임원의 의무와 책임) ① 임원은 이 법, 이 법에 따른 명령, 정관·규약·규정 및 총회와 이사회의 의결을 준수하고 협동조합을 위하여 성실히 그 직무를 수행하여야 한다.

② 임원이 법령 또는 정관을 위반하거나 그 임무를 게을리하여 협동조합에 손해를 가한 때에는 연대하여 그 손해를 배상하여야 한다.

③ 임원이 고의 또는 중대한 과실로 그 임무를 게을리하여 제3자에게 손해를 끼친 때에는 제3자에게 연대하여 그 손해를 배상하여야 한다.

④ 제2항 및 제3항의 행위가 이사회의 의결에 의한 것일 때에는 그 의결에 찬성한 이사도 제2항 및 제3항의 책임이 있다.

⑤ 제4항의 의결에 참가한 이사로서 명백한 반대의사를 표시하지 아니한 자는 그 의결에 찬성한 것으로 본다.

제40조(임원의 해임) ① 조합원은 조합원 5분의 1 이상의 동의로 총회에 임원의 해임을 요구할 수 있다.

② 임원의 해임을 의결하려면 해당 임원에게 해임의 이유를 알리고, 총회에서 의견을 진술할 기회를 주어야 한다.

제41조(이사장 및 이사의 직무) ① 이사장은 협동조합을 대표하고 정관으로 정하는 바에 따라 협동조합의 업무를 집행한다.

② 이사는 정관으로 정하는 바에 따라 협동조합의 업무를 집행하고, 이사장이 사고가 있을 때에는 정관으로 정하는 순서에 따라 그 직무를 대행한다.

③ 제2항의 경우와 이사장이 권한을 위임한 경우를 제외하고는 이사장이 아닌 이사는 협동조합을 대표할 수 없다.

제42조(감사의 직무) ① 감사는 협동조합의 업무집행상황, 재산상태, 장부 및 서류 등을 감사하여 총회에 보고하여야 한다.

② 감사는 예고 없이 협동조합의 장부나 서류를 대조·확인할 수 있다.

③ 감사는 이사장 및 이사가 이 법, 이 법에 따른 명령, 정관·규약·규정 또는 총회의 의결에 반하여 업무를 집행한 때에는 이사회에 그 시정을 요구하여야 한다.

④ 감사는 총회 또는 이사회에 출석하여 의견을 진술할 수 있다.

⑤ 제34조 제5항에 따라 감사를 두지 아니하는 때에는 총회가 제1항부터 제3항까지의 규정에 따른 감사의 직무를 수행한다. 〈신설 2014.1.21.〉

제43조(감사의 대표권) ①협동조합이 이사장을 포함한 이사와 소송을 하는 때에는 감사가 협동조합을 대표한다. 〈개정 2014.1.21.〉

② 제34조 제5항에 따라 감사를 두지 아니하는 협동조합이 제1항에 따른 소송을 하는 때에는 협동조합, 이사 또는 이해관계인은 법원에 협동조합을 대표할 자를 선임하여 줄 것을 신청하여야 한다. 〈신설 2014.1.21.〉

제44조(임직원의 겸직금지) ① 이사장은 다른 협동조합의 이사장을 겸직할 수 없다.

② 이사장을 포함한 이사와 직원은 감사를 겸직할 수 없다.

③ 임원은 해당 협동조합의 직원을 겸직할 수 없다. 〈개정 2014.1.21.〉

④ 제2항 및 제3항에도 불구하고 임원은 사업의 성격과 조합원의 구성 등을 고려하여 대통

령령으로 정하는 바에 따라 직원을 겸직할 수 있다. 〈신설 2014.1.21.〉

⑤ 협동조합의 임직원은 국회의원 또는 지방의회의원을 겸직할 수 없다. 〈신설 2014.1.21.〉

제4절 사업

제45조(사업) ① 협동조합은 설립 목적을 달성하기 위하여 필요한 사업을 자율적으로 정관으로 정하되, 다음 각 호의 사업은 포함하여야 한다.

1. 조합원과 직원에 대한 상담, 교육·훈련 및 정보 제공 사업

2. 협동조합 간 협력을 위한 사업

3. 협동조합의 홍보 및 지역사회를 위한 사업

② 협동조합의 사업은 관계 법령에서 정하는 목적·요건·절차·방법 등에 따라 적법하고 타당하게 시행되어야 한다.

③ 협동조합은 제1항과 제2항에도 불구하고 「통계법」 제22조 제1항에 따라 통계청장이 고시하는 한국표준산업분류에 의한 금융 및 보험업을 영위할 수 없다.

제46조(사업의 이용) 협동조합은 대통령령으로 정하는 사업을 제외하고는 조합원의 이용에 지장이 없는 범위에서 정관으로 정하는 바에 따라 조합원이 아닌 자에게 그 사업을 이용하게 할 수 있다.

[전문개정 2014.12.30.]

제5절 회계

제47조(회계연도 등) ① 협동조합의 회계연도는 정관으로 정한다.

② 협동조합의 회계는 일반회계와 특별회계로 구분하되, 각 회계별 사업부문은 정관으로 정한다.

제48조(사업계획서와 수지예산서) 협동조합은 매 회계연도의 사업계획서와 수지예산서를 작성하여 총회의 의결을 받아야 한다.

제49조(운영의 공개) ① 협동조합은 다음 각 호의 사항을 적극 공개하여야 한다. 〈개정 2014.1.21.〉

1. 정관과 규약 또는 규정

2. 총회·이사회의 의사록

3. 조합원 명부

4. 회계장부

5. 그 밖에 정관으로 정하는 사항

② 협동조합은 제1항 각 호의 사항이 포함된 서류를 주된 사무소에 갖추어 두어야 한다. 〈개정 2014.1.21.〉

③ 협동조합의 채권자 및 조합원은 제1항 각 호의 사항이 포함된 서류를 열람하거나 그 사본을 청구할 수 있다. 〈개정 2014.1.21.〉

④ 삭제 〈2014.1.21.〉

제49조의2(경영공시) ① 대통령령으로 정하는 일정 규모 이상의 협동조합은 제15조에 따라 설립신고를 한 시·도 또는 협동조합연합회의 인터넷 홈페이지에 경영에 관한 다음 각 호의 사항에 대한 공시(이하 이 조에서 "경영공시"라 한다)를 하여야 한다.

1. 정관과 규약 또는 규정

2. 사업결산 보고서

3. 총회, 대의원총회 및 이사회의 활동 상황

4. 제45조 제1항 제1호부터 제3호까지의 사업을 포함한 사업결과 보고서

② 제1항에도 불구하고 기획재정부장관은 경영공시를 대신하여 같은 항 각 호의 사항을 별도로 표준화하고 이를 통합하여 공시할 수 있다.

③ 기획재정부장관은 제2항에 따른 통합 공시를 하기 위하여 필요한 자료를 협동조합에 요구할 수 있다. 이 경우 협동조합은 특별한 사정이 없으면 그 요구에 따라야 한다.

④ 제1항부터 제3항까지에서 규정한 사항 외에 협동조합의 경영공시 또는 통합 공시의 절차 등에 관하여 필요한 사항은 대통령령으로 정한다.

[본조신설 2014.1.21.]

제50조(법정적립금 및 임의적립금) ① 협동조합은 매 회계연도 결산의 결과 잉여금이 있는 때에는 해당 회계연도말 출자금 납입총액의 3배가 될 때까지 잉여금의 100분의 10 이상을 적립(이하 "법정적립금"이라 한다)하여야 한다. 〈개정 2014.1.21.〉

② 협동조합은 정관으로 정하는 바에 따라 사업준비금 등을 적립(이하 "임의적립금"이라 한다)할 수 있다.

③ 협동조합은 손실의 보전에 충당하거나 해산하는 경우 외에는 법정적립금을 사용하여서는 아니 된다.

제51조(손실금의 보전과 잉여금의 배당) ① 협동조합은 매 회계연도의 결산 결과 손실금(당기손실금을 말한다)이 발생하면 미처분이월금, 임의적립금, 법정적립금의 순으로 이를 보전하고, 보전 후에도 부족이 있을 때에는 이를 다음 회계연도에 이월한다.

② 협동조합이 제1항에 따른 손실금을 보전하고 제50조에 따른 법정적립금 및 임의적립금 등을 적립한 이후에는 정관으로 정하는 바에 따라 조합원에게 잉여금을 배당할 수 있다.

③ 제2항에 따른 잉여금 배당의 경우 협동조합사업 이용실적에 대한 배당은 전체 배당액의 100분의 50 이상이어야 하고, 납입출자액에 대한 배당은 납입출자금의 100분의 10을 초과하여서는 아니 된다.

제52조(결산보고서의 승인) ① 협동조합은 정기총회일 7일 전까지 결산보고서(사업보고서, 대차대조표, 손익계산서, 잉여금처분안 또는 손실금처리안 등을 말한다)를 감사에게 제출하여야 한다.

② 협동조합은 제1항에 따른 결산보고서와 감사의 의견서를 정기총회에 제출하여 승인을 받아야 한다.

제53조(출자감소의 의결) ① 협동조합은 출자 1좌 금액의 감소를 의결하면 의결한 날부터 14일 이내에 대차대조표를 작성하여야 한다.

② 협동조합은 제1항의 기간에 채권자에 대하여 이의가 있으면 일정한 기간에 신청하여야 할 것을 공고함과 동시에 이미 알고 있는 채권자에 대하여는 개별적으로 최고하여야 한다.

③ 제2항에 따른 이의신청 기간은 30일 이상으로 하여야 한다.

제54조(출자감소에 대한 채권자의 이의) ① 채권자가 제53조 제2항에 따른 이의신청 기간에 이의를 신청하지 아니하면 출자 1좌의 금액의 감소를 승인한 것으로 본다.

② 채권자가 이의를 신청하면 협동조합은 채무를 변제하거나 상당한 담보를 제공하여야 한다.

제55조(출자지분 취득금지 등) 협동조합은 조합원의 출자지분을 취득하거나 이를 질권의 목적으로 하여서는 아니 된다.

제6절 합병·분할·해산 및 청산

제56조(합병 및 분할) ① 협동조합은 합병계약서 또는 분할계획서를 작성한 후 총회의 의결을 받아 합병 또는 분할할 수 있다.

② 협동조합이 합병할 경우 합병 후 존속하는 협동조합은 합병신고를, 분할 후 새로 설립되는 협동조합은 설립신고를, 합병으로 소멸되는 협동조합은 해산신고를 각각 그 주된 사무소의 소재지를 관할하는 시·도지사에게 하여야 한다. 〈개정 2014.1.21.〉

③ 합병 또는 분할로 인하여 존속하거나 설립되는 협동조합은 합병 또는 분할로 소멸되는 협동조합의 권리·의무를 승계한다.

④ 제1항에 따라 설립되는 협동조합에 대하여는 제15조, 제15조의2, 제16조 및 제17조를 준용한다. 〈개정 2014.1.21.〉

⑤ 협동조합은 이 법에 따른 협동조합 이외의 법인, 단체 및 협동조합 등과 합병하거나 이 법에 따른 협동조합 이외의 법인, 단체 및 협동조합 등으로 분할할 수 없다.

⑥ 제5항에도 불구하고 협동조합이 기획재정부장관의 인가를 받은 경우에는 다음 각 호의 법인을 흡수합병할 수 있다. 〈신설 2014.1.21.〉

1. 「상법」에 따라 설립된 주식회사

2. 「상법」에 따라 설립된 유한회사

3. 「상법」에 따라 설립된 유한책임회사

⑦ 제6항에 따른 인가의 기준·절차 등에 관하여 필요한 사항은 대통령령으로 정한다. 〈신설 2014.1.21.〉

⑧ 협동조합의 합병 및 분할에 관하여는 제53조 및 제54조를 준용한다. 〈개정 2014.1.21.〉

제57조(해산) ① 협동조합은 다음 각 호의 어느 하나에 해당하는 사유로 해산한다.

1. 정관으로 정한 해산 사유의 발생

2. 총회의 의결

3. 합병·분할 또는 파산

② 협동조합이 해산한 때에는 청산인은 파산의 경우를 제외하고는 그 취임 후 14일 이내에 기획재정부령으로 정하는 바에 따라 설립신고를 한 시·도지사에게 신고하여야 한다. 〈개정 2014.1.21.〉

제58조(청산인) ① 협동조합이 해산하면 파산으로 인한 경우 외에는 이사장이 청산인이 된다. 다만, 총회에서 다른 사람을 청산인으로 선임하였을 경우에는 그에 따른다.

② 청산인은 취임 후 지체 없이 협동조합의 재산상태를 조사하고 재산목록과 대차대조표를 작성한 다음 재산처분의 방법을 정하여 총회의 승인을 받아야 한다.

③ 청산사무가 종결된 때에는 청산인은 지체 없이 결산보고서를 작성하여 총회의 승인을 받아야 한다.

④ 제2항 및 제3항의 경우 총회를 2회 이상 소집하여도 총회가 구성되지 아니할 때에는 출석조합원 3분의 2 이상의 찬성이 있으면 총회의 승인이 있는 것으로 본다.

제59조(잔여재산의 처리) ①협동조합이 해산할 경우 채무를 변제하고 잔여재산이 있을 때에는 정관으로 정하는 바에 따라 이를 처분한다. 〈개정 2014.1.21.〉

② 제1항에도 불구하고 제60조의2 제4항에 따라 조직변경 시 협동조합의 적립금으로 한 사내유보금은 정관으로 정하는 바에 따라 상급 협동조합연합회 또는 다른 협동조합에 기부할 수 있다. 〈신설 2014.1.21.〉

제60조(「민법」 등의 준용) 협동조합의 해산과 청산에 관하여는 「민법」 제79조, 제81조, 제87조, 제88조 제1항·제2항, 제89조부터 제92조까지, 제93조 제1항·제2항 및 「비송사건절차법」 제121조를 준용한다.

제6절의2 조직변경 〈신설 2014.1.21.〉

제60조의2(법인등의 조직변경) ① 「상법」에 따라 설립된 유한책임회사, 주식회사, 유한회사 및 그 밖에 다른 법령에 따라 설립된 영리법인(이하 "법인등"이라 한다)은 소속 구성원 전원의 동의에 따른 총회의 결의(총회가 구성되지 아니한 경우에는 소속 구성원 전원의 동의를 말한다. 이하 이 조와 제105조의2에서 같다)로 이 법에 따른 협동조합으로 그 조직을 변경할 수 있다. 이 경우 기존의 법인등과 조직이 변경된 협동조합은 권리·의무 관계에서는 같은 법인으로 본다.

② 제1항에 따른 총회의 결의에서는 조직이 변경되는 협동조합에 대한 다음 각 호의 사항을 정한다.

1. 정관

2. 출자금

3. 그 밖에 협동조합으로의 조직변경에 필요한 사항

③ 제1항에 따른 협동조합으로의 조직변경은 기존의 법인등의 현존하는 순재산액보다 많은 금액을 협동조합의 출자금 총액으로 하지 못한다.

④ 법인등이 보유하고 있는 대통령령으로 정하는 사내유보금은 총회의 결의를 통하여 제50조에 따른 적립금으로 할 수 있다.

⑤ 법인등은 제1항에 따른 협동조합으로의 조직변경을 위한 총회의 결의사항 중 관계 행정기관의 장의 신고·인가·허가·승인 등(이하 "인허가등"이라 한다)이 필요한 경우에는 그 인허가등을 먼저 받아야 한다.

⑥ 법인등은 제1항에 따른 총회의 결의가 있는 경우에는 법인등의 주된 사무소를 관할하는 시·도지사에게 대통령령으로 정하는 바에 따라 협동조합으로의 조직변경에 관한 사항을 신고하여야 한다.

[본조신설 2014.1.21.]

제7절 등기

제61조(설립등기) ① 협동조합은 출자금의 납입이 끝난 날부터 14일 이내에 주된 사무소의 소재지에서 설립등기를 하여야 한다.

② 설립등기신청서에는 다음 각 호의 사항을 적어야 한다. 〈개정 2014.1.21., 2016.3.2.〉

1. 제16조 제1항 제1호와 제2호의 사항

2. 출자 총좌수와 납입한 출자금의 총액

3. 설립신고 연월일

4. 임원의 성명·주민등록번호 및 주소(임원이 법인인 경우에는 법인의 명칭, 법인등록번호 및 주소). 다만, 이사장이 아닌 임원의 주소는 제외한다.

③ 설립등기를 할 때에는 이사장이 신청인이 된다.

④ 제2항의 설립등기신청서에는 설립신고서, 창립총회의사록 및 정관의 사본을 첨부하여야 한다.

⑤ 합병이나 분할로 인한 협동조합의 설립등기신청서에는 다음 각 호의 서류를 모두 첨부하여야 한다. 〈개정 2014.1.21.〉

1. 제4항에 따른 서류

2. 제53조에 따라 공고하거나 최고한 사실을 증명하는 서류

3. 제54조에 따라 이의를 신청한 채권자에게 변제나 담보를 제공한 사실을 증명하는 서류

제62조(지사무소의 설치등기) 협동조합이 지사무소를 설치하였으면 주된 사무소의 소재지에서는 21일 이내에, 지사무소의 소재지에서는 28일 이내에 등기하여야 한다.

제63조(이전등기) ① 협동조합이 사무소를 이전하였으면 전소재지와 현소재지에서 각각 21일 이내에 이전등기를 하여야 한다.

② 제1항에 따른 등기를 할 때에는 이사장이 신청인이 된다.

제64조(변경등기) ① 협동조합은 제61조 제2항 각 호의 사항이 변경되면 주된 사무소 및 해당 지사무소의 소재지에서 각각 21일 이내에 변경등기를 하여야 한다.

② 제61조 제2항 제2호의 사항에 관한 변경등기는 제1항에도 불구하고 회계연도 말을 기준으로 그 회계연도가 끝난 후 3개월 이내에 등기하여야 한다. 〈개정 2016.3.2.〉

③ 제1항과 제2항에 따른 변경등기를 할 때에는 이사장이 신청인이 된다.

④ 제3항에 따른 등기신청서에는 등기 사항의 변경을 증명하는 서류를 첨부하여야 한다.

⑤ 출자감소, 합병 또는 분할로 인한 변경등기신청서에는 다음 각 호의 서류를 모두 첨부하여야 한다.

1. 제4항에 따른 서류

2. 제53조에 따라 공고하거나 최고한 사실을 증명하는 서류

3. 제54조에 따라 이의를 신청한 채권자에게 변제나 담보를 제공한 사실을 증명하는 서류

제65조(합병등기) ① 협동조합이 합병한 경우에는 합병신고를 한 날부터 14일 이내에 그 사무소의 소재지에서 합병 후 존속하는 협동조합은 변경등기를, 합병으로 소멸되는 협동조합은 해산등기를, 합병으로 설립되는 협동조합은 제61조에 따른 설립등기를 각 사무소의 소재지에서 하여야 한다.

② 제1항에 따른 해산등기를 할 때에는 합병으로 소멸되는 협동조합의 이사장이 신청인이 된다.

③ 제2항의 경우에는 해산 사유를 증명하는 서류를 첨부하여야 한다.

제66조(해산등기) ① 협동조합이 해산한 경우에는 합병과 파산의 경우 외에는 주된 사무소의 소재지에서는 14일 이내에, 지사무소의 소재지에서는 21일 이내에 해산등기를 하여야 한다.

② 제1항에 따른 해산등기를 할 때에는 청산인이 신청인이 된다.

③ 해산등기신청서에는 해산 사유를 증명하는 서류를 첨부하여야 한다.

제67조(청산인등기) ① 청산인은 그 취임일부터 14일 이내에 주된 사무소의 소재지에서 그 성명·주민등록번호 및 주소를 등기하여야 한다.

② 제1항에 따른 등기를 할 때 이사장이 청산인이 아닌 경우에는 신청인의 자격을 증명하는 서류를 첨부하여야 한다.

제68조(청산종결등기) ① 청산이 끝나면 청산인은 주된 사무소의 소재지에서는 14일 이내에, 지사무소의 소재지에서는 21일 이내에 청산종결의 등기를 하여야 한다.

② 제1항에 따른 등기신청서에는 제58조 제3항에 따른 결산보고서의 승인을 증명하는 서류를 첨부하여야 한다.

제68조의2(조직변경의 등기) 법인등이 제60조의2에 따라 협동조합으로 조직변경을 한 경우에는 제60조의2 제6항에 따라 신고를 한 날부터 본점 소재지에서는 14일 이내에, 지점 소재지에서는 21일 이내에 조직변경 전의 법인등은 해산등기를, 협동조합은 제61조에 따른 설립등기를 하여야 한다.

[본조신설 2014.1.21.]

제69조(등기부) 등기소는 협동조합등기부를 갖추어 두어야 한다.

제70조(「비송사건절차법」 등의 준용) 협동조합의 등기에 관하여 이 법에서 정한 사항 외에는 「비송사건절차법」 및 「상업등기법」 중 등기에 관한 규정을 준용한다.

제3장 협동조합연합회

제1절 설립

제71조(설립신고 등) ① 협동조합연합회(이하 "연합회"라 한다)를 설립하려는 경우에는 회원 자격을 가진 셋 이상의 협동조합이 발기인이 되어 정관을 작성하고 창립총회의 의결을 거친 후 기획재정부장관에게 신고하여야 한다. 신고한 사항을 변경하려는 경우에도 또한 같다. 〈개정 2014.1.21.〉

② 창립총회의 의사는 창립총회 개의 전까지 발기인에게 설립 동의서를 제출한 협동조합 과반수의 출석과 출석자 3분의 2 이상의 찬성으로 의결한다.

③ 제1항과 제2항에서 규정한 사항 외에 연합회의 설립신고 및 변경신고에 필요한 사항은

대통령령으로 정한다. 〈신설 2014.1.21.〉

제71조의2(신고확인증의 발급 등) ① 제71조에 따라 설립신고를 받은 기획재정부장관은 대통령령으로 정하는 바에 따라 그 설립신고를 반려하거나 보완 요구를 하는 경우를 제외하고는 신고확인증을 발급하여야 한다.

② 제1항에 따른 신고확인증의 발급에 필요한 사항은 대통령령으로 정한다.

[본조신설 2014.1.21.]

제72조(준용규정) 연합회의 설립에 관하여는 제16조부터 제19조까지의 규정을 준용한다. 이 경우 "협동조합"은 "연합회"로, "조합원"은 "회원"으로, "시·도지사"는 "기획재정부장관"으로 보고, 제16조 제1항 제3호 중 "조합원 및 대리인"은 "회원"으로 본다.

제2절 회원

제73조(회원의 자격) ① 연합회의 회원은 연합회의 설립 목적에 동의하고 회원으로서의 의무를 다하고자 하는 협동조합으로 한다.

② 연합회는 정관으로 정하는 바에 따라 회원의 자격을 제한할 수 있다.

제74조(탈퇴) ① 회원은 정관으로 정하는 바에 따라 연합회에 탈퇴 의사를 알리고 탈퇴할 수 있다.

② 회원은 다음 각 호의 어느 하나에 해당하면 당연히 탈퇴된다.

1. 회원으로서의 자격을 상실한 경우

2. 해산 또는 파산한 경우

3. 그 밖에 정관으로 정하는 사유에 해당하는 경우

제75조(의결권 및 선거권) 연합회는 회원인 협동조합의 조합원 수, 연합회 사업참여량, 출자좌수 등 정관으로 정하는 바에 따라 회원의 의결권 및 선거권을 차등하여 부여할 수 있다.

제76조(준용규정) 연합회의 회원에 관하여는 제21조, 제22조 및 제25조부터 제27조까지의 규정을 준용한다. 이 경우 "협동조합"은 "연합회"로, "조합원"은 "회원"으로 보고, 제22조 제2항 중 "조합원 1인"은 "한 회원"으로, "100분의 30"은 "100분의 40"으로 본다. 〈개정 2014.1.21.〉

제3절 기관

제77조(총회) ① 연합회에 총회를 둔다.

② 총회는 회장과 회원으로 구성한다.

제78조(임원) 임원은 정관으로 정하는 바에 따라 총회에서 회원에 속한 조합원 중에서 선출한다.

제79조(준용규정) 연합회의 기관에 관하여는 제28조 제3항부터 제5항까지, 제29조부터 제44조까지의 규정을 준용한다. 이 경우 "협동조합"은 "연합회"로, "이사장"은 "회장"으로, "조합원"은 "회원"으로 보고, 제40조 제1항 중 "5분의 1"은 "3분의 1"로 보며, 제37조 중 "조합원"은 "회원에 속한 조합원"으로, "가입신청을 한 자"는 "가입신청을 한 협동조합에 속한 조합원"으로 본다. 〈개정 2014.1.21.〉

제4절 사업

제80조(사업) ① 연합회는 설립 목적을 달성하기 위하여 필요한 사업을 정관으로 정하되, 다음 각 호의 사업은 포함하여야 한다.
1. 회원에 대한 지도·지원·연락 및 조정에 관한 사업
2. 회원에 속한 조합원 및 직원에 대한 상담, 교육·훈련 및 정보 제공 사업
3. 회원의 사업에 관한 조사·연구 및 홍보 사업
② 연합회의 사업은 관계 법령에서 정하는 목적·요건·절차·방법 등에 따라 적법하고 타당하게 시행되어야 한다.
③ 연합회는 제1항과 제2항에도 불구하고 「통계법」 제22조 제1항에 따라 통계청장이 고시하는 한국표준산업분류에 의한 금융 및 보험업을 영위할 수 없다.

제80조의2(공제사업) ① 제80조 제3항에도 불구하고 연합회는 회원들의 상호부조를 위한 공제사업(회원 간 상호부조를 목적으로 회원들이 각자 나누어 낸 공제료를 적립금으로 하여 그 적립금의 한도 내에서 공제료를 낸 회원들을 위하여 실시하는 사업을 말한다)을 할 수 있다. 다만, 회원의 채무 또는 의무 이행 등에 필요한 보증사업은 제외한다.
② 연합회가 제1항에 따른 공제사업을 하려는 때에는 기획재정부장관의 인가를 받아야 한다. 인가받은 사항을 변경하려는 때에도 또한 같다.
③ 제2항에 따른 인가의 요건 및 절차 등 인가에 필요한 사항은 대통령령으로 정한다.
④ 기획재정부장관은 공제사업의 건전한 육성 및 계약자의 보호를 위하여 공제사업의 감독에 필요한 기준을 정하여 운영할 수 있다.
[본조신설 2014.1.21.]

제81조(사업의 이용) ① 연합회는 대통령령으로 정하는 사업을 제외하고는 회원의 이용에 지장이 없는 범위에서 정관으로 정하는 바에 따라 회원이 아닌 자에게 그 사업을 이용하게 할 수 있다. 〈개정 2014.12.30.〉
② 회원인 조합의 조합원이 사업을 이용하는 경우에는 이를 회원이 이용한 것으로 본다. 다만, 제80조의2에 따른 공제사업의 경우에는 그러하지 아니하다. 〈개정 2014.1.21.〉

제5절 회계

제82조(준용규정) 연합회의 회계에 관하여는 제47조부터 제49조까지, 제49조의2 및 제50조부터 제55조까지의 규정을 준용한다. 이 경우 "협동조합"은 "연합회"로, "조합원"은 "회원"으로 본다. 〈개정 2014.1.21.〉

제6절 합병·분할·해산 및 청산

제83조(준용규정) 연합회의 합병·분할·해산 및 청산에 관하여는 제56조 제1항부터 제5항까지 및 제7항, 제57조, 제58조, 제59조 제1항, 제60조를 준용한다. 이 경우 "협동조합"은 "연합회"로, "조합원"은 "회원"으로, "시·도지사"는 "기획재정부장관"으로 보고, 제56조 제4항중 "제15조, 제15조의2, 제16조 및 제17조"는 "제71조, 제71조의2 및 제72조"로 보며, 제58조제4항 중 "조합원"은 "회원"으로 본다. 〈개정 2014.1.21.〉

제7절 등기

제84조(준용규정) 연합회의 등기에 관하여는 제61조부터 제68조까지, 제69조 및 제70조를 준용한다. 이 경우 "협동조합"은 "연합회"로, "이사장"은 "회장"으로 본다. 〈개정 2014.1.21.〉

제4장 사회적협동조합

제1절 설립

제85조(설립인가 등) ① 사회적협동조합을 설립하고자 하는 때에는 5인 이상의 조합원 자격을 가진 자가 발기인이 되어 정관을 작성하고 창립총회의 의결을 거친 후 기획재정부장관에게 인가를 받아야 한다.

② 창립총회의 의사는 창립총회 개의 전까지 발기인에게 설립 동의서를 제출한 자 과반수의 출석과 출석자 3분의 2 이상의 찬성으로 의결한다.

③ 기획재정부장관은 제1항에 따라 설립인가 신청을 받으면 다음 각 호의 경우 외에는 신청일부터 60일 이내에 인가하여야 한다. 다만, 부득이한 사유로 처리기간 내에 처리하기 곤란한 경우에는 60일 이내에서 1회에 한하여 그 기간을 연장할 수 있다.

1. 설립인가 구비서류가 미비된 경우

2. 설립의 절차, 정관 및 사업계획서의 내용이 법령을 위반한 경우

3. 그 밖에 설립인가 기준에 미치지 못하는 경우

④ 제1항 및 제3항의 설립인가에 관한 신청 절차와 조합원 수, 출자금, 그 밖에 인가에 필요한 기준, 인가 방법에 관한 상세한 사항은 대통령령으로 정한다.

⑤ 삭제 〈2014.1.21.〉

제86조(정관) ① 사회적협동조합의 정관에는 다음 각 호의 사항이 포함되어야 한다.

1. 목적

2. 명칭 및 주된 사무소의 소재지

3. 조합원 및 대리인의 자격

4. 조합원의 가입, 탈퇴 및 제명에 관한 사항

5. 출자 1좌의 금액과 납입 방법 및 시기, 조합원의 출자좌수 한도

6. 조합원의 권리와 의무에 관한 사항

7. 잉여금과 손실금의 처리에 관한 사항

8. 적립금의 적립방법 및 사용에 관한 사항

9. 사업의 범위 및 회계에 관한 사항

10. 기관 및 임원에 관한 사항

11. 공고의 방법에 관한 사항

12. 해산에 관한 사항

13. 출자금의 양도에 관한 사항

14. 그 밖에 총회·이사회의 운영 등에 관하여 필요한 사항

② 제1항제5호에 따른 출자 1좌의 금액은 균일하게 정하여야 한다. 〈신설 2014.1.21.〉

③ 사회적협동조합의 정관의 변경은 기획재정부장관의 인가를 받아야 그 효력이 발생한다. 〈개정 2014.1.21.〉

제87조(설립사무의 인계와 출자납입) ① 발기인은 제85조 제1항에 따라 설립인가를 받으면 지체 없이 그 사무를 이사장에게 인계하여야 한다.

② 제1항에 따라 이사장이 그 사무를 인수하면 기일을 정하여 조합원이 되려는 자에게 출자금을 납입하게 하여야 한다.

③ 현물출자자는 제2항에 따른 납입기일 안에 출자 목적인 재산을 인도하고 등기·등록, 그 밖의 권리의 이전에 필요한 서류를 구비하여 협동조합에 제출하여야 한다.

④ 사회적협동조합의 자본금은 조합원이 납입한 출자금의 총액으로 한다. 〈신설 2014.1.21.〉

제88조(준용규정) 사회적협동조합의 설립에 관하여는 제17조 및 제19조를 준용한다. 이 경우 "협동조합"은 "사회적협동조합"으로 보고, 제19조 제1항 중 "제61조에 따른 설립등기"는 "제106조에 따른 설립등기"로 본다.

제2절 조합원

제89조(출자금환급청구권과 환급정지) ① 탈퇴 조합원(제명된 조합원을 포함한다. 이하 이 조와 제90조에서 같다)은 탈퇴(제명을 포함한다. 이하 이 조와 제90조에서 같다) 당시 회계연도의 다음 회계연도부터 정관으로 정하는 바에 따라 그 출자금의 환급을 청구할 수 있다.

② 제1항에 따른 청구권은 2년간 행사하지 아니하면 시효로 인하여 소멸된다.

③ 사회적협동조합은 탈퇴 조합원이 사회적협동조합에 대한 채무를 다 갚을 때까지는 제1항에 따른 출자금의 환급을 정지할 수 있다.

제90조(탈퇴 조합원의 손실액 부담) 사회적협동조합은 사회적협동조합의 재산으로 그 채무를 다 갚을 수 없는 경우에는 제89조에 따른 출자금의 환급분을 계산할 때 정관으로 정하는 바에 따라 탈퇴 조합원이 부담하여야 할 손실액의 납입을 청구할 수 있다. 이 경우 제89조 제2항을 준용한다.

제91조(준용규정) 사회적협동조합의 조합원에 관하여는 제20조부터 제25조까지의 규정을 준용한다. 이 경우 "협동조합"은 "사회적협동조합"으로 본다.

제3절 기관

제92조(준용규정) 사회적협동조합의 기관에 관하여는 제28조부터 제33조까지, 제34조 제1항부터 제3항까지, 제35조부터 제41조까지, 제42조 제1항부터 제4항까지, 제43조 제1항, 제44조를 준용한다. 이 경우 "협동조합"은 "사회적협동조합"으로 본다. 〈개정 2014.1.21.〉

제4절 사업

제93조(사업) ① 사회적협동조합은 다음 각 호의 사업 중 하나 이상을 주 사업으로 하여야 한다. 〈개정 2014.1.21.〉

1. 지역(시·도의 관할 구역을 말하되, 실제 생활권이 둘 이상인 시·도에 걸쳐 있는 경우에는 그 생활권 전체를 말한다. 이하 이 호에서 같다) 사회의 재생, 지역 경제의 활성화, 지역 주민들의 권익·복리 증진 및 그 밖에 지역 사회가 당면한 문제 해결에 기여하는 사업

2. 대통령령으로 정하는 취약계층에 복지·의료·환경 등의 분야에서 사회서비스를 제공하는 사업

3. 대통령령으로 정하는 취약계층에 일자리를 제공하는 사업

4. 국가·지방자치단체로부터 위탁받은 사업

5. 그 밖에 공익증진에 이바지 하는 사업

② 제1항 각 호에 따른 주 사업은 협동조합 전체 사업량의 100분의 40 이상이어야 한다. 〈개정 2014.1.21.〉

③ 제1항 각 호에 따른 주 사업의 판단기준은 대통령령으로 정한다. 〈신설 2014.1.21.〉

④ 제1항부터 제3항까지에서 규정한 사항 외에 사회적협동조합의 사업에 관하여는 제45조를 준용한다. 이 경우 "협동조합"은 "사회적협동조합"으로 본다. 〈신설 2014.1.21.〉

제94조(조합원에 대한 소액대출 및 상호부조) ① 사회적협동조합은 제93조 제4항에서 준용하는 제45조 제3항에도 불구하고 상호복리 증진을 위하여 주 사업 이외의 사업으로 정관으로 정하는 바에 따라 조합원을 대상으로 납입 출자금 총액의 한도에서 소액대출과 상호부조를 할 수 있다. 다만, 소액대출은 납입 출자금 총액의 3분의 2를 초과할 수 없다. 〈개정 2014.1.21.〉

② 제1항의 사업에 따른 소액대출 이자율, 대출한도, 상호부조의 범위, 상호부조금, 상호부조계약 및 상호부조회비 등 필요한 세부 사항은 대통령령으로 정한다.

제95조(사업의 이용) 사회적협동조합은 대통령령으로 정하는 사업을 제외하고는 정관으로 정하는 바에 따라 조합원이 아닌 자에게 그 사업을 이용하게 할 수 있다.

[전문개정 2014.1.21.]

제95조의2(공공기관의 우선 구매) ① 「중소기업제품 구매촉진 및 판로지원에 관한 법률」 제2조 제2호에 따른 공공기관의 장은 구매하려는 재화나 서비스에 사회적협동조합이 생산하는 재화나 서비스가 있는 경우에는 해당 재화나 서비스의 우선 구매를 촉진하여야 한다.

② 제1항에 따른 공공기관의 장은 사회적협동조합이 생산하는 재화나 서비스의 구매 증대를 위한 구매 계획과 전년도 구매 실적을 기획재정부장관에게 통보하여야 한다.

③ 제2항에 따른 구매 계획과 구매 실적의 통보에 필요한 사항은 대통령령으로 정한다.

[본조신설 2014.1.21.]

제5절 회계 등

제96조(운영의 공개) ① 사회적협동조합은 다음 각 호의 사항을 적극 공개하여야 한다. 〈개정 2014.1.21.〉

1. 정관과 규약 또는 규정
2. 총회·이사회의 의사록
3. 조합원 명부
4. 회계장부
5. 그 밖에 정관으로 정하는 사항

② 사회적협동조합은 제1항 각 호의 사항이 포함된 서류를 주된 사무소에 갖추어 두어야 한다. 〈개정 2014.1.21.〉

③ 협동조합의 채권자와 조합원은 제1항 각 호의 사항이 포함된 서류를 열람하거나 그 사본을 청구할 수 있다. 〈개정 2014.1.21.〉

④ 삭제 〈2014.1.21.〉

제96조의2(경영공시) ① 사회적협동조합은 기획재정부 또는 사회적협동조합연합회의 인터넷 홈페이지에 경영에 관한 다음 각 호의 사항에 대한 공시(이하 이 조에서 "경영공시"라 한다)를 하여야 한다.

1. 정관과 규약 또는 규정

2. 사업결산 보고서

3. 총회, 대의원총회 및 이사회의 활동 상황

4. 제93조 제4항에서 준용하는 제45조 제1항 제1호부터 제3호까지의 사업을 포함한 사업결과 보고서

② 제1항에도 불구하고 기획재정부장관은 경영공시를 대신하여 같은 항 각 호의 사항을 별도로 표준화하고 이를 통합하여 공시할 수 있다.

③ 기획재정부장관은 제2항에 따른 통합 공시를 하기 위하여 필요한 자료를 사회적협동조합에 요구할 수 있다. 이 경우 사회적협동조합은 특별한 사정이 없으면 그 요구에 따라야 한다.

④ 제1항부터 제3항까지에서 규정한 사항 외에 사회적협동조합의 경영공시 또는 통합 공시의 절차 등에 관하여 필요한 사항은 대통령령으로 정한다.

[본조신설 2014.1.21.]

제97조(법정적립금 및 임의적립금) ① 사회적협동조합은 매 회계연도 결산의 결과 잉여금이 있는 때에는 해당 회계연도말 출자금 납입총액의 3배가 될 때까지 잉여금의 100분의 30 이상을 법정적립금으로 적립하여야 한다. 〈개정 2014.1.21.〉

② 사회적협동조합은 정관으로 정하는 바에 따라 사업준비금 등을 임의적립금으로 적립할 수 있다.

③ 사회적협동조합은 손실의 보전에 충당하거나 해산하는 경우 외에는 법정적립금을 사용하여서는 아니 된다.

제98조(손실금의 보전과 잉여금의 배당) ① 사회적협동조합은 매 회계연도의 결산 결과 손실금(당기손실금을 말한다)이 발생하면 미처분이월금, 임의적립금, 법정적립금의 순으로 이를 보전하고, 보전 후에도 부족이 있을 때에는 이를 다음 회계연도에 이월한다.

② 사회적협동조합이 제1항에 따른 손실금을 보전하고 제97조에 따른 법정적립금 등을 적립한 이후에 발생하는 잉여금은 임의적립금으로 적립하여야 하고 이를 조합원에게 배당할 수 없다.

제99조(부과금의 면제) 사회적협동조합의 사업과 재산에 대하여는 국가와 지방자치단체의

조세 외의 부과금을 면제한다.

제100조(준용규정) 사회적협동조합의 회계에 관하여는 제47조, 제48조 및 제52조부터 제55조까지의 규정을 준용한다. 이 경우 "협동조합"은 "사회적협동조합"으로 본다.

제6절 합병·분할·해산 및 청산

제101조(합병 및 분할) ① 사회적협동조합은 합병계약서 또는 분할계획서를 작성한 후 총회의 의결을 받아 합병 또는 분할할 수 있다.

② 사회적협동조합이 합병 또는 분할할 경우 기획재정부장관의 인가를 받아야 한다.

③ 합병 또는 분할로 인하여 존속하거나 설립되는 사회적협동조합은 합병 또는 분할로 소멸되는 사회적협동조합의 권리·의무를 승계한다.

④ 제1항에 따라 설립되는 사회적협동조합에 대하여는 제85조, 제86조 및 제88조를 준용한다.

⑤ 삭제 〈2014.1.21.〉

⑥ 사회적협동조합은 이 법에 따른 사회적협동조합 이외의 법인, 단체 및 협동조합 등과 합병하거나 이 법에 따른 사회적협동조합 이외의 법인, 단체 및 협동조합 등으로 분할할 수 없다.

⑦ 제6항에도 불구하고 사회적협동조합이 기획재정부장관의 인가를 받은 경우에는 다음 각호의 법인을 흡수합병할 수 있다. 〈신설 2014.1.21.〉

1. 「상법」에 따라 설립된 주식회사

2. 「상법」에 따라 설립된 유한회사

3. 「상법」에 따라 설립된 유한책임회사

4. 「민법」에 따라 설립된 사단법인

5. 협동조합

⑧ 제7항에 따른 인가의 기준·절차 등에 관하여 필요한 사항은 대통령령으로 정한다. 〈신설 2014.1.21.〉

⑨ 사회적협동조합의 합병 및 분할에 관하여는 제53조 및 제54조를 준용한다. 〈개정 2014.1.21.〉

제102조(해산) ① 사회적협동조합은 다음 각 호의 어느 하나에 해당하는 사유로 해산한다.

1. 정관으로 정한 해산 사유의 발생

2. 총회의 의결

3. 합병·분할 또는 파산

4. 설립인가의 취소

② 사회적협동조합이 제1항제1호부터 제3호까지의 규정에 따라 해산한 때에는 청산인은 파

산의 경우를 제외하고는 그 취임 후 14일 이내에 기획재정부령으로 정하는 바에 따라 기획 재정부장관에게 신고하여야 한다. 〈개정 2014.1.21.〉

제103조(청산인) ① 사회적협동조합이 해산하면 파산으로 인한 경우 외에는 이사장이 청산 인이 된다. 다만, 총회에서 다른 사람을 청산인으로 선임하였을 경우에는 그에 따른다.

② 청산인은 취임 후 지체 없이 사회적협동조합의 재산상태를 조사하고 재산목록과 대차대 조표를 작성한 다음 재산처분의 방법을 정하여 총회의 승인을 받아야 한다.

③ 청산사무가 종결된 때에는 청산인은 지체 없이 결산보고서를 작성하여 총회의 승인을 받 아야 한다.

④ 제2항 및 제3항의 경우 총회를 2회 이상 소집하여도 총회가 구성되지 아니할 때에는 출 석조합원 3분의 2 이상의 찬성이 있으면 총회의 승인이 있는 것으로 본다.

⑤ 기획재정부장관은 사회적협동조합의 청산 사무를 감독한다.

제104조(잔여재산의 처리) 사회적협동조합이 해산할 경우 부채 및 출자금을 변제하고 잔여 재산이 있을 때에는 정관으로 정하는 바에 따라 다음 각 호의 어느 하나에 귀속된다.

1. 상급 사회적협동조합연합회

2. 유사한 목적의 사회적협동조합

3. 비영리법인·공익법인

4. 국고

제105조(「민법」 등의 준용) 사회적협동조합의 해산과 청산에 관하여는 「민법」 제79조, 제81조, 제87조, 제88조 제1항·제2항, 제89조부터 제92조까지, 제93조 제1항·제2항 및 「비송사건절 차법」 제121조를 준용한다.

제6절의2 조직변경 〈신설 2014.1.21.〉

제105조의2(협동조합, 비영리사단법인 및 법인등의 조직변경) ① 다음 각 호에 따른 조합 또 는 법인(이하 이 조 및 제108조의2에서 "조직변경대상법인"이라 한다)은 소속 구성원 전원의 동의에 따른 총회의 결의로 이 법에 따른 사회적협동조합으로 그 조직을 변경할 수 있다. 이 경우 기존의 조직변경대상법인과 조직이 변경된 사회적협동조합은 권리·의무 관계에서는 같 은 법인으로 본다. 〈개정 2016.3.2.〉

1. 이 법에 따라 설립된 협동조합

2. 「민법」에 따라 설립된 비영리 사단법인

3. 「소비자생활협동조합법」에 따라 설립된 소비자생활협동조합 등 「민법」 외의 법률에 따라 설립된 비영리 사단법인

4. 법인등

② 제1항에도 불구하고 제1항제2호 및 제3호의 조직변경대상법인의 소속 구성원이 200명을 초과하는 경우에는 구성원 3분의 2 이상의 동의에 따른 총회의 결의로 이 법에 따른 사회적 협동조합으로 그 조직을 변경할 수 있다. 〈신설 2016.3.2.〉

③ 제1항에 따른 총회의 결의에서는 조직이 변경되는 사회적협동조합에 대한 다음 각 호의 사항을 정한다. 〈개정 2016.3.2.〉

1. 정관

2. 출자금

3. 그 밖에 사회적협동조합으로의 조직변경에 필요한 사항

④ 제1항에 따른 사회적협동조합으로의 조직변경은 기존의 조직변경대상법인의 현존하는 순재산액보다 많은 금액을 사회적협동조합의 출자금 총액으로 하지 못한다. 〈개정 2016.3.2.〉

⑤ 조직변경대상법인이 보유하고 있는 대통령령으로 정하는 사내유보금은 총회의 결의를 통하여 제97조에 따른 적립금으로 할 수 있다. 〈개정 2016.3.2.〉

⑥ 조직변경대상법인은 제1항에 따른 사회적협동조합으로의 조직변경을 위한 총회의 결의사항 중 관계 행정기관의 장의 인허가등이 필요한 경우에는 그 인허가등을 먼저 받아야 한다. 〈개정 2016.3.2.〉

⑦ 조직변경대상법인은 제1항에 따른 총회의 결의가 있는 경우에는 기획재정부장관에게 대통령령으로 정하는 바에 따라 사회적협동조합으로의 조직변경에 대하여 인가를 받아야 한다. 〈개정 2016.3.2.〉

[본조신설 2014.1.21.]

제105조의3(준용규정) 사회적협동조합으로의 조직변경에 관하여 이 법에서 규정한 사항을 제외하고는 「상법」 중 주식회사의 유한책임회사로의 조직변경에 관한 규정을 준용한다.

[본조신설 2014.1.21.]

제7절 등기

제106조(설립등기) ① 사회적협동조합은 설립인가를 받은 날부터 60일 이내에 주된 사무소의 소재지에서 설립등기를 하여야 한다. 〈개정 2016.3.2.〉

② 설립등기신청서에는 다음 각 호의 사항을 적어야 한다. 〈개정 2016.3.2.〉

1. 제86조 제1항 제1호와 제2호의 사항

2. 출자 총좌수와 납입한 출자금의 총액

3. 설립인가 연월일

4. 임원의 성명·주민등록번호 및 주소. 다만, 이사장이 아닌 임원의 주소는 제외한다.

③ 설립등기를 할 때에는 이사장이 신청인이 된다.

④ 제2항의 설립등기신청서에는 설립인가서, 창립총회의사록 및 정관의 사본을 첨부하여야 한다.

⑤ 합병이나 분할로 인한 사회적협동조합의 설립등기신청서에는 다음 각 호의 서류를 모두 첨부하여야 한다.

1. 제4항에 따른 서류

2. 제53조에 따라 공고하거나 최고한 사실을 증명하는 서류

3. 제54조에 따라 이의를 신청한 채권자에게 변제나 담보를 제공한 사실을 증명하는 서류

제107조(합병등기) ① 사회적협동조합이 합병한 경우에는 합병인가를 받은 날부터 14일 이내에 그 사무소의 소재지에서 합병 후 존속하는 사회적협동조합은 변경등기를, 합병으로 소멸되는 사회적협동조합은 해산등기를, 합병으로 설립되는 사회적협동조합은 제106조에 따른 설립등기를 각 사무소의 소재지에서 하여야 한다.

② 제1항에 따른 해산등기를 할 때에는 합병으로 소멸되는 사회적협동조합의 이사장이 신청인이 된다.

③ 제2항의 경우에는 해산 사유를 증명하는 서류를 첨부하여야 한다.

제108조(해산등기) ① 사회적협동조합이 해산한 경우에는 합병과 파산의 경우 외에는 주된 사무소의 소재지에서는 14일 이내에, 지사무소의 소재지에서는 21일 이내에 해산등기를 하여야 한다.

② 제1항에 따른 해산등기를 할 때에는 제4항의 경우 외에는 청산인이 신청인이 된다.

③ 해산등기신청서에는 해산 사유를 증명하는 서류를 첨부하여야 한다.

④ 기획재정부장관은 설립인가의 취소로 인한 해산등기를 촉탁하여야 한다.

제108조의2(조직변경의 등기) 조직변경대상법인이 제105조의2에 따라 사회적협동조합으로 조직변경을 한 경우에는 제105조의2 제7항에 따라 인가를 받은 날부터 본점 소재지에서는 14일 이내에, 지점 소재지에서는 21일 이내에 조직변경 전의 조직변경대상법인은 해산등기를, 사회적협동조합은 제106조에 따른 설립등기를 하여야 한다. 〈개정 2016.3.2.〉

[본조신설 2014.1.21.]

제109조(등기일의 기산일) 등기 사항으로서 기획재정부장관의 인가 등이 필요한 것은 그 인가 등의 문서가 도달한 날부터 등기 기간을 계산한다.

제110조(준용규정) 사회적협동조합의 등기에 관하여는 제62조부터 제64조까지, 제67조, 제68조, 제69조 및 제70조를 준용한다. 이 경우 "협동조합"은 "사회적협동조합"으로 본다. 〈개정 2014.1.21.〉

제8절 감독

제111조(감독) ① 기획재정부장관은 사회적협동조합의 자율성을 존중하여야 하며, 이 법에서 정하는 바에 따라 그 업무를 감독하고 감독상 필요한 명령을 할 수 있다.

② 기획재정부장관은 다음 각 호의 어느 하나에 해당하는 경우 사회적협동조합(설립 중인 경우를 포함한다. 이하 이 조에서 같다)에 대하여 그 업무 및 재산에 관한 사항을 보고하게 하거나 소속 공무원으로 하여금 해당 사회적협동조합의 업무상황·장부·서류, 그 밖에 필요한 사항을 검사하게 할 수 있다.

1. 제85조에 따른 설립인가 및 절차에 적합한지 확인할 필요가 있는 경우
2. 이 법, 이 법에 따른 명령 또는 정관을 위반하였는지 확인할 필요가 있는 경우
3. 사회적협동조합의 사업이 관계 법령을 위반하였는지 확인할 필요가 있는 경우

③ 제2항에 따른 검사를 하는 공무원은 그 권한을 표시하는 증표를 지니고 이를 관계인에게 내보여야 한다.

④ 기획재정부장관은 제1항에 따른 감독의 결과 사회적협동조합이 이 법, 이 법에 따른 명령 또는 정관을 위반한 사실이 발견된 때에는 해당 사회적협동조합에 대하여 시정에 필요한 조치를 명할 수 있다.

⑤ 기획재정부장관은 이 법의 효율적인 시행과 사회적협동조합에 대한 정책을 수립하기 위하여 필요한 경우 관계 중앙행정기관의 장에게 사회적협동조합에 대한 조사·검사·확인 또는 자료의 제출을 요구하게 하거나 시정에 필요한 조치를 명하게 할 수 있다.

⑥ 삭제 〈2014.1.21.〉

제112조(설립인가의 취소) ① 기획재정부장관은 사회적협동조합이 다음 각 호의 어느 하나에 해당하게 되면 설립인가를 취소할 수 있다. 다만, 제4호에 해당하는 경우에는 설립인가를 취소하여야 한다. 〈개정 2014.1.21., 2016.3.2.〉

1. 정당한 사유 없이 설립인가를 받은 날부터 1년 이내에 제93조 제1항에 따른 주 사업을 개시하지 아니하거나 1년 이상 계속하여 사업을 실시하지 아니한 경우
2. 2회 이상 제111조 제4항 및 제5항에 따른 처분을 받고도 시정하지 아니한 경우
3. 제85조 제4항에 따라 대통령령으로 정한 설립인가 기준에 미달하게 된 경우
4. 거짓이나 그 밖의 부정한 방법으로 설립인가를 받은 경우
5. 제106조 제1항에 따른 기한 내에 설립등기를 하지 아니한 경우

② 기획재정부장관은 제1항에 따라 사회적협동조합의 설립인가를 취소하면, 즉시 그 사실을 대통령령으로 정하는 바에 따라 공고하여야 한다. 〈개정 2014.1.21.〉

제113조(청문) 기획재정부장관은 제112조에 따라 설립인가를 취소하고자 하는 경우에는 청문을 실시하여야 한다.

제5장 사회적협동조합연합회

제114조(설립인가 등) ① 사회적협동조합연합회를 설립하고자 하는 때에는 회원 자격을 가진 셋 이상의 사회적협동조합이 발기인이 되어 정관을 작성하고 창립총회의 의결을 거친 후 기획재정부장관의 인가를 받아야 한다.

② 창립총회의 의사는 창립총회 개의 전까지 발기인에게 설립 동의서를 제출한 사회적협동조합 과반수의 출석과 출석자 3분의 2 이상의 찬성으로 의결한다.

③ 제1항에 따른 사회적협동조합연합회 설립인가의 기준 및 절차 등에 관하여 필요한 사항은 대통령령으로 정한다. 〈신설 2014.1.21.〉

제115조(준용규정) ① 사회적협동조합연합회에 관하여는 제2장 중 제17조, 제19조, 제21조, 제22조, 제25조, 제28조 제3항부터 제5항까지, 제29조부터 제33조까지, 제34조 제1항부터 제3항까지, 제35조부터 제41조까지, 제42조 제1항부터 제4항까지, 제43조 제1항, 제44조, 제47조, 제48조, 제52조부터 제55조까지, 제62조부터 제64조까지, 제67조, 제68조, 제69조 및 제70조를 준용한다. 이 경우 "협동조합"은 "사회적협동조합연합회"로, "이사장"은 "회장"으로, "조합원"은 "회원"으로 보고, 제19조 제1항 중 "제61조에 따른 설립등기"는 "제106조에 따른 설립등기"로 보며, 제22조 제2항 중 "조합원 1인"은 "한 회원"으로, "100분의 30"은 "100분의 40"으로 보고, 제40조 제1항 중 "5분의 1"은 "3분의 1"로 보며, 제37조 중 "조합원"은 "회원에 속한 조합원"으로, "가입신청을 한 자"는 "가입신청을 한 협동조합에 속한 조합원"으로 본다. 〈개정 2014.1.21.〉

② 사회적협동조합연합회에 관하여는 제3장 중 제73조부터 제75조까지, 제77조, 제78조, 제80조, 제80조의2 및 제81조 제2항을 준용한다. 이 경우 "연합회"는 "사회적협동조합연합회"로 본다. 〈개정 2014.1.21.〉

③ 사회적협동조합연합회에 관하여는 제4장 중 제86조, 제87조, 제89조, 제90조, 제96조, 제96조의2, 제97조부터 제99조까지, 제101조 제1항부터 제6항까지 및 제9항, 제102조부터 제105조까지, 제106조부터 제108조까지, 제109조 및 제111조부터 제113조까지의 규정을 준용한다. 이 경우 "사회적협동조합"은 "사회적협동조합연합회"로, "조합원"은 "회원"으로 보고, 제86조 제1항 제3호 중 "조합원 및 대리인"은 "회원"으로 보며, 제101조 제4항 중 "제85조, 제86조 및 제88조"는 "제114조 및 제115조"로 보고, 제103조 제4항 중 "조합원"은 "회원"으로 본다. 〈개정 2014.1.21.〉

제6장 보칙

제116조(권한의 위임 및 위탁) ① 이 법에 따른 기획재정부장관의 권한은 그 일부를 대통령령으로 정하는 바에 따라 시·도지사에게 위임할 수 있다.

② 이 법에 따른 기획재정부장관의 권한은 그 일부를 대통령령으로 정하는 바에 따라 제93조에 따른 사회적협동조합의 주 사업 소관 중앙행정기관의 장에게 위탁할 수 있다. 이 경우 주 사업이 둘 이상인 경우 등으로서 그 소관 중앙행정기관의 장이 분명하지 아니한 경우에는 사회적협동조합이 수행하는 구체적인 사업 내용, 성격 등을 고려하여 기획재정부장관이 소관 중앙행정기관의 장을 정하여 위탁한다.

③ 기획재정부장관은 이 법에 따른 권한의 일부를 대통령령으로 정하는 바에 따라 정부출연기관이나 민간단체에 위탁할 수 있다. 이 경우 위탁을 받은 기관 또는 단체의 업무 수행에 필요한 경비를 출연할 수 있다.

[전문개정 2014.1.21.]

[시행일:2014.7.22.] 제116조제3항

제7장 벌칙

제117조(벌칙) ① 협동조합등 및 사회적협동조합등의 임직원 또는 청산인이 다음 각 호의 어느 하나에 해당하는 행위로 협동조합등 및 사회적협동조합등에 손해를 끼친 때에는 7년 이하의 징역 또는 7천만 원 이하의 벌금에 처한다. 이 경우 징역형과 벌금형은 병과할 수 있다. 〈개정 2014.1.21.〉

1. 협동조합등 및 사회적협동조합등의 사업목적 이외의 다른 용도로 자금을 사용한 경우
2. 투기를 목적으로 협동조합등 및 사회적협동조합등의 재산을 처분하거나 이용한 경우

② 협동조합등 및 사회적협동조합등의 임직원 또는 청산인이 다음 각 호의 어느 하나에 해당하는 행위를 한 때에는 3년 이하의 징역 또는 3천만 원 이하의 벌금에 처한다. 〈개정 2014.1.21.〉

1. 제45조 제3항, 제50조 제1항·제3항, 제51조부터 제53조까지, 제55조, 제58조, 제80조 제3항, 제97조 제1항·제3항, 제98조, 제103조 및 제104조(제82조·제83조·제100조 또는 제115조에 따라 준용되는 경우를 포함한다)를 위반한 경우
2. 거짓 또는 부정한 방법으로 등기를 한 경우
3. 총회의 의결을 받아야 하는 사항에 대하여 의결을 받지 아니하고 집행한 경우

③ 다음 각 호의 어느 하나에 해당하는 자는 2년 이하의 징역 또는 2천만 원 이하의 벌금에 처한다. 〈개정 2014.1.21.〉

1. 제9조 제2항을 위반하여 공직선거에 관여한 자

2. 제37조(제79조·제92조 및 제115조에 따라 준용되는 경우를 포함한다)를 위반한 자

제118조(양벌규정) 협동조합등 및 사회적협동조합등의 임직원 또는 청산인이 그 협동조합 등 및 사회적협동조합등의 업무에 관하여 제117조 제1항 및 제2항의 위반행위를 하면 그 행 위자를 벌하는 외에 그 협동조합등 및 사회적협동조합등에도 해당 조문의 벌금형을 과(科)한 다. 다만, 협동조합등 및 사회적협동조합등이 그 위반행위를 방지하기 위하여 해당 업무에 관 하여 상당한 주의와 감독을 게을리하지 아니한 경우에는 그러하지 아니하다.

제119조(과태료) ① 다음 각 호의 어느 하나에 해당하는 자에게는 200만 원 이하의 과태료 를 부과한다. 〈개정 2014.1.21.〉

1. 제3조 제2항을 위반하여 중복되거나 혼동되는 명칭을 사용한 협동조합등 또는 사회적협 동조합등

2. 제3조 제3항을 위반하여 같은 조 제1항에 따른 문자 또는 이와 유사한 문자를 명칭에 사 용한 자

3. 제3조 제5항에 따른 명칭의 사용 금지 또는 수정 명령을 따르지 아니한 협동조합연합회 또는 사회적협동조합연합회

② 협동조합등 및 사회적협동조합등이 다음 각 호의 어느 하나에 해당하는 경우에는 200만 원 이하의 과태료를 부과한다.

1. 제22조 제2항(제76조·제91조 및 제115조제1항에 따라 준용되는 경우를 포함한다)을 위 반하여 조합원등 1인의 출자좌수 제한을 초과하게 한 경우

2. 제23조 제1항(제91조에 따라 준용되는 경우를 포함한다)을 위반하여 조합원의 의결권·선 거권에 차등을 둔 경우

3. 제46조, 제81조 및 제95조(제115조제2항에 따라 준용되는 경우를 포함한다)를 위반하여 조합원등이 아닌 자에게 협동조합등의 사업을 이용하게 한 경우

4. 제94조를 위반하여 소액대출 및 상호부조의 총사업한도, 이자율, 대출한도, 상호부조의 범위, 상호부조금, 상호부조계약 및 상호부조회비 등을 초과하게 한 경우

③ 협동조합등 및 사회적협동조합등의 임직원 또는 청산인이 다음 각 호의 어느 하나에 해당 하는 때에는 100만 원 이하의 과태료를 부과한다. 〈개정 2014.1.21.〉

1. 신고·등기를 게을리한 때

2. 제49조 제2항(제82조에 따라 준용되는 경우를 포함한다) 및 제96조 제2항(제115조제3항 에 따라 준용되는 경우를 포함한다)에 따른 서류비치를 게을리한 때

3. 제49조(제82조에 따라 준용되는 경우를 포함한다), 제49조의2(제82조에 따라 준용되는

경우를 포함한다), 제96조(제115조제3항에 따라 준용되는 경우를 포함한다) 및 제96조의2
(제115조제3항에 따라 준용되는 경우를 포함한다)에 따른 운영의 공개를 게을리한 때

4. 감독기관 또는 총회에 대하여 거짓의 진술 또는 보고를 하거나 사실을 은폐한 때

5. 감독기관의 검사를 거부·방해 또는 기피한 때

④ 제1항부터 제3항까지의 규정에 따른 과태료는 대통령령으로 정하는 바에 따라 기획재정
부장관 또는 시·도지사가 부과·징수한다.

실무에서 바로 써먹는 협동조합 업무지식

초판 1쇄 발행 2019년 9월 10일
지은이 김정호
펴낸곳 원앤원북스
펴낸이 오운영
경영총괄 박종명
편집 채지혜·최윤정·김효주·이광민
마케팅 안대현·문준영
등록번호 제2018-000058호(2018년 1월 23일)
주소 04091 서울시 마포구 토정로 222 한국출판콘텐츠센터 306호(신수동)
전화 (02)719-7735 | 팩스 (02)719-7736
이메일 onobooks2018@naver.com | 블로그 blog.naver.com/onobooks2018
값 18,000원
ISBN 979-11-7043-014-8 93320

이 도서의 국립중앙도서관 출판예정도서목록(CIP)은 서지정보유통지원시스템 홈페이지(http://seoji.nl.go.kr)와
국가자료공동목록시스템(http://www.nl.go.kr/kolisnet)에서 이용하실 수 있습니다.(CIP제어번호: CIP2019031924)

* 원앤원북스는 독자 여러분의 소중한 아이디어와 원고 투고를 기다리고 있습니다.
  원고가 있으신 분은 onobooks2018@naver.com으로 간단한 기획의도와 개요, 연락처를 보내주세요.